許宏 著

溯源中華

史前文化的斷裂與重構

銅石並用異議 × 中原中心形成 × 原始歷史分界 × 夏文化遺存推定……
從仰韶到青銅時期，中國早期文明的重構

文明源流，從仰韶到三星堆的考古觀察

銅器遺存、禮制文化、宮室建築、中原中心……
追尋中國早期文明的發展與國家興起

目 錄

尋蹤

「連續」中的「斷裂」
　—— 關於中國文明與早期國家形成過程的思考……………… 005

從仰韶到齊家
　—— 東亞大陸早期用銅遺存的新觀察………………………… 015

禮制遺存與禮樂文化的起源……………………………………… 029

西元前 2000 年：中原大變局的考古學觀察…………………… 049

前中國時代與「中國」的初興…………………………………… 076

二里頭與中原中心的形成………………………………………… 089

二里頭都邑的兩次禮制大變革…………………………………… 100

宮室建築與中原國家文明的形成………………………………… 112

中國古都的恆與變 —— 以早期城郭布局為中心………………… 128

論理

三代文明與青銅時代考古
　—— 以概念和時空流變為中心………………………………… 143

商文明：中國「原史」與「歷史」時代的分界點……………… 153

方法論視角下的夏商分界研究…………………………………… 162

論「青銅時代」概念的時空適用性
　　—— 以中國東北地區為例 …………………………………… 178

精細化分析：早期國家形成研究的有效途徑
　　—— 從秦小麗教授新著說起 …………………………………… 194

觀潮

高度與情結 —— 夏鼐關於夏商文化問題的思想軌跡 ………… 205

「新中原中心論」的學術史解析 ………………………………… 218

「夏」遺存認知推定的學史綜理 ………………………………… 226

冷觀三星堆 ………………………………………………………… 239

糾葛與癥結：三星堆文化上限問題的學史觀察 ………………… 258

附錄

注釋 ………………………………………………………………… 275

本書所引主要考古資料存目 ……………………………………… 303

本書所收論文出處 ………………………………………………… 313

後記

尋蹤

「連續」中的「斷裂」
——關於中國文明與早期國家形成過程的思考

在對世界文明起源問題所進行的比較研究中,張光直先生把文明起源的中國型態概括為「連續性」的型態,指出其很可能是全世界向文明轉進的主要型態(張光直 1990),我們認為,在中國文明和國家起源「連續」演進的過程中,也存在著一定意義上的「斷裂」。指出這一點對準確掌握中國文明與早期國家的形成過程至關重要。

研究中國早期國家起源,方法之一是由已知的文明實體往上推,從其成熟的國家社會所表現出的明顯的特徵中,探究早期國家的某些本質的萌芽及其發生發展過程,中國學術界上一個世紀的探索,走的正是這樣一條路徑,中國考古學誕生伊始,殷墟的發現和大規模挖掘就在考古學上確立了殷商文明。如果說在 20 世紀的上半葉,學術界對於中國早期國家文明的了解還僅限於屬商代晚期的殷墟遺址的話,那麼 50 年代早於安陽殷墟的商文化二里崗期遺存和鄭州商城的發現,則大大深化了人們的認知。隨後,以二里頭遺址的發現為契機,早於二里崗期商文化的二里頭文化得以確認,在二里頭遺址發現了目前所知中國最早的宮殿建築基址群、最早的青銅禮器群以及大型青銅冶鑄作坊遺址等。依據上述考古發現,學術界大體上取得了這樣的共識,即:二里頭文化屬青銅時

代文化，已進入文明社會，產生了國家；二里頭遺址則應是一處早期王朝的都城遺址(北京大學歷史系考古教研室商周組 1979)。從二里頭宮殿建築、墓葬制度、青銅禮器鑄造等文化要素及其所顯現出的社會發展上的成熟性，學術界意識到中國文明和國家的形成，在二里頭文化之前還應有一個起源甚至早期發展的過程。在最近的 20 餘年裡，隨著仰韶和龍山時代一系列重要遺存的發現，這一時期的諸考古學文化又成為探索中國文明與國家起源的重要對象。

對仰韶與龍山時代這些考古學文化所代表的人們共同體究竟處於何種社會發展階段，學術界還有頗多爭議。如認為屬前國家社會階段、酋邦時代、古國時代、早(初)期國家階段等，莫衷一是，不過這並不妨礙我們對相關問題的探究，我們不一定要為國家的形成劃一絕對的上限，也不必拘泥於具體的概念，正如已有學者指出的那樣，文明與國家的起源是一個過程，上述諸考古學文化所代表的人們共同體應都處於文明化或曰國家化的過程之中(嚴文明 1999)。學術界在這一點上已取得了較為廣泛的共識。

依據目前的研究成果，我們可以將上述諸考古學文化興盛時期的重要文化現象及其存滅時間作一大體的概括和比較。

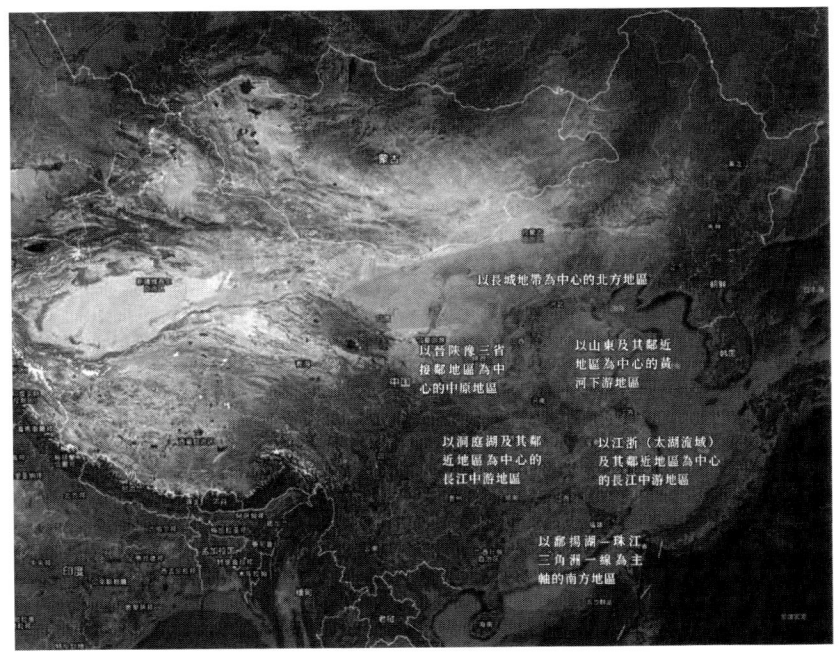

「連續」中的「斷裂」──關於中國文明與早期國家形成過程的思考

新石器時代文化的六大區系分布

內蒙古東部和遼西地區 紅山文化晚期：約距今 5800～4900 年（楊虎 1994）。發現有大型祭祀建築群址、大型積石塚群及隨葬精美玉器的大墓等。

黃河上游 仰韶文化晚期的大地灣類型：約距今 5500～4900 年（郎樹德 1983）。發現有大型中心聚落、大型殿堂式建築等。

長江下游 良渚文化：約距今 5300～4600 年（張忠培 1995，欒豐實 1992，趙輝 1999），發現有大型禮儀性建築臺基址、大型人工「墳山」、祭壇、隨葬精美玉器的大墓及大遺址群等。

長江中游 屈家嶺文化──石家河文化早期（北京大學考古系等石家河考古隊 1993）：約距今 5000～4500 年（嚴文明 1993）。發現有規模不等的城址及以大型城址為中心的大遺址群等，城址中有集中分布的宗教祭祀遺存。

黃河下游　大汶口文化中晚期——龍山文化：約距今 5500～4000 年（欒豐實 1997）。發現有大型中心聚落、夯土城址、大規模墓地及隨葬大量精美器物的大墓等。

與上述周邊地區諸文化相比，中原地區在仰韶文化晚期和廟底溝二期文化時期卻顯得較為貧弱，不見或少見能與上述文化相媲美的遺存。到了距今約 4600～4000 年間的龍山時代，周邊地區各支異彩紛呈、富有濃厚宗教色彩的文化共同體相繼盛極而衰，而中原龍山文化系統的諸文化則在與山東龍山文化的相互交流和競爭中不斷壯大，晉南地區的陶寺文化早期（約距今 4600～4400 年）（高煒 1996）發現有大型中心聚落，大型墓地及隨葬陶、木、玉、石禮器的大墓等。以河南中西部為中心的王灣三期文化等（約距今 4600～4000 年）（中國社會科學院考古研究所 1984a），則較為集中地發現有若干夯土城址。稍後，二里頭文化所代表的王朝文明在吸收了各地文化豐富的文明因素的基礎上，以中原文化為依託最終得以崛起。

二里頭文化的絕對年代，一般認為約距今 3900～3500 年（仇士華等 2000），約 400 年的時間被劃分為連續發展的四期。依據現有的考古資料，二里頭文化一期遺存的分布還僅限於以嵩山為中心的較狹小的地域，一般見於普通聚落遺址。至第二期開始遺址數量劇增，分布範圍急遽擴大，導致二里頭文化若干地方類型的出現（趙芝荃 1986a）。與此同時，真正體現其文化與社會發展高度的一系列文化要素也是自該文化第二期起集中出現於二里頭遺址的，如大型夯土建築基址，包含大中型墓在內的各有差異的墓葬，大型青銅冶鑄作坊，大批銅、玉、漆和陶製禮器等。正是由於這些高層次遺存的出現，學術界普遍認同二里頭遺址作為都邑是始於二里頭文化第二期的。

二里頭遺址鳥瞰

那麼，二里頭文化崛起前夜的黃河中下游地區又是怎樣一種狀況呢？相當於距今 4,000 年前後的中原龍山文化和山東龍山文化晚期至尾末階段，在文化和社會發展上居當時領先地位的這兩大考古學文化系統也都相對沉寂，山東龍山文化在過渡到嶽石文化之前已呈現出衰落的跡象（方輝等 1997）；中原龍山文化末期經「新砦期文化」（趙芝荃 1986b）直至二里頭文化一期階段，均未發現可與二里頭文化二期以後高度發達的文化內涵相銜接的重要遺存。這一文化發展的低潮時期，是否與洪水侵襲有關（俞偉超 1992，袁廣闊 2001），尚有待於進一步探究。

與此相關的是二里頭文化的來源問題。已有學者根據二里頭文化包含某地的文化因素，而指認二里頭文化源於中原以外某一地區或某一考古學文化，但都缺乏充分的考古學依據，同時，二里頭文化也不是屬中原龍山文化系統的王灣三期文化的自然延續和發展，其間同樣存在著一定程度的「斷裂」和飛躍，就現有的考古學資料看，二里頭文化承自王灣三期文化的，主要是層次較低的日用陶器和小型墓的埋葬習俗等方面

的要素；其主體文化因素的許多方面，尤其是玉、銅、陶質禮器等高層次遺存和埋葬習俗中的不少要素，在當地都沒有明確的源頭，另外，從聚落時空演變的角度看，作為二里頭文化中心遺址的二里頭遺址在伊洛平原的出現也具有突發性，而沒有源自當地的聚落發展的基礎（大貫靜夫1997），因此，關於二里頭文化淵源的問題尚需進一步探索。

值得注意的是，上述處於國家化過程中的仰韶和龍山時代諸考古學文化，在二里頭文化崛起之前即相繼由盛轉衰，甚至「夭折」。二里頭文化的問世距上述諸史前文化或初期文明的衰亡，存在著百年以上甚至上千年的時間間隔，在文化內涵上也存在著很大的差異。這種文化上的中斷或可稱為「文明的斷裂」。由此可知，二里頭文化及其後初步統一的中原王朝文明，與仰韶和龍山時代的上述諸文化共同體之間，並不存在直線的連續演進關係。不能否認，正是這些文化共同體的相互作用與刺激，導致高度發達的三代文明的崛起。（張光直1989，嚴文明1987）同時，我們又必須看到，這些文化共同體在中國文明和國家形成過程中所產生的作用，主要表現在其若干文明要素為中原三代文明所吸收，它們的貢獻在於為中原王朝文明的誕生提供了一定的養分。這種貢獻從總體上看是間接的而非直接的。

在中原周邊地區仰韶和龍山時代諸考古學文化中，最先走向衰亡的，先後是紅山文化、良渚文化和屈家嶺——石家河文化，這三支考古學文化所處地理環境不同，賴以生存的農業類型不同，考古學文化的基本內涵也不同，但有一點是基本相同的，即宗教在其社會生活中都占有著極為突出的地位，從紅山文化所謂的「女神廟」大型祭壇、積石塚群，到良渚文化大型禮儀性臺基址、人工「墳山」、葬玉大墓，到石家河遺址數以千計、萬計的陶塑動物、人像和紅陶杯等，大量宗教遺存的存在，構成了這幾支考古學文化最富特色的文化內涵。

「連續」中的「斷裂」──關於中國文明與早期國家形成過程的思考

其宗教信仰似乎帶有濃厚的原始巫術的色彩；而近乎氾濫的、具有較強的視覺衝擊力的宗教遺跡和遺物，並不能代表文明發展的高度，有學者在討論良渚文化的衰落原因時指出，「峰值期的良渚社會是一個宗教色彩極其濃重的社會，整個社會生活的運作被籠罩在厚重而偏激的宗教氣氛裡，為此，社會投入了大量非生產性勞動，而這些付出對社會的長期發展顯然不會有任何正面效應。」(趙輝1999)其實，這一分析也同樣適用於紅山文化和屈家嶺──石家河文化社會。這樣一種社會結構，決定了這些文化從誕生之初，就具有脆弱性和短命的一面，正如上引對良渚文化的分析那樣，這些文化的衰亡原因，主要取決於其內部的社會機制，這種機制的存在也決定了它們對來自外部的衝擊難以做出有效的反應。從這個意義上講，這些史前文化或初期文明的衰亡，與其說是因其歷史程序被阻斷而「夭折」，不如說它們是在嚴酷的社會競爭或人與自然的競爭中被淘汰出局，其衰亡在某種意義上是一種必然。

良渚反山玉琮「神徽」(左上)、「玉琮」(左下)
良渚文化貴族墓的「玉殮葬」(右)

將這類考古學文化與黃河中下游地區龍山時代的考古學文化,乃至三代文明做一比較,就不難發現這些考古學文化所代表的人們共同體之間在社會政治結構上的重大差異。例如,與良渚文化大墓中宗教遺物數量多、比例大、地位突出的現象不同,中原龍山文化和山東龍山文化的大墓,直至商周時期貴族墓葬的隨葬制度更多地表現的是世俗權力的集中和財富的占有,而較少帶有神權色彩(趙輝 1999),從重世俗功利的祖先崇拜觀念及其所強調的宗法等級秩序出發,中原文明逐漸形成了以宮廟和禮器為物化形式的禮樂制度,祖先崇拜及由其衍生出的禮樂制度,成為中國早期文明的重要特徵,並對後世的中國文化產生了深刻的影響(徐良高 1999),這一思想信仰和禮樂制度,真正繼承自良渚文化等宗教發達的考古學文化的,似乎只限於禮器中的個別器種,而二者根本的宗教思想體系則大相逕庭。總之,這些先行文化的興衰,勢必帶給三代文明許多有益的啟示,中原王朝文明從中所汲取到的養分,除了物質文化和精神文化方面的諸多要素外,還應當包括關涉一個文化共同體興衰存亡的政治宗教結構上的借鑑,中原王朝文明對它們的文化因素進行揚棄,才使自身的文明得以延續和光大。

如前所述,在中原周邊地區的諸考古學文化中,與紅山文化、良渚文化、屈家嶺 —— 石家河文化不同的是黃河下游地區的大汶口 —— 山東龍山文化。這一文化系統在文化和社會發展上與中原文化並駕齊驅,某些方面甚至超過中原同期文化的發展水準,即使在中原地區文化發展進入谷底的若干階段,它也幾乎一直保持著旺盛的發展趨勢。它與中原系統的文化在地域上相毗鄰,且一直進行著密切的文化交流,因而在考古學文化面貌及其所反映的人們共同體的社會結構和思想觀念上也與前者近同。自仰韶文化晚期階段以來,大汶口 —— 山東龍山文化的許多文化因素為中原系統的文化所吸收,有學者曾列舉了該區係在物質文化、

精神文化方面可能給予中原夏、商文化以影響的諸多因素（邵望平1987），這是其他中原周邊地區的考古學文化所無法企及的。從這個意義上講，這一系統的文化最終融入了中原王朝文明之中，其自身也成為中原王朝文明的重要締造者之一。問題是，大汶口——山東龍山文化究竟是在什麼樣的歷史背景下，又是以怎樣的方式參與到建立中原王朝文明的過程中來的？至少到今天，我們還無法對此做出圓滿的解答。

關於中國文明和早期國家的形成過程與特點，我們同意中國文明的發生是多元一體的觀點（嚴文明1987），同時，認為應在研究中對文明與國家起源和文明社會形成二者加以區分。依我們的理解，如果說中國文明是多元一體的，那麼應當說中國早期國家和文明要素的起源是多元的，而最早的國家、文明社會的形成則是一體的。具體說來，處於文明化或曰國家化過程中的仰韶與龍山時代，是眾多相對獨立的部族或古國並存且相互作用刺激的時期，或可稱為「多元的古國文明」時期；而中國文明社會的正式形成，就現有資料而言，是始於二里頭文化所代表的初步統一的中原王朝國家的，這一階段或可稱為「一體的王朝文明」時期，中國早期國家形成過程中這兩個大的階段之間，存在著「文明的斷裂」現象，因此，不能認為中國早期國家的起源與形成是一種直線演進的過程。可以說，中國國家起源過程中眾多的古國文明在持續的競爭與交流中的此興彼衰，最終催生出一個具有強勁實力的王朝文明，這個一體化的廣域王權國家系統，經過三代的陶冶洗禮，才鑄就了秦漢帝國的輝煌，這應是中國國家產生及早期發展的基本脈絡。

這種非直線演進的過程，較為普遍地存在於中原周邊地區，這也是需要我們從理論和歷史實際兩方面來究明的問題。如上所述，作為王朝文明的二里頭文化和二里崗文化興起於中原地區的同時，中原周邊地區還存在夏家店下層文化、嶽石文化、湖熟文化、馬橋文化、石家河文化

（晚期）等考古學文化，這些文化所在區域在仰韶和龍山時代都曾孕育過高度發展的考古學文化，已如前述，學術界一般認為屬酋邦甚至已進入早期國家階段，然而這些高度發展的文化或初期文明與其後續文化之間卻缺少密切的承繼關係，後者與前者相比甚至顯現出文化和社會發展上的停滯、低落甚至倒退的跡象，這些後續文化的社會發展程度如何，它們是否已形成國家。如果說它們光燦一時的先行文化已進入國家階段，而它們是否又回到了所謂「複雜酋邦」甚至「簡單酋邦」的階段，抑或屬於一種積貧積弱的國家形態。這些都是有待於進一步解決的問題。

　　史學界有學者認為，「先秦時期中國國家程序的主要內容就是自夏朝建立以來的中原王朝國家（它在戰國時期有一個分裂時期）的發展。在這一時期中，在中原周邊地區中沒有發生真正獨立的國家程序。」「從嚴格的國家主權的角度看，在春秋末期以前，中國境內始終只存在一個國家，那就是先後由夏、商、周三朝王室統治的以中原為主體的華夏族國家。」（謝維揚 1995）這一見解與考古學界「滿天星斗」式的國家起源觀顯然是不相一致的，我們不能無視它所提出的問題，在中原地區率先出現了原生的初步統一的早期國家，並憑藉其先進的社會組織制度向四方擴張輻射，與其周邊地區發生著密切連繫的同時，周邊地區的各個文化共同體是否仍在產生著原生國家，抑或它們都是在中原原生國家的影響下產生的次生國家，換言之，中原原生國家的出現及與周邊地區發生接觸，是促進了後者各自的國家化程序，還是阻斷了它們邁向國家的步伐，如此種種，都向我們提出了尖銳而不可迴避的問題，關涉中國早期國家形態與發展模式，需要我們用更多的田野工作和綜合研究來闡明。

從仰韶到齊家
—— 東亞大陸早期用銅遺存的新觀察

關於東亞大陸早期用銅遺存問題，長期以來存在著不同的意見，如何看待年代偏早的零星用銅遺存？是否存在銅石並用時代？測年技術的進步如何改變對各區域用銅史乃至青銅時代肇始問題的了解？如是種種，都有必要在新的時點上進行梳理分析，本文即擬對相關問題做粗淺的探討。

首先要對本文論述的空間範疇做一限定。作為地理概念的東亞大陸，既不限於今日之中國，也不等同於今日中國的範圍，誠如有學者指出的那樣，「中國廣闊的大西北地區在地理上可歸入中亞範疇，在文化上也與後者保持著很大的類似性」（李水城 2005），所以本文關於東亞大陸早期青銅遺存的討論，不包括出土了眾多早期銅器、地理上屬於中亞的新疆地區。

一　從對「銅石並用時代」的異議說起

1980 年代，嚴文明正式提出了在中國新石器時代和青銅時代之間存在一個「銅石並用時代」的概念。同時，他把銅石並用時代再分為兩期：「仰韶文化的時代或它的晚期屬於早期銅石並用時代，而龍山時代屬於晚期銅石並用時代。」（嚴文明 1984）文中提出了「是否一開始出現銅器就應算是進入了銅石並用時代」的問題，作者的回答應是肯定的：「如果說仰韶文化早期的銅器暫時還是孤例，而且製造方法還不明瞭，那麼仰韶文化的晚期顯然已知道煉銅，至少進入了早期銅石並用時代。」目前，這一劃分方案成為學界的主流認知。

另一種劃分方案是，「把發現銅器很少，大約處於銅器起源階段的仰

韶文化時期歸屬新石器時代晚期，可把龍山時代籠統劃歸為銅石並用時代（目前也稱新石器時代末期）。」（任式楠 2003）與此相類似的觀點是「僅將龍山、客省莊、齊家、石家河、陶寺、造律臺、王灣三期、後崗二期及老虎山等龍山時代的考古學文化或文化類型視為銅石並用時代」，其理由是，「我們目前還不能僅據新石器時代晚期的後段所產生的若干新因素去推想當時『可能』或『應該』有了銅器，所以，將一個實際上尚未出現銅器的時期也歸併為『銅石並用時代』應該說是名不副實的。」（張江凱等 2004）

的確，在前述第一種方案中，銅石並用時代「早期大約從西元前 3500 年至前 2600 年，相當於仰韶文化後期，這時在黃河中游分布著仰韶文化，黃河下游是大汶口文化，黃河上游是馬家窯文化，在長江流域，中游的兩湖地區主要是大溪文化晚期和屈家嶺文化，下游包括太湖流域主要是崧澤文化」，其中，長江流域的大溪文化晚期、屈家嶺文化和崧澤文化中尚未發現銅器及冶銅遺存，其他地區「這階段的銅器還很稀少，僅在個別地點發現了小件銅器或銅器製作痕跡」（蘇秉琦 1994B），而在《中國通史第二卷》「銅石並用時代早期」一節近 70 頁的敘述中，完全沒有對銅器和冶銅遺存的具體介紹，類似情況也見於《中國西北地區先秦時期的自然環境與文化發展》一書，在關於銅石並用時代早期 1,000 年（西元前 3500 – 前 2500 年）遺存幾十頁的敘述中，僅一處提及了林家遺址出土的馬家窯文化青銅刀（韓建業 2008）。由此可見，這一階段銅器及冶銅遺存乏善可陳的程度。故學者對此多採取存而不論、一筆帶過的處理方式（石興邦 1986，張海等 2013）。

在認可「銅石並用時代」存在的觀點之外，更有學者認為「其實銅石並用時代（Chalcolithic Age）又稱紅銅時代（Copper Age），是指介於新石器時代和青銅時代之間的過渡時期，以紅銅的使用為代表，西亞在西元

前6000年後期進入紅銅時代，歷經2,000餘年才進入青銅時代，紅銅、砷銅或青銅4,000年前左右幾乎同時出現在齊家文化中，數以百計的銅器不僅證明齊家文化進入了青銅時代，而且表明中國沒有紅銅時代或銅石並用時代」(易華 2014)。

關於「銅石並用時代」和「紅銅時代」的關係，中國考古學家有自己的界定：「過去一般認為，銅石並用時代是已發明和使用紅銅器但還不知道製造青銅器的時代，所以有時也稱作紅銅時代，現在看來，這種理解有些絕對化了，不錯，有些地區的銅石並用時代文化中只有紅銅器而沒有青銅，另一些銅石並用時代的文化則有青銅。中國不但在龍山時代有青銅和黃銅，就是仰韶時代也有青銅和黃銅，這當然與所用原料的成分有關，不能因為有這樣一些情況而模糊了銅石並用時代和青銅時代的界線，以至於否認中國有一個銅石並用時代。」(嚴文明 1984)與此類似的表述是，「無論哪種意見所述銅石並用時代，都不能把它等同於銅石並用時代的概念，即使是目前發現紅銅器較多的齊家文化，也並不能納入單純的紅銅時代，中國早期沒有形成一個紅銅時代，走了不同於亞歐其他國家的冶銅發展道路。」(任式楠 2003)

鑑於上述，東亞大陸是否存在銅石並用時代？如果存在，是否能早到西元前3500–前2500年這個時期？這都是值得進一步探討的問題。

二 關於「原始銅合金」遺存的發現

在東亞大陸早期銅器及冶銅遺存的發現中，較早的幾例尤為引人注目，這裡試綜合學術界的發現與研究成果略作分析。

陝西臨潼姜寨黃銅片、黃銅管狀物，屬仰韶文化半坡類型，約西元前4700年。

陝西渭南北劉黃銅笄，屬仰韶文化廟底溝類型，約西元前 4000 – 前 3500 年。

「原始銅合金」概念的引入，可以較好地解釋這類早期用銅遺存：「從礦石中帶來的雜質，其存在代表著冶煉紅銅的失敗與早期冶銅技術的不成熟，含有這些雜質的銅與後來人類有意識進行人工合金而得到的各種銅合金，具有本質上的不同，並不能因為這些銅中含有錫或鉛，就稱之為青銅，更不能認為它們同於後世的人工有意識製造出來的銅合金。為了使二者有所區別，把這種早期的、偶然得到的、含有其他元素的銅叫做『原始銅合金』比較合適。」因而，「姜寨的『黃銅』片的出現，既是可能的，又是偶然的，應該是選礦不純的產物。雖然這是一件世界上年代最早的『銅鋅合金』，但它的出現對於後來的冶煉黃銅的技術並無任何實際意義，應屬於原始銅合金。」(滕銘予 1989) 如此獲取的原始銅合金偶然性大且不能量產，在各地皆曇花一現，與後來的青銅冶鑄有大時段的冶金史空白。仰韶文化的黃銅、馬家窯文化的青銅刀（詳後）含渣量均很高，表明當時還沒有提純概念。

山西榆次源渦鎮陶片上紅銅煉渣 (安志敏 1981)，屬仰韶文化晚期晉中地方類型 (嚴文明 1984)，約西元前 3000 年。

東鄉林家青銅刀，錫青銅，單範法鑄造，屬馬家窯文化馬家窯類型晚期，推斷為西元前 2900 – 前 2700 年 (任式楠 2003)，這是目前東亞地區發現的最早的青銅器，該遺址的灰坑中另出有銅渣，應「是銅鐵共生礦冶煉不完全的冶金遺物」，「可認為中國在冶煉紅銅、青銅之前，存在著利用共生礦冶銅技術的探索實踐階段」(孫淑雲等 1997)。

東鄉林家青銅刀、臨潼姜寨黃銅片、黃銅管

嚴文明指出,「現知在甘肅有豐富的銅礦,有些礦石中偶爾也會含有少量錫石即氧化錫,用木炭加溫即可還原。所以林家青銅刀子的出現,可能與當地礦產資源的條件有關,不一定是有意識地冶煉青銅合金的結果。」而「回顧人類文化發展的歷史,往往有一些極重要的發明開始帶有偶然性質,如果適應了社會的需求,就會很快推廣和不斷發展;如果一時並不急需,就將長期停滯甚至中斷而失傳,等到產生了新的社會需求後才重新發展起來,人類用銅的歷史也有類似的情況」(嚴文明1984)。顯然,這些零星的偶然發明,由於有很大的時間空白,不排除中斷、失傳的可能性,我們還無法將其作為後來龍山時代晚期集中用銅現象的清晰源頭來看待。

另一方面,如滕銘予所言,「儘管我們提出馬家窯文化的銅刀,作為原始銅合金是一種偶然的現象,但它的出現畢竟代表著甘青地區在仰韶時期已經出現了人工冶銅技術。」(滕銘予1989)

也有學者認為,林家青銅刀所顯現的「青銅技術的出現,仍不能不考慮西方文化滲入的可能性」(韓建業2008),這對早期用銅遺存出現的偶然性、斷裂性以及合金的複雜面貌來說,不失為一個合理的解釋。

三　新的測年更新對區域用銅史的發現

前引仰韶文化和馬家窯文化用銅遺存的年代測定，都是早年進行的，在目前高精度系列測年的框架下，恐怕有重新審視調整的必要，但目前還缺乏最新的研究，泰安大汶口墓地 M1 骨鑿上曾發現銅綠，該墓的年代屬大汶口文化晚期，這是一個用銅遺存隨學科進展而年代被不斷下拉的典型例證，最新的發現是，「大汶口文化結束的時間和龍山文化興起的時間約為西元前 2300 年前後，比傳統的認知晚了約 200 年」（北京大學 2011）。

由是，以往認為偏早的華東地區用銅遺存的年代，被下拉約 300 年以上，這強化了用銅遺存西早東晚的態勢，但應指出的是，西北和北方地區既往的測年數據，與黃河中下游和長江中下游遺存的系列測年數據不具有可比性。中原地區「與傳統的考古學文化譜系的編年框架相比較，新的理解普遍晚了約 200 至 300 年」（北京大學 2011），就西北和北方地區早年的測年結論而言，這是一個可資比較的參考數值。

北方地區紅山文化的用銅史，因測年工作的進展，也有重新審視的必要。首先是凌源牛河梁冶銅爐壁殘片，原推斷為紅山文化晚期遺存，約當西元前 3000 年前後（郭大順 1994，蘇秉琦 1994b）。後經碳-14 測年，「爐壁殘片的年代為 3000±333 – 3494±340bp，要比紅山文化陶片和紅燒土年代晚約 1,000 多年，屬夏家店下層文化的年代範圍」（李延祥等 1999、2004）。

年代 （距今）	地區							
	長江上游	黃河上游	黃河中游	黃河下游	長江中游	長江下游	西遼河	
6000	?	仰韶文化早期		北辛 文化	湯家崗 文化	馬家浜 文化	趙寶溝 文化	
5800		仰韶文化 廟底溝類型		大汶口文 化早期	大溪文化	崧澤文化	紅山文化	
5300	馬家窯文化	仰韶文化 晚期	大汶口 文化中晚 期	屈家嶺—石 家河文化	良渚文化	小河沿 文化		
4700			廟底溝 二期文化						
4300	寶墩 文化	齊家 文化	中原龍山 文化	山東龍山 文化	後石家河 文化	錢山漾—廣 富林類型	雪山二期 富文化型	
3800			二里頭 文化	岳石 文化	?	馬橋文化	夏家店 下層文化		
3500	三星堆 文化	寺洼 文化	二里崗 文化						

中華文明探源工程長江黃河與西遼河考古學文化年表
引自《三聯生活週刊》2018年第23期。
其中年代欄中3500應為3300，二里頭文化與二里崗文化之間應為3500。

除此之外，另兩處關於紅山文化銅器和冶銅遺存的發現則尚存異議。其中一處是在凌源牛河梁遺址第二地點4號積石塚的一座小墓內，曾發現一件小銅環飾，經鑑定為紅銅（韓汝玢1993），發掘者稱此墓為「積石塚頂部附葬小墓」，認為「這項發現地層關係清楚，資料可靠，被冶金史界稱為中國迄今發現的最早的銅標本之一，也證明這一地區的冶銅史可追溯到五千年前紅山文化」（郭大順1994）。

但在牛河梁遺址正式發掘報告中，該墓被列於4號塚主體之外的「塚體上墓葬」，這三座小墓「利用原塚的碎石砌築墓壙並封掩，疊壓或打破塚體頂部的堆石結構」，除了這座85m3出土了銅耳飾和玉墜珠各一件外，其他兩座小墓無任何隨葬品，報告沒有明言其年代，但顯然是將其當作晚期遺存的，在結語中也未再提及紅山文化銅器發現的重要意義。安志敏指出，「當時目睹的一座石塚表層的石棺裡曾出土過一件銅飾，似

不屬於紅山文化的遺存」，結合前述冶銅爐壁殘片屬於夏家店下層文化的情況，他斷言「牛河梁遺址具有不同時代的文化遺存，已經是無可懷疑的事實」(安志敏 2003)。

據報導，敖漢旗西臺遺址曾出土兩件小型陶質合範，當用於鑄造魚鉤類物品，一般認為「可視為探索紅山文化鑄銅技術的重要線索」(劉國祥 2006)。

敖漢西臺遺址出土的陶範不止兩件，而是有若干發現。依《簡述》，「西臺遺址雖未做碳-14年代測定，從出土遺物看，屬紅山文化中期。大約在距今6500～6000年」，而陶質合範「是鑄造青銅器的模具」(楊虎等 2010)。對於陶範的年代與性質的判定都不知何據。如此早的冶鑄青銅的遺存出現於東亞尚聞所未聞，另有學者推測這一紅山文化陶範的年代在距今5,800～4,900年之間(任式楠 2004)。我們還注意到，與凌源牛河梁遺址相類似，西臺遺址也屬複合型遺址，「包含新石器時代興隆窪、紅山和青銅時代夏家店下層和夏家店上層等多種文化遺存」(楊虎 1989)。看來，這批陶範是否屬紅山文化，尚無法遽斷。

也即，到目前為止，尚無可靠的證據表明紅山文化晚期遺存中存在用銅的跡象。

四　齊家文化用銅遺存的階段性變化

齊家文化雖發現較早，但一直沒有建立起綜合的分期框架，1987年，張忠培發表了《齊家文化研究》一文，可以認為是奠基之作，其初步的分期研究結束了把延續數百年的齊家文化當作一個整體看待的局面(張忠培 1987)。

就用銅遺存而言，他把齊家文化分為三期八段，指出經過鑑定為青

銅製品的遺跡單位，均屬於齊家文化第三期；而早於第三期的銅器，經鑑定者全部為紅銅，他認為出土紅銅器的階段，「已進入金石並用時代的發展階段，齊家文化三期七、八段的幾件青銅器，當是製銅技術進入一個新階段的指標」，「在中國廣大土地上孕育出來的許多不同譜系的考古文化中，還只有齊家文化可能被認為是獨立地走過了純銅——青銅這一基本完整的製銅技術的過程」。在此基礎上，滕銘予提出了更為系統的甘青地區早期銅器起源和發展的序列：紅銅、原始銅合金——紅銅——紅銅、青銅——青銅，認為這「反映了這一地區早期冶銅技術從不成熟到成熟的發展過程」（滕銘予 1989）。

依前述韓建業的分期方案，「齊家文化中期」相當於龍山時代後期的銅石並用時代晚期（約西元前 2200 – 前 1900 年），河西走廊東部諸遺址發現紅銅器；而「齊家文化晚期」相當於夏代晚期至商代初期的青銅時代前期（西元前 1900 – 前 1500 年），紅銅與錫青銅、鉛青銅、鉛錫青銅共存（韓建業 2008）。

一般認為，隴山山麓地區以天水師趙村第七期遺存為代表的「齊家文化早期」（約西元前 2500 – 前 2200 年），「可看作是客省莊二期文化的地方變體」（韓建業 2008），也有學者指出這類遺存「與柳灣為代表的西部齊家文化是有差異的，反之，卻與關中客省莊文化更為靠近」（李水城 2001），更多的學者傾向於這類遺存並不屬於齊家文化（籍和平 1986，張忠培等 2002，陳小三 2012）。就目前的了解，後者的看法似更為切實。無論如何，在這類遺址中尚無用銅遺存發現。

如果將隴山山麓地區年代偏早、不見用銅遺存的所謂「齊家文化早期」遺存排除於齊家文化之外，而銅石並用時代晚期「銅石並用」才名副其實，那麼上述齊家文化就跨銅石並用時代和青銅時代前期兩大階段。

臨潭磨溝齊家文化墓葬隨葬品組合

在最新挖掘的甘肅臨潭磨溝齊家文化墓地中，北區的墓葬年代較早，約當齊家文化中期。「值得注意的是，在 M1202 和 M1467 的隨葬陶器中，各有 1 件白陶盉，形態甚似二里頭文化的同類器物」（錢耀鵬等 2009），從白陶盉的形態上看，與二里頭文化第二期晚段（絕對年代在西元前 1650 年前後）相當，可知這類墓葬的年代不早於此。這與最新估定的齊家文化的年代框架大致吻合：「暫時可以將齊家文化的年代上限定在西元前 3 千紀末葉，年代下限則相當於西元前 2 千紀中葉，西元前 2100－前 1450 年應當是一個可以參考的年代範圍。」（陳小三 2012）可知齊家文化青銅器的存在年代上限相當（或略早於？）二里頭文化的起始年代，下限則相當於二里崗文化早期。

五　關於東亞大陸青銅時代肇始的問題

青銅時代是「以青銅作為製造工具、用具和武器的重要原料的人類物質文化發展階段」（石興邦 1986）。一個共識是，「青銅時代必須具備這樣一個特點：青銅器在人們的生產、生活中占據重要地位，偶然地製造和

使用青銅器的時代不能認定為青銅時代。」(蔣曉春 2010)

關於中國青銅時代的肇始時間，則眾說紛紜，部分學者認為龍山文化晚期或龍山時代已進入青銅時代，年代約當西元前 3000 年或稍晚（李先登 1984，陳戈等 1990），因用銅遺存僅有零星的發現，並不符合上述青銅時代的特點，故可以不考慮其可能性。

1980 年代以降，一般把成批出土青銅禮容器、兵器、工具、飾物等的二里頭文化，作為中國青銅時代早期文化。由於 1980 年代當時二里頭文化碳素測年的數據落在西元前 2080－前 1580 年，所以一般認為西元前 2000 年左右是中國青銅時代的上限。（張光直 1983，嚴文明 1984，石興邦 1986）

嗣後，有研究者將西北地區的早期用銅遺存納入青銅時代，認為存在西北地區和中原地區兩大獨立起源地，但在絕對年代上，仍認為二者大體在西元前 2000 年前後進入青銅時代（白雲翔 2002）。

據最近的研究，最早進入青銅時代的當數新疆地區，年代上限在西元前 2000 年左右，其次為甘肅、青海和陝西地區，進入青銅時代的年代上限在西元前 1900 年前後，主要包括四壩文化和晚期齊家文化；至西元前 1800 年左右，在北方地區出現了朱開溝文化和夏家店下層文化；與此同時或稍晚，在中原地區誕生了青銅時代文化──二里頭文化；透過二里頭文化，青銅技術還傳播至黃河下游的嶽石文化等當中。這清晰地勾勒出早期青銅文化流播的主方向是自西向東（韓建業 2008、2012b）。

由對東亞大陸各地用銅遺存最新年代學研究成果的系統梳理，感覺對上文提及的四壩文化、晚期齊家文化、朱開溝文化、夏家店下層文化、二里頭文化和嶽石文化的用銅遺存，還有進一步探討的必要。

河西走廊張掖西城驛冶煉遺址的挖掘，提供了串聯起馬廠文化、齊

家文化和四壩文化用銅遺存的最新資訊。西城驛遺址「一期為馬廠晚期遺存，年代為距今 4,100～4,000 年。二期文化因素較為複雜，年代為距今 4,000～3,700 年。三期為四壩文化遺存，年代為距今 3,700～3,600 年」，「西城驛遺址一期與酒泉照壁灘遺址、高苜蓿地接近，二期與武威皇娘娘臺遺址接近，三期與國樂東灰山、玉門火燒溝遺址年代接近，干骨崖略晚於西城驛遺址三期」(陳國科等 2015)。

所謂「文化因素較為複雜」的二期遺存，被稱為「過渡類型」或西城驛文化 (李水城 2014，陳國科等 2014)。「『過渡類型』遺存是進入河西走廊的齊家文化在向西發展的過程中和馬廠類型融合後所產生的一支新的文化遺存」，「在河西走廊的中西部齊家文化的陶器多與『過渡類型』的陶器共存」(王輝 2012)，這就把疊壓於這類遺存之上、原定為西元前 2000 - 前 1500 年之間的四壩文化遺存的年代，下壓到了西元前 1700 - 前 1600 年之間，而與齊家文化前期大體共時的西城驛二期銅器的材質還是以紅銅為主；到了屬於四壩文化的西城驛三期則以合金為主，合金中砷青銅為多 (陳國科等 2015)。

要之，以四壩文化為代表的河西走廊地區進入青銅時代的時間，在西元前 1700 年前後；河湟與隴東地區的齊家文化晚期 (以齊家坪、秦魏家為代表，相當於張忠培所分第三期 7、8 段) 與其大體同時。關於齊家文化晚期的用銅遺存，張忠培指出，「由於還存在相當數量的紅銅製品，和有時仍採用冷鍛技術製作青銅器，故即使把這時期歸入青銅時代，也只能是這時代的伊始階段。」(張忠培 1987) 這一觀點目前看來也是中肯的。

內蒙古中南部鄂爾多斯朱開溝遺址的第三、四段遺存中出土若干錐、針等小件銅器。其中第四段的測定年代為距今 3,685～3,515 年，相當於「夏代的晚期階段」；第三段的出土器物「與二里頭遺址第二期遺存中出土的部分同類期都頗為一致」，如與中原地區的高精度系列測年相比

照，其上限應不早於西元前 1600 年。從出土用銅遺存看，只是到了相當數量的青銅兵器和容器出現的該遺址第五期，該地才進入青銅時代，已相當於二里崗文化晚期階段。

至於內蒙古東部和遼西地區夏家店下層文化出土銅器，一般認為約當夏至早商時期，其年代多被推定在西元前 2000－前 1600 年之間（白雲翔 2002）。目前集中出土且經年代測定的，只有赤峰敖漢旗大甸子遺址集中出土的一批青銅器，這批銅器的年代區間，在西元前 1735－前 1460 年，如與中原地區的高精度系列測年相比照，不排除年代更晚的可能性，從大甸子墓葬的隨葬品中伴出與二里頭文化二期風格近似的陶鬶、爵之類器物看，知其年代上限應不早於二里頭文化二期，而下限應已相當於二里崗文化早期。其他地點出土的夏家店下層文化銅器，尚未見有明確早於這一年代數據的例子。

中原地區在二里頭文化之前，僅有零星的用銅遺存發現，如襄汾陶寺遺址發現有紅銅鈴和砷銅齒輪形器、容器殘片等，但未見青銅；登封王城崗遺址曾出土青銅容器殘片，新密新砦遺址曾出土紅銅容器殘片等。二里頭文化第一期發現的銅器尚少，且均為小件器物，第二期開始出現銅鈴和嵌綠松石銅牌飾等製作工藝較複雜的青銅器，第三期始有成組的青銅禮容器和兵器等出土，故就目前的考古資料而言，中原地區進入青銅時代的時間，至多是二里頭文化第二期。依最新的系列測年結果，二里頭文化第二期的上限不早於西元前 1680 年（張雪蓮等 2007，中國社會科學院考古研究所 2014）。

陶寺銅鈴、陶寺銅齒輪形器（與玉璧疊摞）

至於海岱龍山文化和嶽石文化中零星發現的用銅遺存，多為小件工具和裝飾品，應為中原文化影響所致，尚未在其所處的社會中顯現出「顯著的重要性」（張光直語），因而難以認為其已進入青銅時代。

要之，就目前的發現，整個東亞大陸多地區大致進入青銅時代的時間，約當西元前1700年前後。第一批進入青銅時代的考古學文化，只有四壩文化、齊家文化晚期、夏家店下層文化和二里頭文化。這些最早的青銅時代文化間的交流關係，還有待於進一步探究。

六　簡單的結論

綜上所述，東亞大陸西元前4700－前2300年之間所出現的零星用銅遺存，應屬「原始銅合金」，是古人「利用共生礦冶銅技術的探索實踐」的產物，其出現具有偶然性且不能量產，與後來紅銅、青銅器的生產存在大時段的冶金史空白。因而，這一階段應仍屬新石器時代的範疇。而由上述觀察可知，東亞大陸應不存在以使用紅銅器為主要特徵的所謂「銅石並用」時代。齊家文化銅器出現的初始階段、陶寺文化中晚期是否僅使用紅銅，還有待於今後的發現，即便它們都有一個以使用紅銅器為主的階段，其延續時間也不過200～300年。在多數區域，早期銅

器的使用呈現出紅銅、砷銅、青銅並存的狀況。延續時間短、各種材質的銅器共存,暗喻著用銅遺存出現的非原生性。如多位學者已分析指出的那樣,東亞大陸用銅遺存的出現,應與接受外來影響關係密切,至於東亞大陸部分割槽域進入青銅時代的時間,依據最新的年代學研究,要晚到西元前1700年前後了。

禮制遺存與禮樂文化的起源

禮制是中國古代文明的重要內涵,而禮制的核心是等級制度,禮制的有無及其完善程度是社會複雜化程度的重要指標,與體現氏族成員平等觀念的原始習俗有本質區別的是,植根於私有制基礎上的宗法等級制和與此相適應的一套禮樂制度,所體現的是特權和社會成員間的不平等。禮制即等級名分制度,用以確定上下、尊卑、親疏、長幼之間的隸屬服從關係,舉行祭祀、朝聘、宴饗等政治性、宗教性活動的建築物及使用的禮器,是禮制的物化形式,它們既是社會地位的象徵,又是用以「明貴賤,辨等列」(《左傳成公二年》),區別貴族內部等級的物件。我們從考古學上探討禮制的起源,即主要由禮儀建築遺存和禮器入手,也即從反映人們社會地位差異的相關遺跡遺物出發,揭示當時社會的等級制度。

1980年代以來,隨著一系列重要考古發現的問世,學術界的知識結構不斷更新,人們逐漸認知到中國文明具有鮮明的特色,其精髓在於禮樂制度,在10餘年前關於中國文明起源問題的討論中,已有學者指出「禮樂制度與中國古代文明的關係可謂形影相隨。應承認它是中國文明固有的特點之一」,「應該把禮樂制度的形成視為中國進入文明時代的一項指標」,而「禮制形成於龍山時代」(高煒1989)。

尋蹤

　　龍山時代，一般認為相當於西元前 3000－前 2000 年左右（嚴文明先生將龍山時代界定於西元前 2600－前 2000 年之間。後來，其主張將廟底溝二期文化及各區域與其大體同時的諸考古學文化「劃歸龍山時代的早期」，準此，龍山時代的上限就可上溯至西元前 3000 年左右）（嚴文明 1981、1993），考古資料表明，進入龍山時代，黃河和長江流域若干考古學文化的社會分層已較顯著，貧富分化加劇，在聚落形態、建築規格與品類以及遺物上都有一些令人矚目的現象出現，這一大的歷史時期上承仰韶時代，下接以二里頭文化為先導的三代青銅文化，是以禮樂制度為顯著特徵的華夏文明起源與形成的關鍵時期，因而成為探索中國古代禮制的起源與早期發展的重要對象。龍山時代之前的仰韶時代，約當新石器時代晚期（蘇秉琦 1994b），伴隨著這一時期社會分層現象的出現，某些遺跡遺物或可看作禮儀建築或禮器的萌芽和前身。但總體上看，這些考古學現象與禮制的形成之間尚有相當的距離。

　　經對與禮制有關的遺存做初步的梳理，我們認為，禮制遺存有廣義和狹義之分，廣義的禮器作為社會地位和等級的代表，其出現應與社會分層大體同時，指那些開始脫離日用品而被賦予了特殊用途和特定意義的器物，它誕生於真正意義上的禮制出現之前，存在於廣大地域內的諸多考古學文化中。狹義的禮器則是指與三代禮器群有直接的承襲關係、作為華夏禮樂制度的物化形式的器物，禮儀建築也大體可做這樣的劃分，只是它較之禮器更難以辨識。

　　廣義與狹義兩種禮制遺存可能還具有進一步的分類學意義，它們似乎代表著以禮樂為分野的兩大文化系統，三代禮樂文明的多源性並不意味著它是主次不分的「雜拌」，由物質遺存掌握其所具有的精神與制度層面的特質，應是我們研究中一個重要的努力方向，也是解明相關問題的關鍵所在。在禮制起源問題的研究上，我們不傾向於作一般進化論式的

單線追溯。就目前的發現看，狹義的禮制遺存僅見於龍山時代少數幾個考古學文化，我們可以據此對三代禮樂文明的主源作深入的探究。

應當承認的是，從考古學資料探究禮制的起源並非易事，任何事物在其肇始期都有發生與初步發展的過程，其質變完成於量變之中，禮制的形成也是一個過程而非一道門檻，因而，對早期禮制遺存的確認具有相當的模糊性。同時，由於沒有確鑿的文字資料出土，探索中的許多階段性認知只能屬於推論，有待於新的考古發現的檢驗。

一　禮儀建築與墓葬的考察

目前與禮儀建築相關的遺存發現較少，同時缺乏能確切說明其功能與性質的資料，因而對其進行界定有很大的困難。我們可以從兩個方面入手對這一問題進行初步的探索。

其一是從發生學的角度看其起源。

從新石器時代開始，黃河流域的住宅建築形式經歷了從半穴居到地面居再到高臺居的發展過程 (周星 1989)。住宅形式作為社會文化的產物，也一直在顯示著社會進步的趨勢。至龍山時代乃至其後的三代，在穴居住宅依然存在的同時，出現了突出於地面的高臺建築，高臺建築的出現既與夯築技術的成熟相關聯，又反映著事實上日益擴大的社會分裂，大型夯土高臺建築的建造需要龐大的用工量，又因其首先成為表現禮制的宮殿和宗廟之所在而具有權力象徵的意義，這決定了它從誕生之日起就與禮制和文明有著某種內在的連繫 (許宏 2000)。

其二是循由已知推未知的方法，從可以確認的禮儀建築來上推這類遺存的淵源。

二里頭遺址的大型建築基址，是目前可以確認的中國最早的與禮制

相關的宮廟類建築,其在遺存類型上表現為大型夯土基址。建築臺基高出地面,係人工夯築而成,面積達數千至 1 萬平方公尺,體積遠遠大於一般居住址。土木結構,形制方正有序,封閉式布局,中軸對稱,其後的二里崗文化和殷墟文化的大型建築與其一脈相承。由此可知,中國早期禮儀建築的考古學載體是大型夯土臺基址。

由二里頭文化的大型建築基址上溯,可與其大體前後接續並保存較好的夯土基址,發現屬王灣三期文化的新密市古城寨龍山時代城址中,城址的面積為 17 萬餘平方公尺。大型建築基址的總面積應在 2,000 平方公尺以上(我們認為編號為廊廡基址的 F4,與夯土基址 F1 應為同一座大型建築的組成部分),夯土基址 F1 的規模與二里頭遺址 1、2 號基址的主殿相仿,達 300 餘平方公尺,依發掘報告,其建造和使用年代約當中原龍山文化晚期。

如果進一步追溯夯土和大型建築這類作為禮制建築的表現形式的考古學現象的本源,可知最早將夯土用於建造城垣和建築的,是鄭州西山仰韶文化晚期城址。甘肅秦安大地灣仰韶文化晚期的「原始殿堂」,是由前堂、後室和東西兩個廂房組成的多間式大型建築,總面積達 420 平方公尺左右,應為集會或舉行宗教儀式的公共建築,在結構與功能上或可看作後世禮儀建築的前身。但到目前為止,我們還沒有在包括上述地點在內的黃河中游的遺址中發現高出地面的早期夯土臺基址,與二里頭遺址相類似的高出地面的夯築臺基式建築,僅見於地勢更為低平的長江和黃河下游的良渚文化和山東龍山文化,在餘杭良渚遺址群發現的人工營建的莫角山大型臺基址,其平面略呈長方形,面積逾 30 萬平方公尺。臺基上更築有 3 個高 4～5 公尺的土臺,此外還發現有總面積不小於 3 萬平方公尺的大型夯土基址,這類遺存已開後世中國大型建築普遍採用的同類做法的先河,同時應指出的是,良渚文化的衰落時間較早,其與二

里頭文化之間尚有相當的時間距離，該文化所見夯土基址與三代同類建築間是否存在源流關係，是否具有相同的性質和功能，都還有待於深入的探究。

新密古城寨城址大型夯土建築

良渚莫角山營建場景復原

> 尋蹤

　　與古城寨城址大體同時，在黃河中下游龍山時代諸考古學文化中還發現有 10 餘處夯土城址 (錢耀鵬 2001)。這些城址的面積相差很大，從 1 萬平方公尺至數十萬平方公尺不等，在平面布局上大多較為方正，而與仰韶時代的環壕聚落和城址的圓形規劃不同。這一區域的城址形態，成為後世中國夯築矩形城郭制度的主源，方正的、規模不一的城垣，除了有利於版築施工這一技術層面的原因及因地制宜的考量外，是否還有禮制的因素蘊含其內，尚無從究明。一個明顯的事實是，並非重要的中心聚落都築城，同時，並非所有的城址都是中心聚落，可以認為，早期城垣的築建是以實用性即其防禦功能為主的，城垣的有無首先取決於需求，即便夏商西周三代王朝的都城，也並非都有城垣 (許宏 2000)，因此城垣是否具有或具有多少觀念上的象徵意義，是否屬於禮制建築，都還有待於進一步的探究。同時，在這些城址中，尚很少發現像古城寨那樣保存較好、可能與禮制有關的大型建築，這也影響了我們對城址的性質與功能的準確掌握。

　　至於龍山時代內蒙古中南部和長江中游的城址，則分別為石砌和堆築，且形制均不甚有序，受這些地區社會複雜化程度的制約，其功能和性質和中原地區的夯土版築城址當不可同日而語，這類夯土遺存富於地方特色，它具有什麼樣的禮制意義還有待於進一步究明。可以肯定的是，「各地城址在當地社會運作中所發揮的作用與方式不盡相同，最終它們在對中國文明之形成的貢獻程度和方式上也有各式各樣的差別。」(趙輝等 2002)

　　在三代，禮制的一個重要組成部分是喪葬禮，古人「事死如事生」，作為喪葬禮的重要物化形式的墓葬本身也應屬禮儀遺存的範疇，三代貴族葬制的主要特徵是：長方形豎穴土壙；以單人仰身直肢葬為主；葬具採用棺槨；以成套的禮樂器隨葬；有明顯的等級差別存在，墓葬規模、

棺槨的有無和複雜程度以及隨葬品的種類和數量與墓主身分成正比,其淵源也可上溯至龍山時代。

長方形豎穴土壙的墓葬形制,和單人仰身直肢的埋葬習俗都可上溯至新石器時代前期,且被普遍採用,因而不具有標示等級身分的意義。在仰韶時代以仰韶文化為主的諸文化類型中,尚多見多人二次合葬墓,共同隨葬一套或兩三套器物;單人墓中墓葬的規模大體相同,隨葬品以日用陶器為主,或有生產工具和裝飾品,其種類和數量並無顯著的差別。從半坡類型的埋葬制度,還可知當時婦女占有的財產一般多於男子,說明其地位尚高於男性(蘇秉琦1994b),但地區與文化類型間仍存在發展的不平衡性,其中大汶口文化早期墓的分化程度就較高,個別墓葬的墓坑面積已超過8平方公尺,隨葬器物逾百件,應已出現了貧富分化與社會地位分化的現象。

仰韶文化後期遺存中很少發現墓葬,其葬制的具體情況尚不甚清楚。與其大體同時的大汶口文化、凌家灘文化等,則在同一墓地內的墓葬之間以及不同墓地之間開始出現分化現象,墓葬的規模、葬具和隨葬品的種類數量都有明顯差異,最典型的是作為所在文化中心遺址的大汶口墓地和凌家灘墓地的發現,與大汶口墓地以隨葬日用陶器為主的作風相異,地處江淮地區的凌家灘墓地則以隨葬富於特色的大宗玉器為主,但二者都隨葬有為數不少的生產工具。總體上看,這一時期的隨葬制度中有以量取勝的傾向;各文化類型中隨葬品的種類較為繁雜,具有濃厚的地方特色;與後世禮器相關的遺物數量較少且零散出現,尚未形成穩定的組合。

在中原仰韶文化前期的墓葬中已偶見用木板拼成的葬具的痕跡,如寶雞北首嶺和西安半坡所見。大汶口文化中期的墓葬中出現了長方框形、盒形或井字形的木質葬具,或可稱其為「原始木棺」或「原始木

槨」，如泰安大汶口和諸城呈子所見，這類葬具均見於墓葬規模較大、隨葬品較多的墓中，但這一時期尚未出現具有雙重結構的棺槨葬具。

進入龍山時代早期，在葬制的發展上走在前列的仍屬大汶口文化（晚期）以及與其大體同時的良渚文化。

大汶口文化晚期階段最大的墓葬的面積已達 14 平方公尺，有木質朱繪葬具（大汶口 M10）；在棺或槨外的二層臺上隨葬珍品的厚葬之風日益盛行，墓中出土有製作精美的玉器、骨牙雕筒、鱷魚皮鼓（鼉鼓）、白陶器及大量陶器和各類裝飾品等，其中包括若干非實用器，有些已屬禮器的範疇。與其形成鮮明對比的是，占總墓數絕大部分的小型墓全無葬具，隨葬品極少甚至空無一物，棺槨齊備的墓葬也始見於此期的大中型墓，如鄒縣野店，可見初具形態的棺槨與貧富分化和等級制幾乎是同時發生的，一出現便成為等級的代表物件（高煒 1989）。同時，這一時期已出現了不同等級的墓葬相對集中、有規律排列的現象。

良渚文化已發現的大型墓葬都建在人工堆築的高土臺上，這些高臺墓地相對獨立，一般不與小墓混在，高臺本身也是祭壇，兼具祭祀和埋葬權貴的雙重功能（杜金鵬 1997），大墓墓壙的面積在 5～9 平方公尺不等，有木棺類葬具，有的還帶有朱繪痕跡。木棺多以獨木刳成，富於地方特色，墓中都有豐富的隨葬品，而以琮、璧、鉞或璜、冠狀飾等禮玉及各種佩玉為主，一般在百件以上，同時還發現有大量葬於平地墓地的小墓，其隨葬品以陶器為主，或有石鉞及小件飾品等，有的全無遺物（陸建方 1996）。

禮制遺存與禮樂文化的起源

章丘焦家大汶口文化兩槨一棺墓（上）、
章丘焦家大汶口文化墓葬及隨葬品（下）

凌家灘文化和良渚文化的貴族墓地係人工營建，注重祭祀功能，隨葬品以玉器為主，墓葬間的差別主要顯現於隨葬玉器的種類與數量上，而墓葬規模和葬具似乎並非葬制上等級劃分的重要指標，這些特徵，都與前述三代的埋葬制度有較大的差別。

至龍山時代後期，墓葬上顯現的等級分化進一步加劇，以海岱龍山文化和陶寺文化的葬制發展最引人注目。

海岱龍山文化已發現的數百座墓葬的絕大多數為中小型墓，大型墓則僅在臨朐西朱封和泗水尹家城兩遺址發現了數座，這類墓葬的面積達10～30平方公尺。葬具為一槨一棺或重槨一棺，有的還使用彩繪邊箱和腳箱，表明木槨墓的形制至此已臻成熟，這類墓葬一般有豐富的隨葬品，包括以白陶鬶和蛋殼黑陶高柄杯為中心的成套精美的陶器和各類玉器，並有豬下顎骨等。個別規模較大的墓還發現有鱷魚骨板，一般認為屬鼉鼓的殘跡。

這種葬制上的等列關係在地處晉西南的陶寺文化中表現得更為清晰，在襄汾陶寺墓地已挖掘的數百座陶寺文化早期墓葬中，大、中、小墓種類齊全。大型墓僅發現6座，約占1%，這類墓的面積最大達8平方公尺以上（最近挖掘的一座陶寺文化中期大墓的面積逾18平方公尺），使用朱繪木棺，鋪撒硃砂。值得注意的是，其葬具的複雜程度遜於海岱龍山文化所見。隨葬品可達一二百件，包括由彩繪（漆）木器、彩繪陶器及玉石器組成的成組家具、炊器、食器、酒器、盛貯器、武器、工具、樂器和裝飾品以及牲體等，隨葬的禮樂器中又以蟠龍紋陶盤、鼉鼓和特磬最為引人注目。中型墓占總數的10%左右，也使用木棺，隨葬品則等而下之。而無葬具和隨葬品，或僅有一兩件遺物的小墓則占總數的80%以上，各類墓葬數量上的這種金字塔式的比例關係，應是當時已出現嚴重分化的等級制社會結構的真實反映。

綜上可知，大汶口──海岱龍山文化的棺槨制度，大汶口──海岱龍山文化和陶寺文化以食器、酒器和樂器為主的隨葬制度以及良渚文化的葬玉制度等，構成三代禮制中葬制的主源。

二　早期禮器的考察

我們已在上一節著重從遺跡的角度對三代禮制中葬制的淵源進行了探討，而考古學所見禮器則主要出自墓葬，這裡再以墓葬的隨葬品為中心，對禮器的發生及初期發展作粗淺的分析。

自新石器時代晚期起，以陶器為主的某些器物就有脫離日用品而被賦予某種特殊用途和特定意義的趨勢，在原始宗教活動中使用獨特而精美的器物的做法，為後來盛行的禮器制度奠定了基礎（徐良高 1999）。如前所述，這類器物可稱為廣義的禮器，不少器物的出現可追溯至龍山時代之前，或見於與華夏禮樂文明無直接承繼關係、在其問世之前即退出歷史舞臺的文化共同體，而狹義的禮器則是指與三代禮器群有直接的承襲關係、作為華夏禮樂制度的物化形式的器物，就目前的考古發現而言，這一意義上的禮器僅可上溯至龍山時代，限於少數幾支考古學文化。

從禮器的淵源與功用上看，它大體上可分為兩類：一是由日常生活用器衍生而來的器物，在其早期階段尚未完全脫離實用功能。如陶質酒器、食器，石製工具、武器等。二是非普及的、專用於宗教儀式活動的特殊器類。如樂器和各類玉器，及某些特殊的陶器等，三代禮器群的構成，是以第一類為主體的，以酒器和食器為核心的容器組合是三代禮器群的重要特徵，而青銅成為其主要的物質載體；同時，禮器組合中的玉器也是中國早期禮樂文明的一個重要特色。

尋蹤

　　屬於三代前期的二里崗文化的青銅器已有了長足的發展，青銅容器的種類達到 10 種以上。從已挖掘的墓葬材料知，二里崗文化偏早階段的青銅禮器組合有爵、斝、盉、觚、鼎等，而以爵的使用頻率最高。二里崗文化青銅器的生產與使用又是全盤繼承了二里頭文化的青銅文化傳統，在二里頭文化的中心遺址偃師二里頭遺址發現了迄今所知最早的青銅禮器群和最早的鑄銅作坊遺址，二里頭遺址所出青銅禮器的種類與二里崗文化大致相同，包括爵、盉、斝、觚（？）、鼎，也以作為酒器的爵為主。因屬青銅文化的早期階段，在墓葬中常以陶盉、漆觚與銅爵相匹配，上述兩個文化中還都發現了與青銅容器共出的武器類禮器——鉞，這些已確知的中國最早的青銅禮器群的資料，是我們探尋禮器淵源的基點。

　　由始見於二里頭文化晚期的青銅禮器群上推，可知在二里頭文化早期即已存在形制與組合都相對固定的陶質酒器，即鬹、爵、盉、觚，到晚期還出現了斝，這些器物成組地出土於墓葬中，在若干規模較大的墓中還與青銅器共出，組成完整的組合。它們一般製作精緻，形制與青銅器中的同類器有密切的關聯，應屬早期禮器，有些可能就是青銅禮器的前身。

　　二里頭文化早期所見陶鬹，往往以白陶製成，至晚期為同屬溫酒器的盉所取代，因此三代的青銅器中已不見其身影，然而早於二里頭文化的河南登封王城崗龍山文化遺存，以及新密新砦遺址的新砦期遺存中，分別發現有青銅（或紅銅）容器的腹部和流部殘片，發掘者推斷其為鬹的殘片。連繫到《西清古鑑》著錄的與海岱龍山文化同類陶器酷似的傳世銅鬹，有理由相信龍山時代至二里頭文化早期階段是存在著銅質鬹或鬹類器的，「銅鬹無疑比陶鬹更重要，它不是日常用具，而應是一件禮器」（邵望平 1980）。

禮制遺存與禮樂文化的起源

陶鬹最早見於大汶口文化，此後逐漸向海岱地區以外的各地散播，「最終被各地原始文化所吸收、改造，成了『龍山期』諸文化的共同新因素。這種薄胎、素面，造型奇特，獨具一格的袋足器，在中華大地之外的任何地方都不曾發現過，從這一意義上講，陶鬹也可以作為中華史前文化的一個代表器物。」（高廣仁等1981）陶鬹製作精緻，造型獨特美觀，在功能上又用來盛放當時用以獻祭神祖的酒液，因而成為「前銅禮器」（出現於青銅禮器之前的非銅禮器）（白雲翔等1989）群中最重要的一分子。

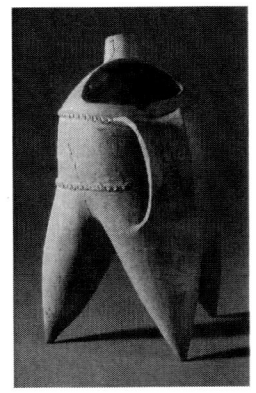

龍山文化陶鬹、二里頭文化陶盉、二里頭文化陶鬹

陶鬹的存在意義還不僅限於該器種本身，二里頭文化陶禮器群中的其他幾種三足酒器爵、盉、斝都應與其有淵源關係（唐蘭1979，鄒衡1980，杜金鵬1992，呂琪昌1999）。另一種酒器觚也可溯源至大汶口文化中的同類器。以王灣三期文化為主的中原系統龍山文化則作為近源，是連結二者的紐帶。

陶寺文化早期的大、中型墓，展現了晉南地區龍山時代「前銅禮器」群的組合情況。炊事用具有灶、鼎和大型陶斝、俎、刀，食器有大口罐、盆、盤、豆、勺等，酒器有小口折肩罐、高領壺、斝、斗、觚、杯，樂器有鼉鼓、特磬、土鼓（？），權杖或兵器有鉞、殳、鏃，工具有斧、錛、研磨器等，其中蟠龍紋陶盤、鼉鼓和特磬等重器僅見於數座大

041

型墓。「從隨葬品組合的角度看，後來商、周貴族使用的禮、樂器，在西元前第 3 千紀中葉的陶寺早期已初具規模」(高煒 1993)；另一方面，從陶寺文化的總體狀況看，其吸納了廣大地域的諸文化類型的文化因素，但分布地域卻基本上局限於晉西南一隅，自身文化因素也未能像二里頭文化那樣作跨地域的播化。隨葬品具有濃厚的地方特色，禮器的主體是彩繪（漆）木器和彩繪陶器，禮器組合的特點是種類齊全，數量眾多，仍存在以量取勝的傾向，「食器、酒器、樂器、兵器、工具皆成套出現，很難簡單地指為『重酒的組合』或『重食的組合』」(高煒 1989)，這與前述二里頭文化和二里崗文化以酒器為主的禮器組合存在較大的差異。

　　作為二里頭文化直接源頭之一的王灣三期文化，以及其他中原龍山文化系統的考古學文化，目前尚未發現類似的可資比較的考古學資料。

　　大汶口文化晚期至海岱龍山文化的高級貴族墓，採用棺槨並用的木槨葬具，以犬為犧牲；隨葬以鬶和蛋殼黑陶高柄杯為代表的成組酒器、食器，以及鼉鼓、玉鉞和鳥形玉飾等，這構成大汶口文化晚期至海岱龍山文化葬制與禮器組合的顯著特點，白陶這種由高嶺土燒製成的硬質陶，在大汶口文化晚期已作為一個獨立的陶系被大量生產，成為高等級墓葬中常見的隨葬品。二里頭文化至殷墟文化的白陶工藝，很可能即由大汶口——龍山文化系統的白陶工藝發展而來，其他的許多文化因素也為三代中原禮樂文明所承繼，成為其禮制的重要組成部分。可以認為，「在文明孕育的過程中，海岱史前文化似乎作出了比其他地區更多更積極的奉獻」(高廣仁等 1992)。

　　以琮、璧、鉞及作為某種偶像頭部冠飾的「冠狀飾」為主體的玉器組合，顯示出太湖地區良渚文化禮器群的突出特點，其中玉鉞來源於新石器時代早中期的石斧或石鉞，後者以長江下游的薛家崗文化和良渚文化最為多見，新石器時代晚期以來，某些製作精緻或朱繪具有神祕色彩圖

案的石鉞已明顯失去原來生產工具的性質，而漸變為武器和禮器（傅憲國 1985），良渚文化大墓中的玉鉞有的刻有神人獸面紋及鳥紋，配以精緻的嵌玉木柄和玉瑁、玉鐓，更應屬權杖的性質（張明華 1989）。至於琮、璧，目前從考古學上還難以準確地斷定其功用，或認為是敬天祭地的禮器，或認為是通神的法器，財富或權勢的象徵等等，可以肯定的是，它們均出自大墓和富墓，只屬於少數特權階層所有，是墓主權力和地位的象徵。在規格不等的墓葬中，又依其種類、質地、數量的差異，區分貴族內部的不同階層。琮、璧與商代的同類玉禮器，琮上的獸面紋與商代青銅器上的饕餮紋之間可能存在著密切的關聯，有內石鉞已開二里頭文化和二里崗文化青銅鉞的先河，良渚文化的陶禮器的基本組合是鼎、豆、簋、盉、壺、貫耳壺，有的在器壁上鑴刻著蟠螭紋、禽鳥紋等纖細而繁縟的圖案，富有濃厚的地方特色。

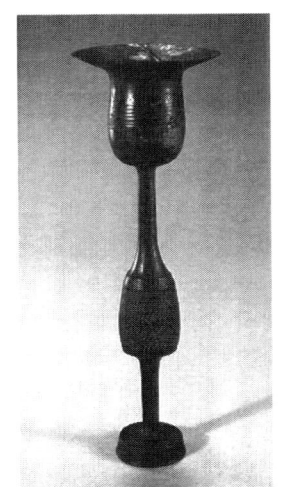

龍山文化黑陶高柄杯、二里頭貴族墓出土的白陶器

從良渚文化總體上瀰漫著濃厚的宗教巫術色彩（趙輝 1999）這一事實出發，我們傾向於贊同「良渚文化的玉琮是一種與人們的原始宗教巫術活動有關的器物」，由宗教法器而成為「統治階級的象徵」（張光直 1986，王

巍 1986)的觀點。良渚文化之後散見於各地的玉、石琮,包括見於中原龍山文化系統諸文化和二里頭文化至殷墟文化者,一般形體矮小,紋飾簡化。「這些玉、石琮與良渚文化的玉琮在形制上差別很大,似不應看作與良渚文化有直接關係,也不能確定它們與良渚文化的玉琮是否具有同樣的用途。」(王巍 1986)在中原三代文明中,玉質禮器自二里頭文化始即不占居禮器群的首要位置,玉質禮器飾品化是三代禮器群的一個重要特徵。從這個意義上講,對良渚文化等盛行「玉殮葬」,以玉為主要禮器的諸考古學文化與三代禮樂文明形成的關係,似不應作過高的猜想。從宏觀的角度看,自仰韶、龍山時代至周代,隨著華夏禮樂文明的發生、確立與初步發展,玉器在人們的精神生活中有一個由「以玉事神」,到「以玉崇禮」再到「以玉比德」的地位逐漸降低的過程,這是三代文明對諸史前文化因素有選擇地吸納揚棄的一個典型例證。

由上述分析可知,陶寺文化、海岱龍山文化和良渚文化等社會發展程度較高的考古學文化墓葬間明確的等級劃分,以及上述「前銅禮器」群的存在,說明在上述各地域社會中,作為早期複雜化社會建立社會新秩序的重要支柱,禮制已經出現並趨定型。但總體上看,龍山時代各區域考古學文化的「前銅禮器」的種類、形制和組合各有特色,尚未形成跨地域的統一的定制,這應是諸考古學文化尚處於禮制形成過程的初期階段的反映,正是這些人類文化共同體的持續競爭與交流影響,奠定了後來華夏禮樂文明的基礎。

三 以禮樂為分野的兩大文化系統的興替

近十餘年來的考古發現與研究結果表明,仰韶時代與龍山時代間曾發生過重大而深刻的社會變革,就黃河中游及鄰境地區而論,仰韶文化晚期至廟底溝二期文化時期,社會在經過了極其繁盛的仰韶文化廟底溝

期之後進入了一個大分化、大動盪、大重組的調整階段。與廟底溝期相比，遺址的數量和分布密度明顯下降，各地文化的面貌也從具有極強的一致性轉變為富於地方色彩，這些現象暗示著原有的社會秩序遭到破壞（趙輝等 2002），逮至中原龍山文化階段（約當西元前 2600–前 2000 年），社會在向複雜化演進的過程中又進入了一個新的階段。綜上所述，從考古學上看，真正與禮制相關聯的遺跡的出現，可以納入禮制系統的成組早期禮器的問世，應都是此次社會變革與重組的直接產物，而與前此的社會秩序、行為規範和宗教思想意識似乎僅存在間接的連繫。

如果再從宏觀上對史前至三代的文化發展態勢作總體的掌握，似可以禮制遺存及其所反映的社會宗教結構為分野，將諸考古學文化劃分為兩大系統，進而可知禮樂系統文化的勃興與非禮樂系統文化的衰微構成了華夏禮樂文明萌芽與肇始期歷史發展的主旋律。

與三代禮樂文明在文化內涵上有直接關聯的考古學文化，要首推大汶口──海岱龍山文化和中原系統龍山文化，這類文化與後來的二里頭文化、二里崗──殷墟文化以及宗周及各封國的禮樂文明一脈相承，或可稱為禮樂系統文化，其禮制遺存表現為：存在作為宮殿宗廟的大型夯築基址、以禮樂器隨葬的棺槨大墓等；以酒器、食器等容器構成禮器群主體（漆木、陶、銅禮器）；有磬、鼓、鐘等樂器群；玉質禮器逐漸飾品化；少見或罕見具象造型，圖案抽象化。就現有考古學資料看，禮樂系統文化可能形成的時間約在龍山時代早期，介於仰韶文化晚期至中原龍山文化之間，及大汶口文化中、晚期之間。禮樂系統文化隨時間推移，在空間上先由黃河中下游匯聚至中原，而後隨三代王朝的擴張而擴散四周。從這個意義上講，以中原為中心的黃河中下游是華夏禮樂文明形成的核心地區。

應當指出的是，即便直接參與建立中原禮樂文明的各考古學文化，

尋蹤

其貢獻也不是等重的,以海岱地區為中心的東方文化在其中發揮了主導作用,二里頭文化和二里崗文化高出地面的臺基式建築、厚葬風習和棺槨制度、以酒器為核心的禮樂器系統以及玉器組合等,都可溯源於東方地區的先行文化。相比之下,地域上處於中原的陶寺文化,就其禮制遺存而言,與二里頭文化和二里崗文化的關係反而沒有與大汶口——海岱龍山文化密切。同時,從已有的考古資料看,二里頭文化繼承自王灣三期文化的要素,集中於層次較低的日用陶器和小型墓的埋葬習俗等方面。與禮制相關的主體文化因素,大多難以在當地找到明確的源頭,在複雜社會中,作為上層建築和意識形態的物化形式的高等級遺存才代表一個文化的發達程度,更具有區分人們共同體的意義。可以認為,二里崗文化禮制因素的主源應是二里頭文化;而二里頭文化禮制因素的主源則應是海岱區的大汶口——龍山文化,容易理解的是,這一結論得自考古學文化因素分析的層面,而與族屬問題不可混為一談。大汶口——海岱龍山文化究竟是在什麼樣的歷史背景下,又是以怎樣的方式參與到建立中原禮樂文明的過程中來的,確實是值得深入探究的問題。

仰韶時代至龍山時代,還存在著與上述禮樂系統文化有著不同內涵的其他考古學文化,如紅山文化、良渚文化、屈家嶺——石家河文化等,這些文化或可稱為非禮樂系統文化或巫術文化,這類考古學文化的內涵蕪雜,並不統一,但有若干共性,存在著廣義的禮制遺存,其考古學表現為:存在大型祭祀建築群、祭壇、積石塚或高臺墓地、葬玉大墓等;法器以玉器為主;流行神像、人物、動物等雕塑品,重視覺衝擊力;大宗明器性祭品集中分布,其特點是具有巫術色彩的宗教在其社會生活中都占有著極為突出的地位。這類文化的歷史可上溯至久遠的時代,至仰韶時代得以盛行,此後隨著禮樂系統文化的勃興擴展而逐漸走向衰微。同時,它們又大量吸收禮樂系統文化的因素,至二里頭時代及其

後，僅見於更遠的周邊地區，如夏家店下層文化、三星堆文化，以及周代各諸侯國域內及周邊的土著文化中。後世的薩滿文化，與其或屬一系。

禮樂系統文化產生自非禮樂系統文化，也在與同時期的非禮樂系統文化的相互作用與刺激中借鑑了後者的若干文化要素，二者間必然有著千絲萬縷的連繫；但兩大系別考古學文化內涵的明顯不同，又昭示了二者在社會總體政治宗教結構上的差異，如果說我們已意識到二里頭文化與其先行的文化尤其是上述中原周邊地區諸考古文化之間存在著「連續」發展中的「斷裂」現象（見本書〈「連續」中的斷裂──關於中國文明與早期國家形成過程的思考〉），那麼透過以上分析可以顯見，這種「斷裂」實際上是上述兩大文化系統此興彼衰這一大的歷史現象的真實反映。

僅就一般認為史前時代社會宗教最為發達的紅山文化的情況說明之，紅山文化祭祀遺址出土的所謂「神像」，「凡能判明性別者均為女性，對女神的尊奉，應是母權制氏族社會精神思想的遺留」（蘇秉琦 1994b），而確立並興盛於三代的禮制，是建立在父權家族制基礎之上的，這已成為學界的共識。鑑於此，兩者間在宗教信仰與社會發展階段上的差異不言自明，出土孕婦雕像的砌石建築、出土女性頭像的所謂「女神廟」的半地穴式建築，都與後世作為禮制建築的大型夯土高臺建築址大相逕庭，看不出其間的傳承關係。積石為塚的墓制，也與作為華夏文明主流的豎穴土坑棺槨葬制不合。可以肯定的是，紅山文化玉器常見於祭祀遺址，且有不少造型較為複雜者，如豬龍、鴞、勾雲形器等，它們應已不是一般的工藝品，而具有某種特殊的含義，但其中仿生動物的普遍存在，說明人們的思維方式和宗教意識尚未擺脫動物崇拜的範疇，其意識形態尚處於較為原始的階段；玉器中大多為裝飾品，而未見真正的禮儀用器，其中璧形器可能是玉禮器──璧的雛形，但其造型多樣，尚未定型（中國玉器全集編輯委員會 1993）。

尋蹤

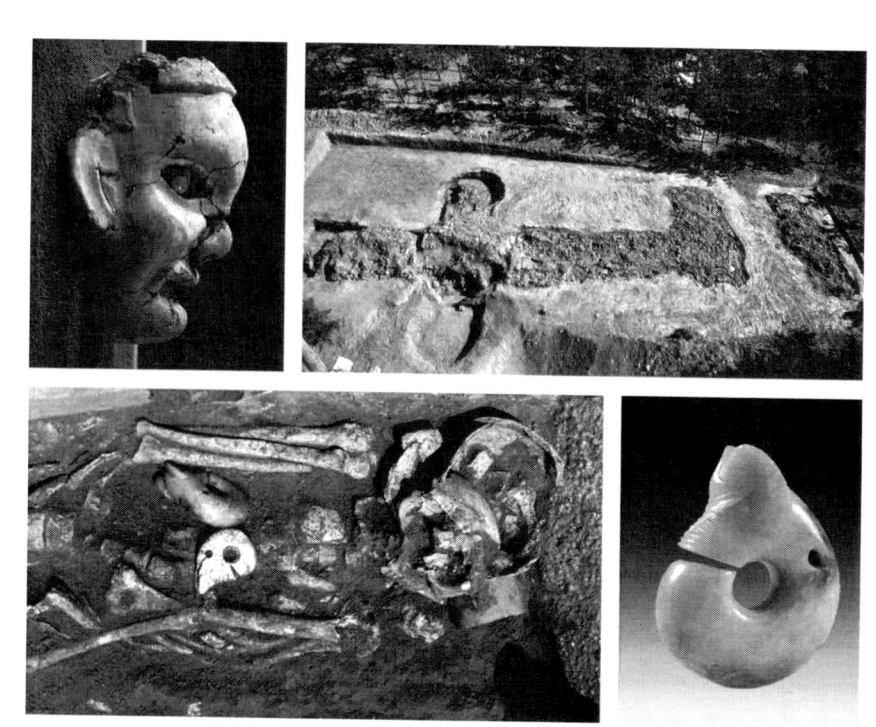

牛河梁紅山文化「女神」頭像及「女神廟」（上）
牛河梁紅山文化積石塚及出土玉雕龍（下）

有學者在討論良渚文化的衰落原因時指出，「峰值期的良渚社會是一個宗教色彩極其濃厚的社會，整個社會生活的運作被籠罩在厚重而偏激的宗教氣氛裡，為此，社會投入了大量非生產性勞動，而這些付出對社會的長期發展顯然不會有任何正面效應。」同時，與良渚文化大墓中宗教遺物數量多、比例大、地位突出的現象不同，中原龍山文化系統和海岱龍山文化的大墓，直至商周時期貴族墓葬的隨葬制度，更多地表現的是世俗權力的集中和財富的占有，而「帶有神權色彩的遺物則甚少」（趙輝1999），這大體上適用於對禮樂系統文化和非禮樂系統文化結構性差異的總體掌握。

以祖先崇拜為核心、重世俗功利、把宗教置於適當位置的禮樂系統文化，何以能在嚴酷的社會競爭和人與自然的競爭中脫穎而出，發展壯

大，最終成為華夏文明的主流；而巫術色彩極其濃厚的非禮樂系統文化為何在其光燦一時的同時又具有脆弱性和短命的一面，終致社會畸形發展而相繼退出歷史舞臺？兩大系統文化興替的深層原因，今後仍將是學術界需加以深入探究的重要課題。

西元前 2000 年：中原大變局的考古學觀察

■ 一　引言

自李濟先生 1926 年挖掘山西夏縣西陰村，兩年後中央研究院歷史語言研究所挖掘河南安陽殷墟，中國考古學參與古史建構的歷史已近百年。通觀 20 世紀學術界對中國早期文明史的探索歷程，由於豐富的文獻資料及由此產生的史學傳統，這一探索理所當然地以對具體國族、王朝的確認為中心。「證經補史」情結與研究取向，基本上貫穿學術史的始終（見本書〈方法論視角下的夏商分界研究〉）。

在超脫了「證經補史」的理念和話語系統之後，古史建構仍被考古學者引為己任，這裡的「史」開始被看作囊括整個社會文化發展過程的大歷史，作為兄弟學科的文獻史學和考古學，則更多地可以看作建構這一大的歷史框架的途徑和手段。解讀文字誕生前後「文獻不足徵」時代的無字地書，進而建構出東亞大陸早期文明史的框架，考古學的作用無可替代，已是不爭的事實，考古人參與寫史勢所必然，但話語系統的轉換卻並非易事，本文就是這一路向上的一個嘗試，試圖夾敘夾議地勾畫出那個時代的輪廓。

只能勾畫一個輪廓，這主要是由考古學的學科特點決定的。那就是，考古學的學科特點，決定了其以長時段的、歷史與文化發展過程的

宏觀考察見長，而拙於對精確年代和具體歷史事件的掌握。受這些特性的影響，考古學角度的敘述與歷史時期相比肯定還是粗糙的。由是，可以理解的是，西元前 2000 年這一時間點，上下浮動數十乃至上百年都是可能的。這個絕對年代只是一個約數，考古學觀察到的與這個年代相關的現象只是考古學和年代學目前的發現，以耶穌誕辰為計數起點的這個時間整數，本不具備太多的歷史意義，在本文中，它只是我們探究中國早期文明程序的一個切入點而已。

話雖如此，它又是一個頗具興味的切入點。

按古典文獻的說法，夏王朝是中國最早的王朝，是破壞了原始民主制的世襲「家天下」的開端。一般認為，夏王朝始建於西元前 21 世紀，「夏商周斷代工程」把夏王朝建立的年代估定為西元前 2070 年左右（夏商周斷代工程專家組 2000），也有學者推算夏王朝始年不早於西元前 2000 年，總之，在以傳世文獻為本位的夏王朝始年的推定上，西元前 2000 年是一個便於記憶的年數。

但文獻中的這些記述，卻不易與具體的考古學現象相對應，到目前為止，學術界還無法在缺乏當時文字資料的情況下，確證堯舜禹乃至夏王朝的真實存在，確認哪類考古學遺存屬於這些國族或王朝。狹義的王統的話語系統和視角，也不足以勾勒涵蓋這段歷史的波瀾壯闊，在考古學上，那時仍處於「龍山時代」（根據最新的考古學和年代學研究成果，這一時代的下限或可下延至西元前 1800 年左右，與二里頭文化相銜接）（嚴文明 1981、1993），在西元前 2000 年前後一二百年的時間裡，也即在所謂的夏王朝前期，考古學上看不到與傳世文獻相對應的「王朝氣象」。依考古學的觀察，這段歷史還有重新敘述的必要。

但紛亂中又孕育著新的動向，大約在西元前 2000 年前後，大河以東晉南地區輝煌一時的陶寺文化由盛轉衰；幾乎與此同時，大河之南的

嵩山一帶，在「逐鹿中原」的躁動中逐漸顯現出區域整合的跡象，新砦集團開始嶄露頭角，顯然，它的崛起，為隨後以二里頭為先導的中原廣域王權國家的飛躍發展奠定了基礎。在地緣政治上，地處中原腹地的鄭州──洛陽地區成為中原王朝文明的發祥地。

鑑於此，西元前 2000 年，是中原文明史上的一個重要的轉捩點。

二　陶寺的興衰

陶寺遺址鳥瞰

地處晉南的陶寺聚落群幾乎是其中最小的一群，但其聚落和墓葬形態及所顯現的社會結構又是最令人矚目的。

存在了大約 400 年的陶寺文化，被分為早期（西元前 2300－前 2100 年）、中期（西元前 2100－前 2000 年）、晚期（西元前 2000－前 1900 年）

尋蹤

三個階段（何駑 2004）。西元前 2000 年，正值這個社會的中、晚期之交。

考古學資料顯示，恰恰在此期，作為該集團權力中心的陶寺聚落充斥著暴力的跡象：

原來的宮殿區被從事石器和骨器加工的普通手工業者所占據，一條傾倒石器、骨器廢料的大溝裡，30 多個人頭骨雜亂重疊，頭骨多被砍切；數十個個體的散亂人骨與獸骨混雜在一起；大溝的底部一具 30 多歲的女性頸部扭折，嘴大張呈驚恐狀，陰部竟被插入一根牛角。連繫到曾高聳於地面的夯土城牆到這時已經廢棄，多處被陶寺晚期的遺存所疊壓或打破，發掘者推測這裡曾發生過大規模人為毀壞建築的群體報復行為。

包括「王墓」在內的貴族大中型墓，往往都有這個時期的「擾坑」直搗墓坑中央的棺室，擾坑內還有隨意拋棄的人頭骨、碎骨和玉器等隨葬品。這些墓同時被掘又一併回填，掘墓者似乎只為出氣而毀墓虐屍，並不全力搜求寶物。

發掘者從日用品的風格分析，延綿數百年的陶寺文化大體是連續發展的。也即，報復者與生前顯赫的被報復者，應當屬於同一群團，這場破壞活動應是陶寺社會底層對上層的暴力行動，而非外來族群的攻掠。無論如何，它摧毀了陶寺社會的貴族秩序和菁英文化，陶寺大邑自此由盛轉衰。

在此之前，以陶寺大型城址為中心聚落的陶寺文化聚落群已經歷了二三百年的輝煌。其所在的西元前 3 千紀後半，即考古學上的龍山時代晚期，在素有「東亞大兩河流域」之稱的黃河和長江流域，一座座拔地而起的城圈形成那個時代最顯著的人文景觀，矗立在黃河兩岸的一座座夯土城址，是這一地區邁向文明時代處理人地關係和人際關係的傑作。陶寺文化中期陶寺城址圈圍起的面積達 280 萬平方公尺，是黃河流域最大

的城址，城牆建築的用工量所顯示的社會動員力，龐大的城區中生活的人口數，都是後續研究的重要課題。

如果我們把視野再放寬些，可知與陶寺所在的晉南隔黃河相望，此後要在中國文明史上大放異彩的中原腹地河南，這時也是城址林立，但與陶寺的氣派相比則不可同日而語。最大的城址也僅30多萬平方公尺，其他城址的面積則大多僅有10餘萬甚至數萬平方公尺（詳後）。與中原相映生輝的海岱（山東）地區，此時最大的城址面積也只有30多萬平方公尺（欒豐實2006）。

城址內已有初步的功能分割槽，其中陶寺墓地已挖掘的上千座墓葬所顯現的金字塔式的社會等級結構，已為學界所熟知。占墓葬總數不足1%的大墓的隨葬品一般都有一二百件，包括由彩繪（漆）木器、彩繪陶器及玉石器組成的各類禮器、生活用具以及以豬為主的牲體等等。隨葬的禮樂器中又以蟠龍紋陶盤、鼉鼓和特磬最引人注目，可知後來商周貴族使用的禮、樂器，有不少在陶寺大邑已經現身，有學者推斷陶寺墓地已存在某種約定俗成的、嚴格按照等級次序使用禮器的規制（高煒1989）。

但與二里頭至殷墟王朝相比，陶寺禮器群又有較顯著的特點，首先，這些禮器都不是用青銅來製作的，因此有學者稱其為「前銅禮器」（高煒1989）。其次，禮器組合種類齊全，存在著以量取勝的傾向，這也迥異於與二里頭至殷墟王朝以酒器為主的「酒文化」禮器組合。此外，獨木船棺、有棺無槨的特殊而簡單的葬具，到了早期王朝時期也被複雜的成套棺槨所取代。由於陶寺晚期社會「金字塔」塔尖的折斷和貴族傳統的中斷，中原王朝誕生前後向其汲取養分的程度或許也受到了影響。

陶寺遺址目前已發現了4件小銅器。其中，最引人注目的是一件紅銅鈴和一件含砷的銅容器（盆？）殘片，陶寺文化所處的龍山時代，一般認為屬「銅石並用時代」（嚴文明1984），在時間上正處於以禮容器為特徵

> 尋蹤

的中國青銅時代的前夜；空間上，黃河與太行山之間的山西，歷來是中原與歐亞大陸內陸交流的重要通道，而陶寺所處的晉西南，本身就是大中原的組成部分。因此有理由相信，陶寺應該在中原青銅文明的崛起中扮演過重要的角色。

陶寺彩繪蟠龍紋盤、陶寺陶鼓

眾所周知，在陶寺文化消亡一二百年後，坐落於中原腹地洛陽盆地的二里頭都邑，出現了迄今所知東亞地區最早的青銅禮樂器群。以複合陶範鑄造青銅禮樂器，成為中國青銅文明的代表性工藝，而陶寺銅鈴則是迄今所知年代最早的完整的複合範銅器和第一件金屬樂器，紅銅鈴和銅容器殘片的出現，應該為其後青銅禮器群的問世奠定了技術條件。

但這些銅器是否就是陶寺人的本土產品，學界對此還不能做出明確的回答。從幾件銅器的出土環境看，它們都不是貴族墓的隨葬品，這似乎表明複合範鑄銅技術在出現之初並未被用來製作表現身分地位的禮器，並未在該集團的政治生活中扮演重要的角色。如是，這就與以二里

頭為先導的早期青銅文明的禮器傳統形成鮮明的對比，此外，陶寺也還沒有發現相應的鑄銅作坊，從簡單的比照中，可以看出陶寺銅器的出現，似乎較為突兀，並不是當地社會政治經濟發展需求的產物，換言之，這一集團似乎缺乏製造和使用銅器的原動力。鑑於此，陶寺遺址出土的銅器，不排除外地輸入或外來工匠在當地生產的可能，它們是否催生出了當地的銅器生產是需進一步探究的問題。

陶寺遺址另一項令人矚目的發現是朱書陶文，已為學界所熟知，但對這些刻符的釋義則異見紛呈，數年前在陶寺遺址建築區又出土了一件朱書陶扁壺殘片，證明陶寺文化晚期扁壺的朱書「文字」並非孤例。

從陶寺遺址的聚落形態上看，儘管社會階層分化嚴重，但各等級的墓又都同處於一處墓地，並不見殷墟那樣獨立的王陵區，甚至幾乎所有居民都被囊括進一個大的城圈。這種「全民性」，使我們對陶寺社會的進化程度無法作過高的猜想。與早期王朝相比，這些現象或者是原始性的顯現，或者是區域和不同族群間文化特徵的差異。

陶寺朱書陶文

與陶寺城址顯現出的龐大氣勢形成鮮明對比的是，以其為中心的陶寺聚落群的分布範圍卻並不大。

尋蹤

考古調查表明，陶寺文化聚落的分布，基本上限於陶寺遺址所在的臨汾盆地。盆地位於汾河下游，迄今已發現上百處同時期的遺址，從面積和內涵上看，遺址可以分成不同的等級，形成以陶寺遺址為中心的多層次的聚落群。「從考古發現看，在同時期各區系中，陶寺文化的發展程度最高，但它的覆蓋面大致未超出臨汾盆地的範圍；它與周鄰文化的關係，則表現為重吸納而少放射。若與二里頭文化比較，可明顯看到陶寺文化的局限性，說明陶寺尚未形成像二里頭那樣的具全國意義的文化中心。」(高煒 1996)

回顧陶寺遺址的探索歷程，我們知道這處大邑的發現本身就是有目的地尋找夏文化的結果。

循著文獻提供的線索尋找夏王朝的遺跡，是被譽為「中國考古學之父」的李濟博士在晉南考察與挖掘的動機之一，中國科學院考古研究所山西工作隊於 1950–1960 年代在晉南開展的大規模考古調查，是「圍繞著探索夏文化的學術任務」(高煒 2007)。前述陶寺遺址的重大發現，令學界興奮不已，當時占主流的假說是二里頭和東下馮類型屬於商文化，而按當時的碳素測年可知，陶寺文化的年代概算為西元前 2500–前 1900 年。發掘者在前後可搖擺數百年的夏代紀年中，選取了最早的極端值：西元前 24 世紀–前 18 世紀，據此認為陶寺中晚期已進入夏紀年，陶寺遺址和墓地很可能就是夏人的遺存 (高煒等 1983)。

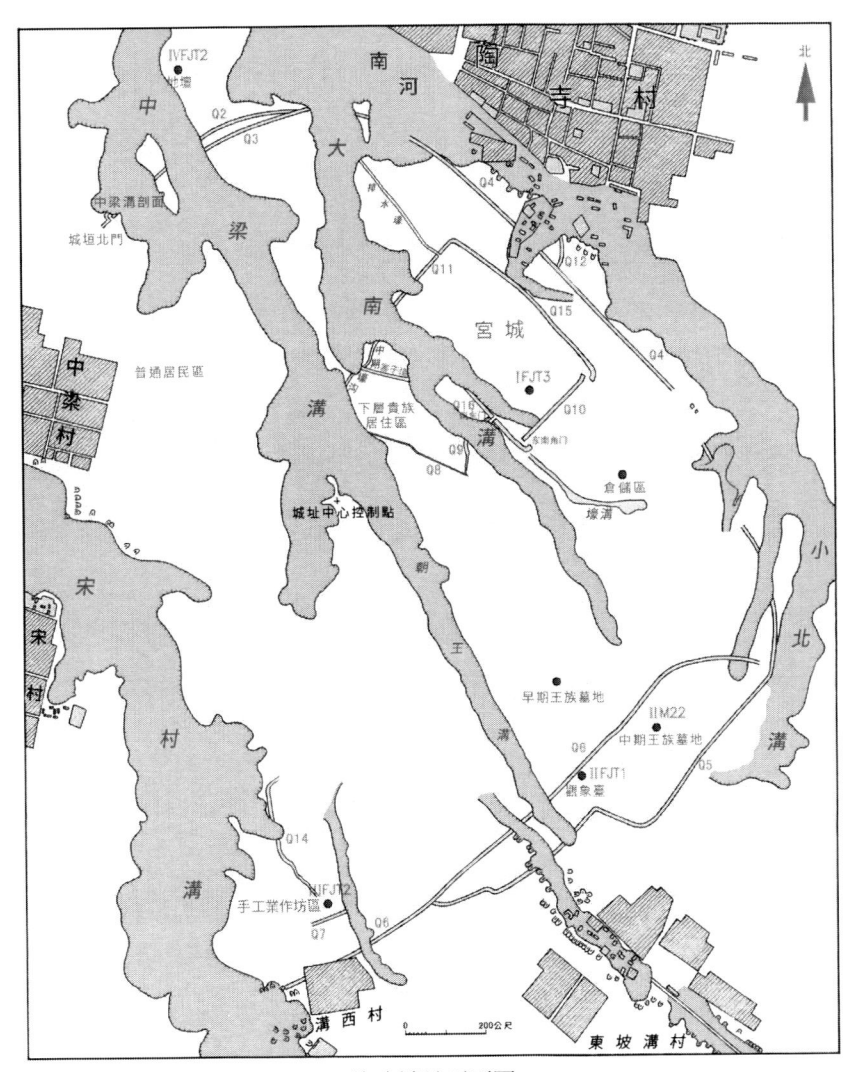

陶寺遺址平面圖

在陶寺遺址的資料公布不久，即有學者提出了與發掘者不同的觀點，認為「陶寺的許多挖掘資料與文獻中所說的堯舜時期的情況，實在可以相互對照」(李民1985)。後來，發掘者也接受了「二里頭夏文化說」，認為將陶寺集團的族屬推斷為陶唐氏更為合理(中國社會科學院考古研究所2003)。

我們注意到，上述假說的提出以及放棄，都是建立在另外的假說及其變化的基礎上的。而包括「二里頭夏文化說」在內，諸假說都沒有當時的「內證性」文字資料的支持，論辯各方也都沒有充分的理由徹底否定他方提出的可能性。顯然，在當時有足夠歷史資訊的文書類資料出土之前，這一思路的探究注定不可能有實質性的進展。

無論如何，隨著陶寺這個高度發達卻「不稱霸」因而並不「廣域」的早期文明退出歷史舞臺，其所在的大中原區域內的晉南地區數千年來自主發展的歷程也宣告終結。從隨後的二里頭時代起，這一地區開始接受來自大河之南中原腹地的一輪輪文明輸出的衝擊波，最終被納入王朝體系。這樣的命運，也是東亞大陸眾多區域文明化或「被文明化」的一個縮影（見本書〈「連續」中的「斷裂」—— 關於中國文明與早期國家形成過程的思考〉）。陶寺的文明成就，使其當之無愧地成為那個時代的巔峰和絕響，同時，它的衰落與退出歷史舞臺也昭示了一個新紀元的到來。

三　嵩山周圍的動向

從海拔 500～400 公尺的陶寺大邑，向東南過黃河，山地丘陵連綿起伏，其間的河谷盆地降至海拔 300～100 公尺。這就是以中嶽嵩山為中心的中原腹地。地處東亞大陸山地高原和平原丘陵區交界處的嵩山一帶，屬於生態環境邊緣地帶，這樣的區位一般也是文化板塊的碰撞交會處。有學者將其稱為「嵩山文化圈」（周昆叔等 2005），高度發達的文明，往往就是這種碰撞交會的結晶。

到了約西元前 2400 年以後的龍山時代晚期，中原腹地的考古學文化一般被稱為「王灣三期文化」（嚴文明 1981）。其下又多以嵩山為界，將嵩山以北以東的鄭洛地區及山南的潁河、汝河流域有地域差別的文化分為兩大類型，稱為「王灣類型」和「煤山類型」（或「王城崗類型」、「郝家

臺類型」)(韓建業等1997,董琦2000,河南省文物研究所1994),有的學者甚至認為嵩山南北兩大文化板塊的差異,已到了可以劃分為兩大考古學文化的程度(冰白1999,王立新2006)。饒有興味的是,這種考古學本位的、基於文化面貌的劃分方案,恰好與中原腹地黃河水系和淮河水系的劃分是一致的。

一般認為,嵩山南北這兩個區域集團文化面貌上的最大不同在於炊器,即山北山東的王灣類型以深腹罐為主同時有鬲,而山南的煤山類型則以鼎為主。從接受周邊地區不同文化影響的程度上,也能看出嵩山南北兩大文化類型的地域差別。

總體上看,龍山時代中原腹地接受的周邊地區文化因素可以分為三大類,即泛東方文化系統(含主要分布於豫北、豫東及更東的後崗二期文化、造律臺文化或稱王油坊類型,以及海岱龍山文化)、南方文化系統(主要是長江中游的石家河文化)和泛西北文化系統(含晉陝高原的各支龍山文化和甘青地區的齊家文化)(張海2007),從考古學現象上,可以窺見周邊地區的人群透過不同的途徑施加各自的影響,從而參與到「逐鹿中原」的過程中來。

考古學文化和類型的劃分當然是一種極粗略的歸納和概括,從聚落形態的角度,還可以觀察到分布於眾多小流域和盆地中一簇簇的聚落群,顯然是眾多既相對獨立又相互連繫的小集團的遺存。它們大致以各自所在的地理單位為區隔。各聚落群都由一處較大的聚落和若干中型、大量小型聚落組成。

在嵩山東南的豫中地區,以嵩山、伏牛山和黃河故道相隔,是淮河水系的潁河、雙洎河和沙河、汝河流域,這一帶共發現300餘處龍山文化遺址。其中錯落分布著20餘處大中型聚落,應是各小區域的中心聚落,這些中心聚落中又有6處圍以夯土牆或壕溝,每個聚落群都由一、

二級中心聚落（面積在 10 萬～20 萬平方公尺以上）和若干小型聚落（面積在數千至數萬平方公尺）組成。所有中心聚落都位於河流附近，它們之間的距離在 25～63 公里，平均距離 40 公里，平均控制區域面積 1,200 多平方公里。聚落群之間往往有遺址分布稀疏的地帶，表明這些共存的政治實體似乎有一定的疆域限制。大致等距分布的中心聚落和防禦性設施的存在，顯示這些政治實體具有分散性和競爭性（劉莉 2007）。

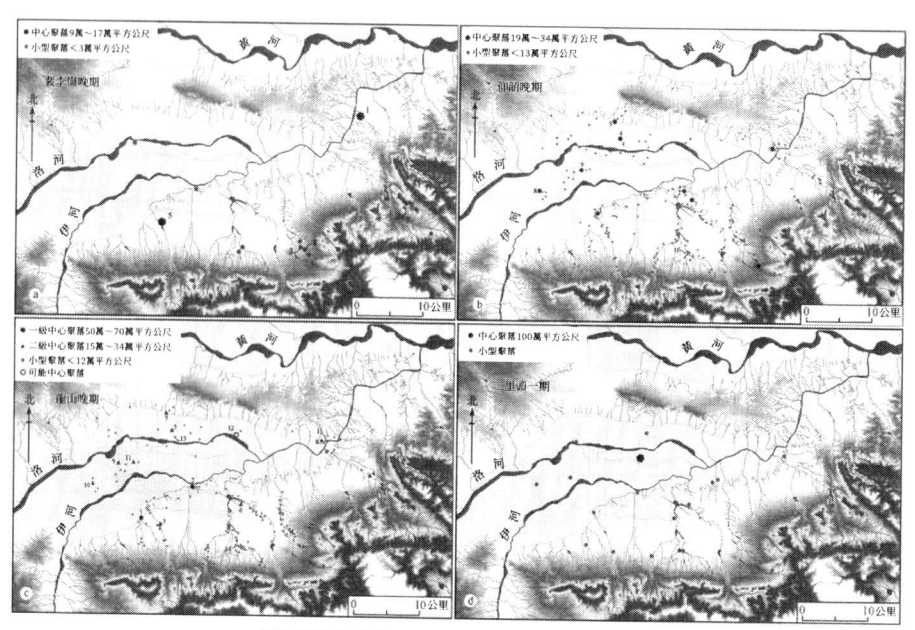

新石器時代洛陽盆地中東部的聚落態勢

嵩山西北的洛陽盆地及周邊區域的聚落狀況，也由於 21 世紀以來開展的區域系統調查而不斷明晰起來，研究者將盆地中東部區域系統調查發現的 95 處龍山文化遺址分為 3 群，即邙山聚落群、嵩山聚落群以及夾河平原聚落群，各群分別包括 19 處、61 處和 15 處龍山文化時期的聚落，最大的遺址面積達 60 餘萬平方公尺，而 1 萬～20 萬平方公尺的中小型遺址占半數以上。各聚落群之間在大中小型聚落比例、聚落結構和分化態勢等方面都有較明顯的差別（中國社會科學院考古研究所二里頭工作隊 2005，

張海2007)。位於嵩山北麓、伊洛河下游支流的塢羅河和乾溝河流域，也顯現出與洛陽盆地中「嵩山聚落群」相近的聚落結構。塢羅河流域龍山文化時期出現20萬平方公尺以上的大型聚落引人注目(陳星燦等2003)。

總體上看，龍山時代晚期階段以各小流域為單位的聚落群廣泛分布於中原各地，它們多為一個中心聚落所控制，內部等級分化明顯，從而形成了一種「邦國林立」的局面，考古學文化譜系的研究顯示，這些聚落群分別擁有不同的文化背景和傳統，而大量的殺殉現象、武器的增多和一系列城址的發現（詳後）又表明它們之間存在著緊張的關係，衝突頻繁地發生。正是在這一過程中，區域間的交流和融合也不斷得以加強，並最終促成了二里頭廣域王權國家的形成。

在林林總總的中原大小聚落群中，最令人矚目的要算是迄今已發現的十幾座城址了。這類圍以夯土城牆的聚落，其軍事防禦色彩無可置疑，即它的主要功能是防人，充分顯現了地區局勢的緊張。功能問題較為複雜，「如果遺址面積也是衡量居住其中的集體實力的一個指標的話，各城址的情況也不一致」，因此，「將這些城址一概而論是危險的」(趙輝等2002)。

這些城址究竟是群團內部「階級鬥爭」，還是大敵當前一致對外的產物？如係後者，所謂外敵，究竟是中原集團內部鄰人聚落、聚落群或更大的集團，還是中原文化區以外的另一系統的大集團？圍繞這類問題，有多種假說。

其中之一可以概括為大集團間或文化間衝突說，該說針對龍山時代晚期中原城址大體由北向南蜿蜒分布於中原地區東緣，主要存在時間集中在西元前2100－前2000年前後，城址的出土遺物中較集中地出現了海岱龍山文化和江漢地區石家河文化因素的現象，認為出於抵禦來自其他集團尤其是東夷集團侵襲的考慮，正在崛起的華夏集團的東部一帶一

定區域內的中心聚落或重要聚落築城自衛，或許就是上述城址大體同時出現的具體背景，應與夏代早期的夷夏交爭相關聯 (魏興濤 2010)。

但問題仍較複雜。首先，「共時性」的確認就很困難。由於考古學上的一期可逾百年甚至更長時間，所以同屬一期的遺存並不一定具有「共時性」。這些使用期短暫的城址，究竟是否同時存在過，頗難敲定。隨著年代學的長足進展，仰韶——龍山時代遺存的碳素測定年代有趨晚趨短的傾向，既往的推定與最新的數據可以相差 200 年左右，種種因素的限制，使得各城址的標本採取和測定難以統一實施，從而放到同一平臺上來比較。

登封王城崗遺址發掘主持人方燕明研究員，就排定其中 4 座城址使用時期的相對順序 (方燕明 2009) 如下：

王城崗小城（2165 bc – 2077.5 bc，兩個數據取中間值，下同）

→王城崗大城（2102.5 bc – 1860 bc）

→瓦店（2105 bc – 1755 bc）

→古城寨（2017.5 bc – 1997 bc）

→新砦（1870 bc – 1720 bc）

至於鄆城郝家臺城址，則較王城崗還要早些，殆無異議。

另外，儘管遍布中原各地的聚落群在日用陶器等方面有若干共性，但同時又表現出很強的地域性。尤其值得注意的是，這一時期在整個中原地區並沒有發現超大規模的、具有跨區域影響力的中心聚落，沒有顯著的區域整合的跡象，由是，也就難以想像整個中原集團在其東部「邊境」一帶會組織起統一有效的防禦系統。

已有學者指出沒有發現城邑的洛陽盆地，其社會分化程度也不似嵩山東南的潁河中上游高。後者的聚落群在龍山文化晚期時規模急遽擴

大，而其他地區則基本保持穩定，從仰韶時代到二里頭時代，「中原腹地區域聚落群的發展重心逐步由洛河中游地區、潁河中上游地區等中原的『邊緣』區域轉移到作為中原腹地中心的洛陽盆地」（張海2007）。的確，二里頭都邑在洛陽盆地的出現具有突發性，缺乏源自當地的聚落發展的基礎，應當不是洛陽盆地龍山文化社會自然發展的結果（見本書〈「連續」中的「斷裂」——關於中國文明與早期國家形成過程的思考〉）。

也就是說，如果把城址集中出現的中原東部地區看作一個大集團的「前線」，那麼其後方的中原腹地的中心區域迄今並沒有發現一個足以統御全境並必須拚死保衛的中心。

上述城址的忽興忽廢，一般被解讀為當時各聚落群背後的集團之間軍事衝突的存在，城址的存在時間都很短，與山東、長江中下游史前城址多長期沿用的狀況有很大的不同。不少學者認為，這種現象的存在反映了各集團之間矛盾的激化和戰爭的頻繁，表明這一時期社會處於急遽的動盪狀態。

趙輝教授的解讀是，「危險首先出現在規模和城址相當乃至更大，且內部結構大致相同、卻無城垣建築的附近村落之間的可能性甚大，而未必從一開始就來自距離更遠的集團，只是隨著在一系列衝突中某個聚落，譬如平糧臺或古城寨最終取得了在整個聚落群中的支配地位後，越來越多的緊張關係才逐漸轉移到更大的群體之間來了，這似乎是目前資料所見有關中原早期國家形成的方式。」（趙輝等2002）

四　王城崗、瓦店、古城寨

嵩山東、南麓集中出現的城邑，以潁河中上游的王城崗、瓦店和雙洎河流域的古城寨最具代表性。一葉知秋，我們不妨來剖析一下這三座城邑。

尋蹤

　　位於潁河上游的登封王城崗遺址，最先發現的城垣建築是遺址東北邊緣的兩座小型城堡，兩座小城東西並列，西城保存較好，面積不足 1 萬平方公尺，東城大部分被河流沖毀。進入 21 世紀以來，又發現了面積超過 30 萬平方公尺的大型城址，確認大城是在小城廢毀後建成的。大城城牆外有壕溝，城圈基本上圈圍起了龍山時代的整個遺址，據分析，小城之西城先是被作為倉窖區使用，後又改建為大型夯土建築區並修築了城牆。但不久，隨著大城的興建，大型建築區可能移到大城以內，小城西城又重新作為倉窖區使用，直到龍山文化最末期（張海 2007）。

　　除了大型夯土建築的線索，王城崗的小城和大城內都發現了若干「奠基坑」，這些「奠基坑」係將廢棄的灰坑用夯土填實，西城不足 1 萬平方公尺的小城內，曾發現埋有人骨的奠基坑 13 座，坑內人數不一。一個奠基坑的夯土層內有 7 具完整的人骨架，顯然係非正常死亡。有的坑中則埋有被肢解下來的人頭骨、肢骨或盆骨。這些死者中既有成年男女，又有兒童，很可能是在集團衝突中擄掠來的戰俘。

　　在王城崗遺址小城之西城內的灰坑中發現了一片青銅器殘片，該灰坑的時代屬王城崗龍山文化晚期（第四期），絕對年代為西元前 2050 – 前 1994 年（夏商周斷代工程專家組 2000），銅片只有五六公分見方，發掘者比照王城崗出土龍山文化陶鬹的形制，推測應為銅鬹的腹與袋狀足的殘片。經冶金史專家分析檢測，可知該銅片係由錫鉛青銅鑄造而成。

1977年，考古學家夏鼐（左五）在王城崗遺址考察、
夏鼐（左一）在標本室觀看標本

此外，王城崗遺址還出土有玉器（琮等）、綠松石器和白陶器等特殊的手工業製品。這些僅見於大中型聚落的高等級器物，由於原料不易獲得或製作技術複雜，其生產、流通和使用應為社會上層所壟斷。

王城崗遺址所處的潁河上游的登封盆地，迄今已發現了12處與其同時期的遺址，構成一個小聚落群，大中小型聚落呈金字塔式分布，其中1萬平方公尺以下的聚落占絕大多數。因此，規模較大、規格較高的王城崗遺址屬於一定區域內的中心聚落是沒有問題的，問題在於它究竟是多大地域內的中心。

這一帶歷來是盛產傳說的地方，由於附近發現了戰國時代的陽城遺址，學界從王城崗小城堡一發現，就開始把它和「禹都陽城」或大禹之父「鯀作城」掛上了鉤。發掘者最新的解讀是，王城崗小城有可能為「鯀作城」，而大城才是「禹都陽城」。考古與上古史探索就是這樣經歷著發現 —— 推想、再發現 —— 再推想的過程。

據發掘者模擬實驗和估算的結果，如調動1,000人以當時的生產工

具完成王城崗城牆的修建，需要1年零2個月的時間，如果根據當地現代農村的經驗，按照一個村落能夠常年提供50～100個青壯年勞力計算，要1年完成這個工程，需要徵集10～20個聚落的勞力。這與前述田野調查發現的登封地區龍山文化晚期聚落的數量基本符合，很可能王城崗城址的建設工程，是動員了以王城崗為中心的整個聚落群的力量來共同完成的。

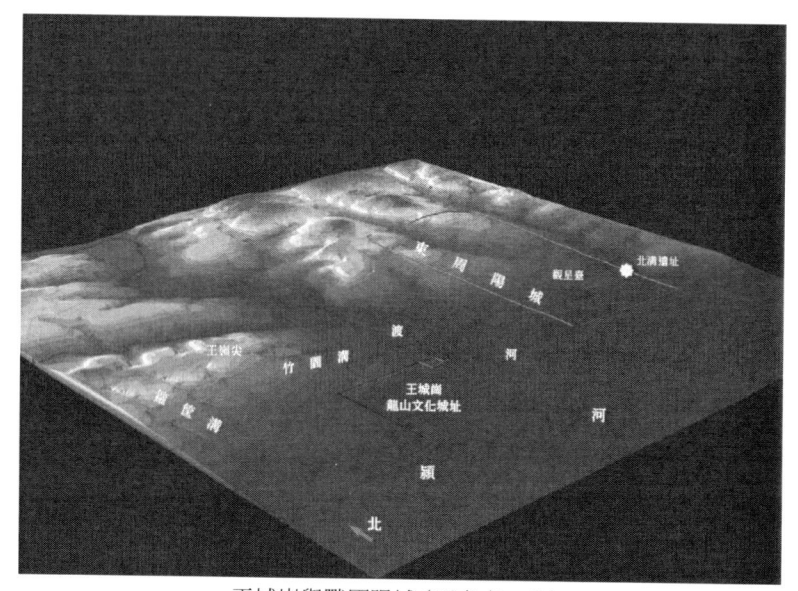

王城崗與戰國陽城（西南東→北）

這說明，即便像王城崗這樣面積達30餘萬平方公尺的大邑，其築城工程也只需十幾個聚落組成的小聚落集團即可完成。因此，認為這類城邑如不具有廣大地域的社會動員能力則無以為之的推論，以及由此斷定它們應屬夏王朝都城的思路，都有重新審視的必要。

如果我們把視野放寬到整個穎河中上游，就會對王城崗這類中心聚落的定位有更清晰的了解。

穎河中上游谷地以海拔200公尺等高線為界，可以分為登封和禹州

兩個自然區域，河流落差在禹州地段急遽變緩。由上游的王城崗順河而下，就是地處中游的另一處大邑——禹州瓦店遺址，二者的直線距離約37.6公里。

從兩個聚落群所處的自然環境看，登封盆地地勢局促，水流落差大，可耕地範圍相對狹小，但豐富的動植物和石料資源都處於聚落群的可控範圍內，而禹州境內河道寬闊，地形呈半開放狀態，可耕地相對較多，但與登封聚落群相比，某些資源尤其是日用石器的石料資源獲取需花費更多的時間和勞力，因此聚落群內外的交流都較密切，整個聚落群的發展趨於開放。

以瓦店遺址為中心的禹州聚落群，目前共發現同時期的遺址14處，基本上沿河分布。中型聚落的規模較大，比例也高於以王城崗遺址為中心的登封聚落群。研究顯示，這一時期的登封聚落群與禹州聚落群的文化面貌存在差異，總體上看，登封聚落群基本不見外來文化因素，而禹州聚落群，除了本地的王灣三期文化因素之外，還摻雜了大量來自東方海岱龍山文化和南方文化石家河文化的因素。

最新的考古收穫表明，瓦店遺址所在的兩個臺地都有環壕連結潁河形成封閉的空間，面積分別在40萬、50萬平方公尺（前者年代已確認，後者不晚於漢代），整個遺址的總面積超過100萬平方公尺。

瓦店遺址的文化內涵也頗令人矚目，遺址西北臺地有由數條圍溝組成的回字形大型夯土建築，每邊約30公尺，建築基址或溝內發現了數具用於奠基或祭祀的身首分離的人牲遺骸和動物骨骼，另有長方形和圓形夯土建築，建築基址的鋪陳層中也發現了人頭骨，發掘者推測應是與祭祀活動有關的遺跡。東南臺地灰坑和一般房基較多，出土了大量器物，兩個臺地可能存在著功能上的差別。

聚落中已用牛和羊的肩胛骨作為占卜用器。出土的玉器則有鏟、璧和鳥形器等，玉鳥形器與長江中游石家河文化流行的「鷹首玉笄」相類，二者間應有交流關係，已發現的玉料中也有非本地出產者，或係由外地輸入。遺址中出土的以觚、壺、杯、盉、鬹為代表的精製磨光黑陶、蛋殼陶和白陶酒器，一般認為應屬貴族用禮器，形制相近、大小不同的一組磨光黑灰陶觚形器，被稱為「列觚」，學者們認為可能是測定容積的量器（北京大學考古文博學院等 2007）。

禹州瓦店王灣三期文化列觚

從年代學研究成果看，王城崗和瓦店兩個聚落的興盛期大體一致，已如前述。總體上看，瓦店遺址的「級別」似乎不在王城崗之下，至少二者在社會集團中是同一個等次的，王城崗從屬於瓦店，以及二者相互對峙的可能性也不能排除。

禹州也是一處盛產關於夏傳說的地方。儘管把「禹都陽翟」、禹之子「夏啟有鈞臺之享」落實到禹州一帶的說法，最早見於 2,000 多年之後的東漢至西晉時期（《漢書地理志》班固自注，杜預《春秋左氏經傳集解》等），仍不妨礙人們把瓦店遺址與「禹都陽翟」等連繫起來的歷史復原熱情。但從考古學上看，「各聚落群之間的相對獨立性和相互抗衡性，以及各種跡象所體現出的暴力衝突現象的存在，似乎表明當時的嵩山南北尚沒有形成一個

統一的政治秩序，以規範和協調各部族之間的行為。」(王立新 2006)這也正是我們認為王朝誕生傳說地並無王朝氣象的緣由之所在。

王城崗和瓦店兩座城邑，一般被歸為王灣三期文化的「煤山類型」，新密古城寨則屬於考古學上的「王灣類型」。

新密古城寨夯土城牆斷面

古城寨城址平面呈長方形，除了西城牆被河流沖毀外，其餘三面城牆保存完好，城牆最高處距現地表尚存 16 公尺餘。城牆用小版築法錯縫疊砌，故牆基寬達 40 多公尺甚至更寬，其城址面積有 17 萬多平方公尺，而城內可使用的面積僅 11 萬多平方公尺。

城址南北兩牆的中部偏西有相對的兩個缺口，可能是龍山時代當時的城門，東牆則一線貫通，不設城門，城外有護城河，引城西河水流入。城北和城東還有人居住活動，城內外是否有功能分割槽上的意義，居民是否有身分差別，都有待探究。整個遺址的面積近 30 萬平方公尺。

城中部略偏東北，已挖掘出一處大型夯土建築基址。基址坐西朝東，南、北、東三面都有迴廊，總面積應在 2,000 平方公尺以上。其主殿的規模與二里頭遺址 1、2 號基址的主殿相仿，達 300 餘平方公尺，這是目前發現的最明確的二里頭大型宮殿基址的「前身」。城內出土的陶器

大多形制規範，做工精細，還出現了施釉陶器，另外還發現有卜骨、玉環和刻符陶器等。

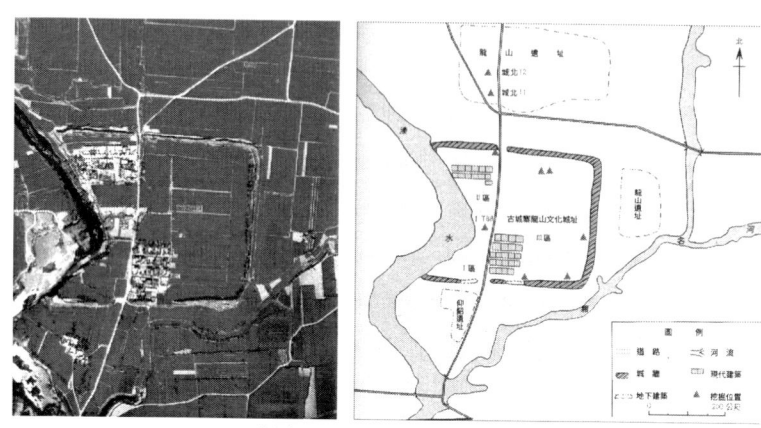

新密古城寨龍山時代城址

這一帶有關於黃帝的傳說，所以古城寨一經發現即分別被指認為黃帝軒轅丘或「祝融之墟」，或黃帝集團中大隗氏的居所等，不一而足。因其僅早於新砦和二里頭，考古學者推定其與王城崗、瓦店、新砦一道，屬於「進入夏紀年的夏代早期重要城址之一」（方燕明 2009）。

從聚落形態上看，與王城崗相距約 40 公里的古城寨城址，周圍也分布著 10 餘處同時期的聚落。王城崗、瓦店和古城寨三座設防聚落均居於其所屬聚落集團的中心位置，以它們為中心形成的三個聚落集團之間，都有較為明顯的空白區域作為隔離地帶。據分析，至少王城崗和古城寨兩個聚落集團是東西對峙的（李宏飛 2011）。

五　新砦的發軔

在王城崗、瓦店、古城寨三座大型聚落相繼衰落甚至廢毀的同時，距離古城寨僅 7.5 公里之遙的新砦大邑興盛起來，成為涵蓋三個聚落集團在內的更大範圍的中心聚落。

新砦之所以重要，首先是它的時空位置。從時代上看，它初興於龍山時代末期，興盛於向二里頭時代過渡的所謂「新砦期」，這兩個階段供參考的絕對年代分別是西元前 2050－前 1900 年、西元前 1850－前 1750 年。

在群雄競起的龍山時代末期，曾經光燦一時的各區域文化先後走向衰敗或停滯，與其後高度繁榮的二里頭文化形成了較為強烈的反差。我們稱其為中國早期文明「連續」發展過程中的「斷裂」現象（見本書〈「連續」中的「斷裂」── 關於中國文明與早期國家形成過程的思考〉）。我們注意到，這一「斷裂」現象在嵩山周圍雖也存在但不甚明顯，二里頭文化恰恰是在這一地區孕育發展，最後以全新的面貌橫空出世，成為中國歷史上最早出現的核心文化，身處這一演進過程中的新砦大邑及以其為代表的「新砦類遺存」，以及它們背後的新砦集團（不少學者認為應是早期夏文化），無疑是解開二里頭文化崛起之謎的一把鑰匙，一個送走了風雲激盪的龍山時代並孕育著此後輝煌的二里頭時代的存在，其意義當然非同小可。

其次，其地位之重要還在於這一大邑的規格和內涵。70 萬平方公尺的設防聚落規模，在龍山時代末期的中原腹地獨一無二，大概到了「新砦期」，三面臨河的、半島狀的聚落北緣又有人工開挖的壕溝連通河流和自然沖溝，形成面積達 100 萬平方公尺的封閉空間。外壕內有中壕，中壕內地勢較高的西南部又有內壕，圈圍起約 6 萬平方公尺的封閉空間，應是聚落的中心區，這一區域分布有大型建築，發現了銅容器殘片、刻紋酷似二里頭綠松石龍首圖案的陶器蓋等重要遺物，令人矚目。

我們把與新砦遺址「新砦期」遺存相類的一群遺存稱為「新砦類遺存」。這類遺存空間分布範圍並不大，一般認為主要分布於嵩山周圍尤其是嵩山地區的東半部（趙春青 2006）。這樣一個龍山文化汪洋大海中的「異

質斑塊」，卻是處於整個東亞大陸文化發展低潮期的中原文明，是接續既有文化傳統和發生新的文明因素的重要紐帶。

它的文化特徵雖有一定的個性，但更讓人感覺是龍山文化因素、二里頭文化因素以及形形色色或多或少的外來因素的匯聚，有的學者強調這類遺存在中原地域社會鉅變中的整合作用：「所謂的新砦期遺存，正是煤山文化與王灣三期文化二者大規模整合階段的遺存」（王立新 2006）；有的學者注重這類遺存的外來色彩，認為其「主要是在繼承本地王灣三期文化（即龍山文化晚期遺存）的基礎上，大量吸收了泛東方文化系統的因素和部分泛西北文化系統和南方文化系統的因素而發展起來的」（張海 2007）；有的則指出「正是來自（東方文化系統的）造律臺和後崗二期的傳統文化因素，才引起了新砦期在王灣三期文化基礎上的興起」（趙春青 2006）。

比較一下新砦與既往龍山城邑的聚落形態，差異立現。首先，在大河以南的中原腹地，100萬平方公尺的大型聚落還是首次登場，其次，它拋卻了像淮陽平糧臺、新密古城寨那樣方正的城垣規制，而以並不規則的壕溝連通自然河道、沖溝形成防禦體系，其中中壕內緣的若干處地點還發現了寬10公尺左右的帶狀夯土遺存，發掘者推定為城牆，但從夯土全部位於溝內，遠遠低於當時的地面，夯層多向外傾斜的情況看，這應是為防止壕溝壁坍塌所實施的加固處理措施（許宏 2005，張海 2007）。迄今為止，還沒有證據表明新砦遺址有高出地面的城牆存在。就現有的資料看，當時的新砦遺址應是一處大型環壕聚落。

無獨有偶，「新砦類遺存」的另一處重要聚落鞏義花地嘴，也有內外兩重（四條）環壕，與伊洛河及其支流共同構成防禦體系，這類多重防禦設施劃分出的多重空間，一般被解讀為「同一聚落內不同安全等級的空間區域」，居住在不同區域的「社會成員很可能分別具有不同的社會等級

地位，聚落內部的分化較為明顯」，當然也有可能「不同壕溝之間為聚落不同性質的功能區劃」(張海 2007)。

已有學者指出二里頭廣域王權國家流行以環壕作為聚落的主要防禦設施，與龍山時代城址林立的局面形成了極大的反差，這一傳統最早見於新砦遺址，而追根溯源的話，瓦店遺址應是該傳統的最初來源(李宏飛 2011)。

新砦聚落內壕以內發現的所謂「大型建築」，實際上是一處長條形的淺穴式露天活動場所，現存長度近百公尺，寬10餘公尺，類似的淺穴式遺跡在二里頭遺址宮殿區以北的祭祀遺存區也曾有發現，只是規模較小。兩處遺址的發掘者都推測這類建築很可能就是《禮記》《尚書》等書中所載「墠」或「坎」之類的祭祀活動場所(中國社會科學院考古研究所 2003)。

新砦聚落的發掘與研究還剛剛起步，像古城寨和二里頭那樣高出地面、顯現政治威勢的大型宮室類夯土建築尚未發現，已揭露的新砦淺穴式建築並不是這一系統中的構成要素之一。因此，認為其「面積比二里頭遺址1號宮殿的殿堂還要大，很可能是一座宗廟建築」，並據此推測「新砦城址很可能就是夏啟之居所在地」的觀點(趙春青 2004)，還缺乏考古學資料的支持。

新砦大型淺穴式建築遺址鳥瞰

尋蹤

　　無論如何，關於「新砦類遺存」學界還是取得了不少共識，它們包括：嵩山南北兩大集團開始整合，外來因素進一步滲透，文化進一步雜交，新砦開始獨大。如果說二里頭是「最早的中國」—— 東亞大陸最早出現的核心文化和廣域王權國家（許宏 2009），那麼新砦顯然已是曙光初現。可以說，新砦大型設防聚落的出現，破壞了龍山晚期地域集團共存的舊秩序，為數百年來中原地區城邑林立的爭鬥史畫上了一個句號。

　　前已述及1980年代在王城崗遺址發現了一片可能為青銅容器的殘片。龍山時代能夠鑄造出銅容器，還是超出了當時學界的認知範圍。在此後很長一段時間裡也沒有龍山時代的銅容器哪怕是殘片出土，但多數學者認為，王城崗出土的銅器殘片是中原地區迄今發現最早的用複合範法鑄造的容器之一，「它不可能是青銅鑄造業剛剛產生時期的製品，而是青銅鑄造業經過了一段長時間的發展後，趨於成熟的表現」（朱鳳瀚 2009）。

　　直到20年後的2000年，新砦遺址又有了新的發現，在內壕以內的「新砦期」地層中，發現了一件殘長8公分多的銅片，應是鬹或盉類酒器的流部殘片。經分析測試，這件銅器係紅銅鑄造而成。

　　這樣，依據當前的年代學認知，試排列東亞地區最早的幾件複合範銅鑄件的年代如下：

　　陶寺遺址陶寺中期砷銅容器（盆？）殘片：西元前2100 – 前2000年；

　　陶寺遺址陶寺晚期紅銅鈴：西元前2000 – 前1900年；

　　王城崗遺址龍山後期錫鉛青銅容器（鬹？）：西元前2050年 – 前1994年；

　　新砦遺址「新砦期」紅銅容器（鬹、盉？）：西元前1850年 – 前1750年。

後二者都可判定為酒器,是當時陶質酒禮器的仿製品,同時與其後二里頭文化以酒器為中心的青銅禮器群一脈相承。

與全球其他青銅文明大多首先把青銅鑄造這一全新的技術應用於生產或日常生活不同,以嵩山為中心的黃河中游地區貴族階層優先用這種貴金屬製造出了用於祭祀的禮器和近戰的兵器。也就是說,他們是把青銅這種新技術新產品首先用來處理人與人的關係,而不是處理人與自然的關係,或提高日常生活品質的,意識形態上提高凝聚力和掌握絕對的打擊能力,被放到了至關重要的位置。所謂「國之大事,在祀與戎」(《左傳成公十三年》),確切地道出了中原早期國家之命脈所在。青銅器在當時國家權力運作中的重要地位,由此也可見一斑。

六　餘論

由西元前 2000 年向後望,約 200 年後的西元前 1800 年或稍晚,二里頭都邑及二里頭文化崛起於中原腹地,它的出現最終結束了前述數百年「滿天星斗」小國林立的政治圖景,作為「國上之國」的廣域王權國家,東亞大陸首次出現了以高度發達和強力擴展為特徵的核心文化。至此,中國歷史進入了一個新的時代。

李峰教授在《西周的政體:中國早期的官僚制度和國家》中文版序中指出:「更為重要的是,我們對西周國家的了解基本上可以在西周當代的史料(Contemporaneous Historical Sources)也就是青銅器銘文上建立起來,可以相對較少的受到後代文獻史料價值觀的困擾。」「如果我們從後世文獻譬如說《周禮》這本書出發,我們將搞不清這些文獻中記載的哪些是西周真正的制度,哪些是後世的創造。我想對於重視史料價值的史學研究者來講,這一點是很好理解的。因此,在西周政府的研究中我是不主張用,至少是不首先用《周禮》的。這不是『二重證據法』所能解決

問題,而是我們有關西周歷史的研究真正的立足點究竟在哪裡的問題。」
(李峰 2010)

與李峰出於同樣的考慮,我們「描述」這段歷史的出發點也沒有放在後世的文獻上。雖然沒有甲骨文、金文那樣直接的文字資料,但相比之下,不會說話的考古資料本身還是具有很強的質樸性的。我們只要充分地意識到考古學資料和學科方法的局限性,注意過度解釋的危險,避開它回答不了的具體族屬國別等問題,考古學還是可以提供豐富的歷史線索的。

對中原腹地文化態勢和集團動向哪怕是粗略的勾勒,正是中國考古學在歷史建構上的重大貢獻。西元前 2000 年左右中原腹地的考古景觀,導致源自後世文獻的統一強勢的早期「夏王朝」可能被解構,已如上述。要強調的是,整個學科意欲逐漸擺脫「證經補史」的取向,意識到必須用自己特有的「語言」才能做出歷史性的貢獻,也只有十幾年的時間,這使我們有理由對考古學參與古史建構的能力和前景感到樂觀。

前中國時代與「中國」的初興

近年,有多本書名中包含「中國」、論及古史的著作問世,如葛兆光的《宅茲中國》《何為中國:疆域民族文化與歷史》,許倬雲的《說中國》等,筆者的《最早的中國》和《何以中國:西元前 2000 年的中原圖景》,也忝列其中。有學者認為,這顯現了當下社會的某種整體焦慮。這種分析是有道理的,這類著作的一個共同特點是,在切實追溯中國歷史的同時,還都在認知論上進行反思,剖析了「中國」概念的建構歷程,顯然,何為中國,既是本體論的問題,更是認知論的問題。藉此,古今中國被連線在了一起。

其中的「中國」誕生史，在近百年的時間裡，由於考古學的努力，更由於民族精神喚起的需求，被不斷地上溯、提前，進入了史前時代，也即有文字可考的時代之前。中華五千年文明的提出，讓考古學這門看似冷僻避世的學科，又開始找回點「顯學」的感覺，正如它在百年前被引進時國人的期待一樣，要解決的是填補「古史辨」思潮盪滌下的上古史空白，解答中國從何而來的大問題，就此而言，回觀學術史很重要。

何謂「中國文明」？中國文明在何時何地又是如何起源的？是否最早的國家在作為地域概念的中國一出現，就可以看作作為政治實體的「中國」的問世？圍繞這些問題，中國學術界百年來有過執著而曲折的探索。總體看來，兩大主線貫串其中。一是科學理性、文明認知，追求的是史實復原；二是救亡圖存、民族自覺，意欲建構國族認同。就全球範圍而言，中國是罕有的自現代考古學誕生伊始就以本國學者為主導進行考古探索的國家。這決定了中國考古學從一開始，就與探索其自身文明源流的「尋根問祖」密切相關，甚至可以說是將探索中國文明的起源——「中國」誕生史作為主要目的和任務的，本土學者與其研究對象間由親緣關係決定的、心靈間的交流與溝通，使得他們更易於理解、解讀後者，因而收穫巨大。甲骨文的成功釋讀就是一個佳例。但與此同時，他們又是在濃厚的史學傳統的浸淫下，飽含著建構民族文化認同的情感，投入到這一中國學界最大的、最重要的「尋根問祖」工程中來的，這一學術史背景或底色不能忽視。因而，對上述問題的認知，有賴於史料的不斷累積，更關涉民族情感和當代的文化認同等問題，我們還是先從對考古資料的梳理談起。

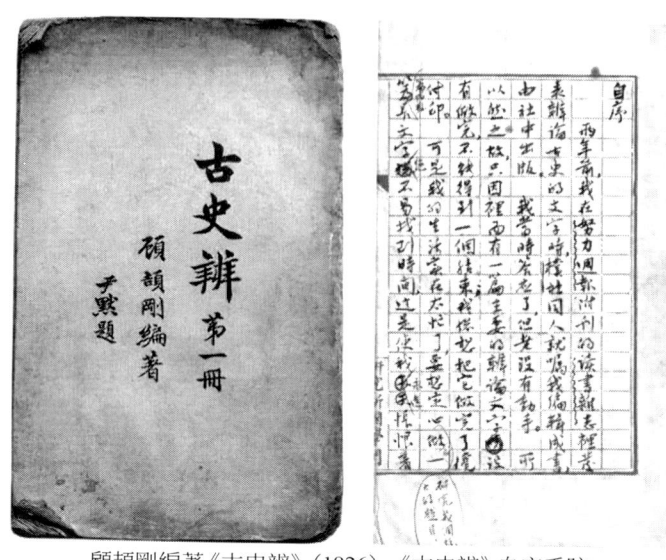

顧頡剛編著《古史辨》（1926）、《古史辨》自序手跡

　　任何事物都有其從無到有、從小到大發生發展的過程，國家起源以及中國文明的形成也不例外，考古學揭示出的距今五六千年以來的東亞大陸展現了這樣的圖景，大約距今 6,000 年以前，廣袤的東亞大陸上的史前人群，還都居住在不大的聚落中，以原始農業和漁獵為主，過著大體平等、自給自足的生活。各區域文化獨立發展，同時又顯現出一定的跨地域的共性。到了距今 5,500～3,800 年間，也就是考古學上的仰韶時代後期至龍山時代，被稱為東亞「大兩河流域」的黃河流域和長江流域的許多地區，進入了一個發生著深刻的社會變革的時期。隨著人口的增長，這一時期開始出現了階層分化和社會複雜化現象，區域之間的文化交流和摩擦衝突都日趨頻繁。許多前所未見的文化現象集中出現，聚落形態上發生著根本的變化，如大型中心聚落及以其為核心形成的一個個大群落，城牆與壕溝、大型臺基和殿堂建築、大型祭壇、大型墓葬等耗工費時的工程，隨葬品豐厚的大墓和一貧如洗的小墓所反映出的社會嚴重分化等，都十分令人矚目。

龍山時代後期城邑分布，距今 4,300～3,700 年

眾多相對獨立的部族或古國並存且相互競爭，如中原及周邊的仰韶文化、石峁文化、陶寺文化、王灣三期文化，西北地區的大地灣文化、齊家文化，遼西和內蒙古東部的紅山文化，山東地區的大汶口文化、龍山文化，江淮地區的薛家崗文化，長江下游的凌家灘文化、崧澤文化、良渚文化，長江中游的屈家嶺文化、石家河文化，長江上游的寶墩文化等，在文化面貌上各具特色，異彩紛呈。

那是一個「滿天星斗」的時代，邦國林立是那個時代最顯著的特徵。有的學者將其稱為「古國時代」或「邦國時代」，有的則借用歐美學界的話語系統，將其稱為「酋邦時代」，無論如何，那是一個小國寡民的時代。整個東亞大陸的面積，與現在的歐洲差不多，而當時的這些星羅棋布的古國或部族，也和現在歐洲的樣態差不多。那麼，問題來了：它們都屬於「中國」嗎？

> 尋蹤

要說清這件事，得先梳理相關的概念。關於「文明」的解說五花八門，這裡無法詳細論述，但說古代文明是人類文化發展的較高階段或形態，而其指標是「國家」的出現，應會得到大多數人的認可。如同恩格斯那個著名的論斷：「國家是文明社會的概括。」

顯然，中國有 5,000 年文明史的看法，是把這些都當成了中華文明史也即「中國」誕生史的一部分，其認知脈絡是，這些人類群團在相互交流、碰撞的文化互動中，逐漸形成了一個鬆散的互動作用圈，這也就奠定了後世中華文明的基礎。隨著 1970 年代末期以來一系列重要發現的公布，中國在三代王朝文明之前即已出現了城市和國家，它們是探索中國文明起源的重要線索的觀點得到了普遍認同。源遠流長，單線進化，從未間斷，成為中國學術界在中國文明起源問題上的主流看法。

這當然是有道理的。比如我們說一個人的生命長度，可以是從呱呱墜地開始到死亡，其誕生也可以追溯到母腹中的胚胎成型，也可以從精子與卵子相撞的那一刻開始算起，甚至父方或母方的誕生，也是這個生命誕生的前提，說中華文明可以上溯到新石器時代甚至舊石器時代的認知，顯然出於這樣的考慮。但這樣無限制地追溯，意義何在？同時，其認知前提是百川歸海的單線進化論，而事實果真如此嗎？甚而，在不少人心目中，一個預設的前提是，現在中國境內的古代遺存，理所當然就是中華文明的源頭，這樣的認知，可以成立嗎？首先，考古學家觀察到的上述許多古國或部族，大都經歷了發生、發展乃至最後消亡的全過程，也即它們各自譜寫了完整的生命史的篇章，而只是帶給後起的中原王朝文明程度不同的文化給養或影響。到西元前 2000 年前後，它們先後退出歷史舞臺，在這些人類共同體和後來崛起的中原文明之間，有一個「連續」中的「斷裂」，這種斷裂究竟是出於天災還是人禍，原因想必十分多樣，學術界還在探索之中，在某些區域，「大禹治水」傳說中的大洪

水，或許就是原因之一。考古學的研究對象是支離破碎的古代遺存，所以知其然不知其所以然的事，所在多有。

如前所述，我們知道在現在的中國境內，上古時期曾有眾多相互獨立的國家並存。而顧名思義，在「國」前冠以「中」字，「中國」也就有了「中央之城」或「中央之邦」的意蘊。這同時也說明「中國」已並非初始階段的國家，顯然，它一定是一個在當時具有相當的影響力、具有排他性的核心。因而，我們也就不能說最初有多個「中國」，作為發達、複雜的政治實體的「中國」也是不能無限制地上溯的。

說到「中國」，還要說說這一概念的源起和演化。在出土文物中，「中國」一詞最早見於西周初年的青銅器「何尊」的銘文，而在傳世文獻中，「中國」一詞最早出現於東周時期成書的《尚書》和《詩經》等書中。「中國」一詞出現後，僅在古代中國就衍生出多種含義，如王國都城及京畿地區、中原地區、國內或內地、諸夏族居地乃至華夏國家等。「中國」成為具有近代國家概念的正式名稱，始於「中華民國」。其中，最接近「中國」一詞本來意義的是「王國都城及京畿地區」，那裡是王權國家的權力中心之所在，已形成具有向心力和輻射性的強勢文化「磁場」。其地理位置居中，有地利之便，因此又稱為「國中」、「土中」或「中原」。

那麼，究竟是什麼時候，後世「中國」的雛形或者說「最早的中國」崛起於世呢？

按古代文獻的說法，夏王朝是中國最早的王朝，是破壞了原始民主制的世襲「家天下」的開端。一般認為，夏王朝始建於西元前21世紀，重大科學研究專案「夏商周斷代工程」，把夏王朝建立的年代定為西元前2070年左右。在考古學上，那時仍屬於龍山時代，在其後約200多年的時間裡，中原地區仍然處於邦國林立、戰亂頻仍的時代，各人類群團不相統屬，築城以自守，外來文化因素明顯，顯然，「逐鹿中原」的戰爭正

處於白熱化的階段，看不出跨地域的社會整合的跡象。也就是說，至少在所謂的夏王朝前期，考古學上看不到與文獻相對應的「王朝氣象」。

與此同時，興盛一時的中原周邊地區的各支考古學文化先後走向衰落；到了西元前 1800 年前後，中原龍山文化系統的城址和大型中心聚落也紛紛退出歷史舞臺，代之而起的是，地處中原腹地嵩(山)洛(陽)地區的二里頭文化在極短的時間內吸收了各區域的文明因素，以中原文化為依託最終崛起，二里頭文化的分布範圍首次突破了地理單位的制約，幾乎遍布於整個黃河中游地區。二里頭文化的因素向四周擴展的範圍更遠大於此。

伴隨著區域性文明中心的衰落，此期出現了超大型的都邑——二里頭遺址，地處中原腹地洛陽盆地的二里頭遺址，其現存面積達 300 萬平方公尺。經半個多世紀的田野工作，在這裡發現了中國最早的城市主幹道網，最早的宮城，最早的多進院落大型宮殿建築，最早的中軸線布局的宮殿建築群，最早的封閉式官營手工業作坊區，最早的青銅禮樂器群、兵器群以及青銅器鑄造作坊、最早的綠松石器作坊、最早的使用雙輪車的證據等等。這樣的規模和內涵在當時的東亞大陸都是獨一無二的，可以說，這裡是中國乃至東亞地區最早的具有明確都市計畫的大型都邑。

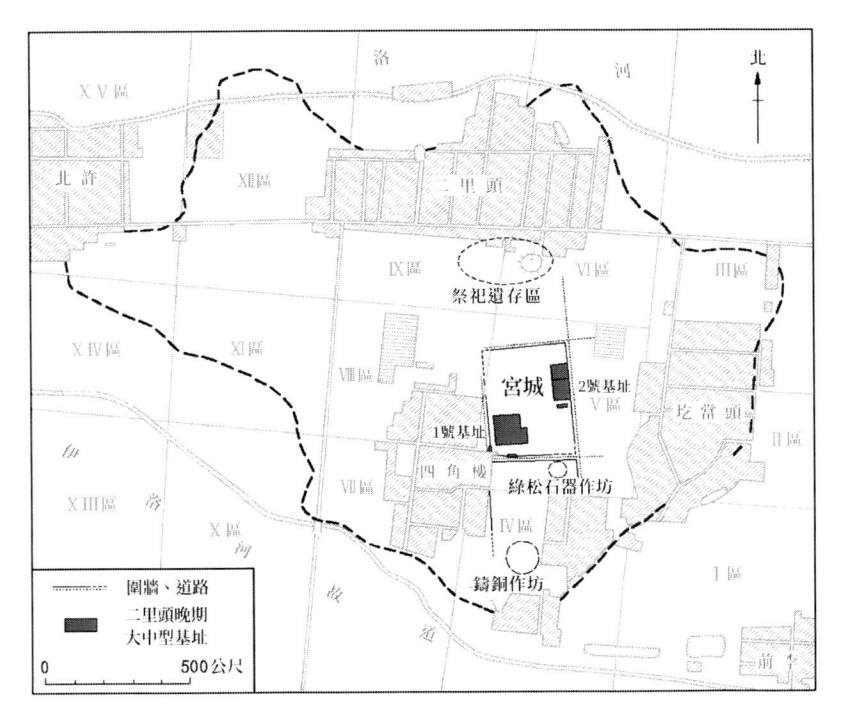

二里頭遺址平面圖
二里頭文化與二里頭都邑的出現，
表明當時的社會由若干相互競爭的政治實體並存的局面，
進入到廣域王權國家階段。
黃河和長江流域這一東亞文明的腹心地區
開始由多元化的邦國文明走向一體化的王朝文明，
作為廣域王權國家概念的「中國」，在前一階段還沒有形成。

要之，我們傾向於以西元前1700年前後東亞地區最早的核心文化——二里頭文化，最早的廣域王權國家——二里頭國家的出現為界，把東亞大陸的早期文明史劃分為兩個大的階段，即以中原為中心的「中原（中國）王朝時代」，和此前政治實體林立的「前中國時代」和「前王朝時代」。

值得注意的是，這兩大階段也恰是東亞大陸青銅時代和前青銅時代的分野。

> 尋蹤

　　在二里頭時代之前的數百年時間裡，東亞大陸的多數區域，早期銅器的使用呈現出紅銅、砷銅、青銅並存的狀況，銅製品多為器形簡單的小件工具和裝飾品等生活用具，鍛、鑄均有，製造工藝處於初級階段，尚未熟練掌握合金比例，如多位學者已分析指出的那樣，東亞大陸用銅遺存的出現，應與接受外來影響關係密切。至於東亞大陸部分割槽域進入青銅時代的時間，依據最新的年代學研究，要晚到西元前 1700 年前後了。

　　考古學觀察到的現象是，出土最早的青銅禮容器的中原地區，也是東亞大陸最早出現廣域王權國家的地區，青銅禮器的出現和當時的中原社會，都經歷了文化交流中的碰撞與裂變的歷程。其同步性引人遐思。二者相互作用刺激，導致中原地區自西元前 2 千紀上半葉，進入了史上空前的大加速時代。早期中國，由此起步。那麼，是青銅禮器及其鑄造術，催生了最早的「中國」？

　　隨著二里頭文化在中原的崛起，這支唯一使用複雜的合範技術生產青銅容器（禮器）的先進文化，成為躍入中國青銅時代的一匹黑馬。值得注意的是，這些青銅禮器只隨葬於二里頭都邑社會上層的墓葬中，在這個金字塔式的等級社會中，青銅禮器的使用成為處於塔尖的統治階層身分地位的象徵。這些最新問世的祭祀與宮廷禮儀用青銅酒器、樂器，儀仗用青銅武器，以及傳統的玉禮器，構成獨具中國特色的青銅禮樂文明。「國之大事，在祀與戎。」（《左傳成公十三年》）保有祭祀特權與強大的軍力，自古以來就是一個國家立於不敗之地的根本。從早期王朝流傳下來的祭天崇祖的傳統，幾千年來一直是中國人宗教信仰和實踐的主要內容，二里頭都城規劃中祭祀區的存在，以及以青銅為主的祭祀用禮儀器，都與大型禮制建築一樣，是用來昭示早期王朝禮制傳統的重要物件，由於軍事力量在立國上的重要性，青銅與玉石兵器也成為祭祀禮

器和表現身分地位的儀仗用器的有機組成部分，二里頭文化青銅禮器產品的使用範圍主要限於二里頭都邑的貴族，也就是說，二里頭都邑不僅壟斷了青銅禮器的生產，也獨占了青銅禮器的「消費」，即使用權。

其中，酒器是具有中國特色的酒文化乃至它背後的禮儀制度的重要載體，作為統治階層身分地位的象徵，以酒器為中心的禮器群，成為中國最早的青銅禮器群。從這裡，我們可以看出中國古代文明主要是建立在社會關係的鉅變（在等級秩序下人際關係的大調整）而非人與自然關係鉅變的基礎上的。而鑄造銅爵等造型複雜的酒器，至少需要精確地組合起內模和三件以上的外範，即當時已採用了先進的複合範工藝。克服其中的種種困難，最終鑄造出青銅禮器的內在動力，應當就是這一時期新興王權對宮廷禮儀的整飭。

二里頭遺址發現的青銅鉞，是迄今所知中國最早的青銅鉞，鉞作為象徵軍事權威的儀仗用器，也是一種用於「大辟之刑」的刑具。甲骨文金文中「王」字的字形，像橫置的鉞，在最初應指代秉持斧鉞之人即有軍事統率權的首領，隨著早期國家的出現，逐漸成為握有最高權力的統治者的稱號，早於甲骨文時代數百年的二里頭都城中出土的玉石鉞，和迄今所知中國最早的青銅鉞，就應是已出現的「王權」的又一個重要象徵。換言之，鉞的禮儀化是中國王朝文明形成與早期發展的一個縮影。

在早期王朝的禮器群中，爵、鉞等器種持續興盛於三代逾千年，甚至成為後世中國社會政治文化的重要符號，個中原因，頗具深意。

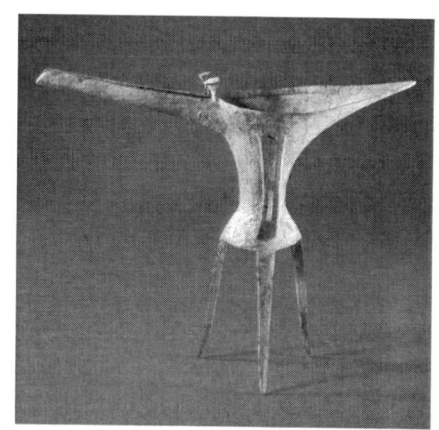

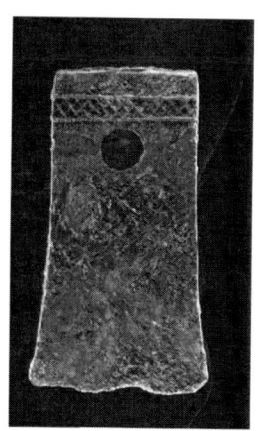

二里頭青銅禮酒器：爵（左上）、盉（左下）、
斝（右下）二里頭青銅禮兵器：鉞（右上）

　　另一個可資觀察的角度是都邑的城郭形態，這一問題上的權威觀點是，城牆是構成都城的基本政治要素，不存在沒有城牆的都城。透過對以先秦至秦漢時期為中心的都城發展歷程的初步考察，筆者認為整個中國古代都城史可以依城郭形態的不同，劃分為兩個大的階段，即防禦性城郭階段和禮儀性城郭階段，在自最早的廣域王權國家都邑二里頭至曹魏鄴城前近2,000年的時間裡，龐大的都邑不設防，有宮城而無外郭城，是都城空間構造的主流，這一現象可以概括為「大都無城」，在二里頭、

殷墟、周原、豐鎬、雒邑、秦咸陽、西漢長安和東漢洛陽等一系列都邑中有清晰的顯現，這與廣域王權國家強盛的國勢及軍事、外交優勢，作為「移民城市」的居民成分複雜化，對都城所處自然條件的充分利用等，都有一定的關聯。處於都城發展史早期階段的防禦性城郭的實用性，導致城郭的有無取決於政治、軍事、地理等諸多因素，「大都無城」的聚落形態應即這一歷史背景的產物；而後起的帶有貫穿全城的大中軸線、實施里坊制的禮儀性城郭，因同時具有權力層級的象徵意義，才開啟了漢代以後城、郭兼備的都城發展的新紀元。

在這一早期中國都邑布局的演變過程中，最令人矚目的是二里頭時代的到來，這是「大都無城」傳統的肇始，如上所述，二里頭遺址是迄今可以確認的中國最早的具有明確規劃的都邑，其布局開中國古代都城規劃制度的先河，但在逾半世紀的田野工作中，卻一直沒有發現圈圍起整個二里頭都邑聚落的防禦設施，僅知在邊緣地帶分布著不相連屬的溝狀遺跡，應具有區劃的作用。

如果將二里頭時代的聚落形態與更早的龍山時代做比較，可知前者最大的變化，一是中心聚落面積的大幅度提升，由龍山時代的十餘萬至數十餘萬平方公尺，擴大至300萬平方公尺；二是基本上摒棄了龍山時代普遍築城的傳統，代之而起的環壕成為這一時代的主流防禦設施。

由對考古資料的分析可知，進入二里頭時代，聚落內部社會層級間的區隔得到強化，而與此同時，對外防禦設施則相對弱化。從聚落形態的角度看，二里頭都邑是「大都無城」的一個最早的典範。究其原因，不能不考慮到都邑內的居民，二里頭可能是最早集聚了周邊人口的中心城市，其人口由眾多小規模的、彼此不相關聯的血親集團所組成，這種特徵又與其後的殷墟和西周時代的都邑頗為相近，而廣域王權國家則是從二里頭時代至西周時代社會結構上的共性，以「大都無城」為主要特徵的

都邑聚落形態與早期王朝階段社會結構上的關聯性,值得進一步探究。顯然,「大都無城」,是前中國時代終結、最早的「中國」初興的一個重要的指標。

要之,以二里頭時代為界,東亞大陸的國家起源過程呈現出非連續性和多歧性。以良渚、陶寺、石峁文明為代表的龍山時代眾多區域性邦國文明,各領風騷數百年,最終退出了歷史舞臺。它們走完了其生命史的全過程,而與後起的中原青銅文明僅有或多或少的間接關係,這就使東亞大陸的國家起源過程呈現出「連續」中的「斷裂」的態勢。這是我們把東亞大陸國家起源程序劃分為兩大階段的重要依據。

石峁石雕及圖案、石峁人面石柱

通觀東南良渚的水城、中原陶寺的土城、西北石峁的石城,都是因地制宜、適應環境的產物,它們也的確都是區域性文明,這與「大都無城」的二里頭形成了鮮明的對比,它們所擁有的「前銅禮器群」還看不到像以二里頭為先導的中原王朝禮器群那樣嚴格的禮儀規制尤其是重酒的禮器組合。而以軟實力見長的二里頭,顯然透過社會與文化的整合具有了「普世」的魅力,在眾多族群的膜拜與模仿中擴大了自身的影響,

其範圍遠遠超出了中原地區，更為重要的是，它的文明底蘊透過二里崗時代、殷墟時代乃至西周時代王朝間的傳承揚棄，成為中國古代文明的主流。

當然，對這一曲折而複雜的歷史程序之細節的掌握，還有待於今後的田野考古工作和相關的整合研究。

二里頭與中原中心的形成

眾所周知，中原是中國古代歷史上政治、經濟、文化活動的核心地區，這一地區既孕育了輝煌燦爛的三代文明，也相繼發展出秦、漢、隋、唐等統一王朝。中原中心的形成，是中國文明起源中的大問題，自百年前中國考古學誕生以來，就成為考古學者致力探索的重要課題。隨著考古發現的層出不窮，學術界關於這一問題的認知既在不斷深化，也仍處於探索之中。

■ 一　王朝乃中原中心之始的基本認知

由古典文獻記載與地下出土文字資料對證，進而得到確認的最早的中國古代王朝遺存，是商代後期的殷墟遺址（王國維 1959，李濟 1990）。至 1950 年代，發現早於殷墟，而文化特徵與之近同的二里崗文化及其中心都邑鄭州商城，把考古學上的商文化又往前推了一步（鄒衡 1956）。但一旦脫離「紙上之資料」與「地下之新資料」的互證，鄭州商城究竟屬商王朝中期抑或早期都邑，學術界聚訟紛紜。顯然，殷墟文化與二里崗文化之間，是中原地區「歷史」時代與更早的「原史」時代的分界點（見本書〈商文明：中國「原史」與「歷史」時代的分界點〉）。1959 年，徐旭生在梳理文獻的基礎上率隊踏查「夏墟」，又發現了位於中原腹心地區洛陽盆地的二

尋蹤

里頭遺址，熟諳古典文獻的徐旭生卻推斷該遺址應為商王朝的開國君王湯所都(徐旭生1959)。此後學術界圍繞夏文化和夏、商王朝分界問題展開了曠日持久、至今仍莫衷一是的論爭，從中可以顯見考古學參與狹義史學探討的局限性（見本書〈方法論視角下的夏商分界研究〉），但缺乏或全無當時確切文字資料的「原史」時代和史前時代，恰恰是考古學可以揚長避短、大顯身手的研究領域，考古學的一個重要研究方法是由已知推未知，無論二里頭遺址和鄭州商城屬於何朝何都，其巨大的面積和高度發達的文化，都彰顯出建立在社會複雜化基礎上的大型權力中心和核心文化的存在。

身為中國考古學的領軍人物，夏鼐在1980年代的總結具有代表性。關於中國文明的開始，他認為：「對於中國文明的起源，可以從殷墟文化向上追溯到鄭州二里崗文化，和比這更為古老的偃師二里頭文化。從新發現的文化內容上，我們可以證明它們之間是有互相連繫、一脈相承的關係。」「至少它（二里頭文化——引者注）的晚期，是夠得上稱為文明，而又有中國文明的一些特徵。它如果不是中國文明的開始，也是接近於開始點了。比二里頭更早的各文化，似乎都是屬於中國的史前時期。」論及這些考古遺存與古典文獻中的朝代對應問題，他指出：「夏朝是屬於傳說中的一個比商朝為早的朝代。這是屬於歷史（狹義）的範疇。在考古學的範疇內，我們還沒有發現有確切證據把這裡的遺跡遺物和傳說中的夏朝、夏民族或夏文化連結起來。身為一個保守的考古工作者，我認為夏文化的探索，仍是一個尚未解決的問題。」關於對更早的文明要素的探索，他提出：「中國新石器時代主要文化中已具有一些帶中國特色的文化因素，中國文明的形成過程是在這些因素的基礎上發展的，但是文明的誕生是一種質變，一種飛躍。所以有人稱它為在『新石器革命』之後的『都市革命』。當然，中國文明的起源問題還有許多地方仍不清楚，

有待於進一層的探討。」(夏鼐 1985)

這些論斷審慎有據,到目前為止,尚無因新的考古發現而需要修正其基本論點之處。按我個人的理解,夏鼐論述中有幾點是較為明確的。首先,這裡的「中國文明」指的是以中原為中心的青銅時代的王朝文明,這是探索中國文明更早起源的基點。其次,中原形成文明的中心,從當時的考古探索來看,只能上溯到二里頭文化時期,二里頭較之此前的新石器時代的區域文化,是一種質變和飛躍。最後,「(各)地區史前文化的發展自有演化的序列」,有相對的「文化圈」(夏鼐 1985),也即尚無中心可言。

其中最後一點,被蘇秉琦系統地梳理為六大區系,並將中國新石器時代各區域考古學文化的這種多元狀態形象地比喻為「滿天星斗」(蘇秉琦等 1981)。他指出,「各大區系不僅各有淵源、各具特點和各有自己的發展道路,而且區系間的關係也是相互影響的。中原地區是六大區系之一,中原影響各地,各地也影響中原,這同以往在中華大一統觀念指導下形成的黃河流域是中華民族的搖籃,中國民族文化先從這裡發展起來,然後向四周擴展,其他地區的文化比較落後,只是在中原地區影響下才得以發展的觀點有所不同,從而對於在歷史考古界根深蒂固的中原中心、漢族中心、王朝中心的傳統觀念提出了挑戰。」(蘇秉琦 1999)類似的表述還有張光直的「中國相互作用圈」說或「中國以前相互作用圈」說,他指出,龍山時代一些可以被看作「中國共同傳統」的「新建樹到處滋出」,「但它們並不指向一個單一的龍山文化。從每一個區域文化個別的觀點來說,外面的作用網和兩千年間在內部所發生的變化,在這個區域史到西元前第 3 千紀之末之準備向國家、城市和文明跨進的準備工作上都是同等重要的」(張光直 1989)。

尋蹤

1988年，考古學家張光直在二里頭遺址考察，
左起：鄭光、徐蘋芳、張光直、許景元

上述建立在全面梳理考古發現基礎上的觀點，排除了中原中心形成於中原王朝文明之前的可能性，大致廓清了中國文明從多元到一體的特質與鮮明的階段性。

二　上推中原中心形成時間的問題所在

1949年以來，田野考古與研究工作成就斐然，尤其是中國新石器時代考古，許多發現具有填補空白和獨立寫史的意義。因而，考古界並不滿足於因僅見諸後世文獻而撲朔迷離的早期王朝史影，而意欲循此向前探究中國文明的起源，由是形成了一些關於史前時代中原文化歷史地位和中原中心形成過程的獨特認知。

嚴文明在認可「中國史前文化並非出於一源」的前提下，認為「早期文明的起源地區應包括整個華北和長江中下游，而在文明的發生和形成的整個過程中，中原都發揮著領先和突出的作用」，「在相當長的時期內，中原的文化比較發達，其次是它的周圍地區，再次是邊境地區」。

他把主要分佈於黃河、長江流域的新石器時代文化分為中原、甘青、山東、燕遼、長江中游和江浙六個文化區，進而認為，「五個文化區都緊鄰和圍繞著中原文化區，很像一個巨大的花朵，五個文化區是花瓣，而中原文化區是花心。各文化區都有自己的特色，同時又有不同程度的連繫，中原文化區更發揮著連繫各文化區的核心作用，我們看到在中原地區仰韶文化中發生的那種飾迴旋勾連紋或花瓣紋的彩陶盆幾乎傳遍了整個黃河中下游，長江中下游的同期遺存中也偶爾能見到這類產品。」（嚴文明1987）嚴文明認為，在仰韶文化興盛時期（約西元前4000年前後），中原文化區即已「發揮著連繫各文化區的核心作用」。張學海從聚落形態的角度，論證在「重瓣花朵」結構中，仰韶文化占有全國新石器文化的「花心」地位（張學海2002），餘西雲也有類似的表述：「西陰文化（即仰韶文化廟底溝類型——引者注）發端於陝晉豫交界區。鼎盛時期控制了中原的廣大地區，影響所及更是東越渤海，南抵長江之濱，北逾燕山之陰，奠定了先秦中國的空間基礎。西陰文化時期，傳統的家庭模式趨於瓦解，社會的層級化已然顯現，私有觀念逐步形成，成為中國文明的濫觴。」（餘西雲2006）韓建業除了論證「仰韶文化東莊——廟底溝類型時期，中國大部分地區的考古學文化首次交融連繫形成以中原為核心的文化共同體」外，更認為「正是由於地處中原核心的裴李崗文化的強大作用，才使黃河流域文化緊密連結在一起，從而於西元前第9千紀形成新石器時代的『黃河流域文化區』；才使黃河下游、漢水上游、淮北甚至長江中游地區文化也與中原文化區發生較多連繫，從而形成雛形的『早期中國文化圈』」（韓建業2012a、2009），由是，中原中心或其雛形被不斷提前。

　　支撐中原文化區核心地位的仰韶文化階段的考古資料，大體上限於聚落數量、大小及聚落群的規模，以及彩陶的繁盛與地域擴展等，從中可提取的可靠資訊，基本上限於人口的膨脹以及彩陶這種日常生活用品

尋蹤

的製作技術和藝術水準，它反映的應是史前農耕生活的發達程度（見本書〈「新中原中心論」的學術史解析〉），而在社會發展階段上，遠未達到同時期華東地區，如大汶口文化中晚期和良渚文化那樣高度的貧富分化、社會分層和階級分化（欒豐實 2003，趙輝 2017），即便就陶器和玉石器製造技術而言，「通常會把仰韶文化的質地細膩、器形有序、燒成溫度高而且圖案漂亮的彩陶作為這個時期陶器製造技術的代表，其實，最早出現在大溪、崧澤文化的封閉窯室和黑、灰陶燒製技術，以及利用輪製成型技術而可能達成的批次生產的意義也不能低估，玉石器製作技術在長江流域諸文化中發展得較早且快，崧澤文化和南京北陰陽營、安徽含山凌家灘遺存中的玉器便是當時的代表作。」（趙輝 2000）而仰韶文化晚期秦安大地灣的所謂「原始殿堂」，雖稍具章法，但仍與更早的作為公共活動場所的「大房子」一脈相承，其他遺存則乏善可陳（見本書〈「新中原中心論」的學術史解析〉）。

趙輝把「中原文化區開始形成的時期」下拉到仰韶文化後期（西元前 3000－前 2500）。但這一時期的文化態勢卻是，與大汶口、屈家嶺——石家河文化早期、良渚等文化相比，「同期的仰韶文化卻顯得比較衰弱」，「文化面貌十分統一的情形消失」，「進入一種離析狀態」，開始「由各個地方文明對中原地區施加影響」，出現了「中原文化和周圍幾個地方文明實力對比的差距」。「在某種意義上說，當時的中原地區處在一種空虛狀態」，所以周邊地帶的文化成就顯得相當醒目，「地方文明都處在中原文化區的周邊地帶，它們幾乎在相同的時間裡達到很高的發展程度」。（趙輝 2000）從仰韶文化後期處於「比較衰弱」的「離析狀態」，恐怕還看不出其已成為跨文化區的史前文明中心的態勢。「周邊地帶」與「地方文明」的概念，是否也到了更晚的時期才開始出現？如此種種，都需進一步探討。而從地理上看，仰韶文化分布的區域既超出了中原地區，中原

腹心地區也不是仰韶文化分布的中心區域。這也從一個側面說明仰韶文化時期並沒有形成以中原為中心的文化態勢。（見本書〈「新中原中心論」的學術史解析〉）

此後，趙輝調整了自己關於中原文化區形成的推論。他指出，「仰韶文化鬆散離析的態勢持續到大約西元前3000年左右，中原地區進入了一個各種文化重組的複雜階段」，西元前2500－前2000年，「中原地區在經過廟底溝二期文化的調整之後再度崛起，形成了上述『以中原為中心的歷史趨勢』」（趙輝2006）。可知，他把中原中心形成的時間由西元前3000－前2500年又下移到了此後的中原龍山文化時期。但既有考古發現表明，龍山時代晚期以各小流域為單位的聚落群廣泛分布於中原各地，它們多為一個中心聚落所控制，內部等級分化明顯，從而形成一種「邦國林立」的局面，考古學文化譜系研究顯示，這些聚落群分別擁有不同的文化背景和傳統，而大量的殺殉現象、武器的增多和一系列城址的發現又表明它們之間存在著緊張的關係，衝突頻繁發生。可以認為，這一時期在整個中原地區並沒有發現超大規模、具有跨區域影響力的中心聚落，也沒有顯著的區域整合跡象；在西元前2000年前後的一二百年裡，也即在夏王朝前期，中原地區各人類群團不相統屬，戰亂頻仍，築城以自守，外來文化因素明顯，考古學上看不到與傳世文獻相對應的「王朝氣象」。（見本書〈「新中原中心論」的學術史解析〉）

與此大致同時，活躍於東亞大陸各地、異彩紛呈的區域性考古學文化先後走向衰落，甚至退出歷史舞臺，在這些人群共同體和後來崛起的中原文明之間，有一個「連續」中的「斷裂」。（見本書〈「連續」中的「斷裂」──關於中國文明與早期國家形成過程的思考〉）這種斷裂究竟是出於天災還是人禍，原因想必十分多樣，學術界還在探索之中。

三　中原中心形成於二里頭時代

　　上述「斷裂」涉及諸多變化，隨著考古發現的增多和研究的深入而逐漸明晰起來。張弛即指出：「其中最為重大者有三：一是中國新石器時代傳統核心區域文化的衰落，二是中國史前文化格局的徹底改變，三是青銅時代全球化開始形成。這三個『事件』應當極大地改變了中國古代歷史，使得龍山──二里頭文化時期可以一併作為劃時代的歷史階段。」他進一步解釋，中國新石器時代傳統的文化核心區域一直在黃河、長江中下游地區，而這些核心地帶中唯一沒有衰落的區域只有嵩山以北的鄭洛地區和晉南地區，也即中原腹心地區。幾乎就在同時，燕遼地區──北方地區──西北地區──西南地區這一半月形地帶逐漸興盛（童恩正 1986），徹底改變了新石器時代的傳統文化格局，「至二里頭文化時期（二期至四期），傳統新石器時代核心區域中僅剩下洛陽盆地一塊唯一持續發展的地方，更像是一處文化孤島。龍山晚期──二里頭文化時期乃是中國新石器時代傳統文化核心區史上最黑暗的時段」（張弛 2017）。在歐亞大陸青銅文化傳播的視角下，他指出，如果沒有歐亞大陸青銅時代「全球化」帶來的半月形地帶的興起，或沒有新石器時代核心區域的衰落，就不會有夏商周三代以中原為中心的中國歷史。那麼，二里頭遺址和以其為代表的二里頭文化這一「文化孤島」，究竟有著怎樣的內涵和特質，又放射出怎樣的輝光，從而開啟中原青銅時代和王朝文明的新紀元，就頗令人矚目。

　　如前所述，1959 年，徐旭生率隊在豫西踏查「夏墟」的過程中發現了偃師二里頭遺址，當年秋季，田野考古工作正式啟動，2020 年是二里頭遺址發現與發掘 61 週年，這 60 多年的探索歷程，可以分為兩大階段。二里頭遺址田野考古工作的前 40 年，主要任務是建構文化史框架，二

里頭工作隊的前輩透過大量考古資料的蒐集和梳理，建立起了以陶器為中心的可靠的文化分期框架，二里頭文化一至四期的演變序列得到學界普遍認可，這是二里頭遺址及二里頭文化研究的基礎工作。與此同時，一號、二號宮殿基址等大型宮室建築，能夠生產精密青銅禮器的鑄銅作坊，以及出土青銅、玉石和漆質禮器的貴族墓葬等高等級遺存的發現，確立了二里頭都邑及以其為代表的二里頭文化在中國早期國家、文明形成研究中的重要歷史地位。自 1999 年秋季開始，二里頭遺址新一輪的田野考古工作在理念與重心上都發生了重要變化，將探索二里頭遺址的聚落形態作為新的田野工作的首要任務，在這一學術理念指導下，二里頭遺址的田野工作取得重要收穫：確認了遺址的現存範圍、遺址邊緣區的現狀及其成因，確認了二里頭都邑中心區和一般居住活動區的功能分割槽，在遺址中心區發現了成組的早期多進院落宮室建築、井字形主幹道網、車轍、晚期宮城及兩組中軸線布局的宮室建築群、大型圍垣作坊區和綠松石器作坊、與祭祀有關的巨型坑和貴族墓葬等重要遺跡和珍貴遺物。與此同時，積極深化多學科合作研究，圍繞二里頭文化的聚落形態、技術經濟、生計貿易、人地關係、社會結構乃至宏觀文明程序等方面的探索研究，都取得了重大進展，以聚落形態探索為中心展開多學科合作研究，構成了世紀之交以來二里頭遺址田野考古工作與綜合研究的兩大特色。可以說，二里頭見證了中國考古學的發展歷程，二里頭考古則是中國考古學長足發展的一個縮影。（許宏 2015b、2019）

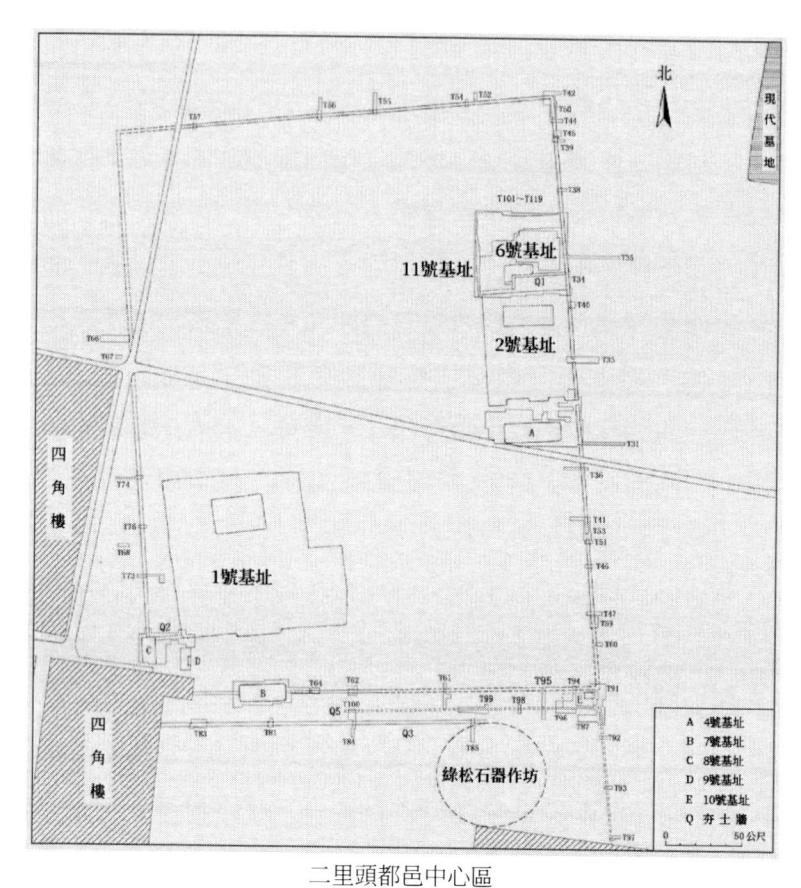

二里頭都邑中心區
二里頭宮城平面呈縱長方形，其內分布著成組的大型宮室建築。
其南為大型圍垣手工作坊區，有學者稱其為「工城」。

二里頭文化的年代約相當於西元前 1750 – 前 1520 年（仇士華 2015），從時空分布與文化特徵來看，二里頭是探索中國最早的王朝文明 —— 夏商文化及其分界的關鍵性遺址，但其重要性遠不止此。經過 60 多年的田野工作，在二里頭遺址發現了中國最早的城市主幹道網，最早的布局嚴整、與紫禁城布局一脈相承的宮殿區與宮城，最早的多進院落大型宮殿建築，最早的中軸線布局的宮殿建築群，最早的國家級祭祀區和祭祀遺存，最早的封閉式官營手工作坊區，最早的青銅禮樂器群、兵器群以

及青銅禮器鑄造作坊和最早的綠松石器作坊等，這裡是中國乃至東亞地區最早的具有明確都市計畫的大型都邑，這樣的規模和內涵在當時的東亞大陸都是獨一無二的。可以說，這些「中國之最」前無古人，開中國古代都城規制、宮室制度、禮樂制度和王朝文明的先河。就其文化影響而言，二里頭文化的分布範圍突破了地理單位的制約，幾乎遍布整個黃河中游地區，二里頭文化因素向四圍擴散的範圍更遠大於此。至此，二里頭文化成為東亞大陸最早的核心文化，二里頭都邑則是中國最早的廣域王權國家的權力中心，中國歷史自此進入了開創新紀元的「二里頭時代」，(許宏 2004a、2009)從嚴格意義上講，真正的宮廷禮制，是發端於二里頭都邑二里頭文化晚期的宮室建築和以酒器為核心的青銅禮器群以及玉質禮器群的(岡村秀典 2003)。

　　要之，二里頭文化與二里頭都邑的出現，表明當時的社會由若干相互競爭的政治實體並存的局面，進入廣域王權國家階段。黃河和長江流域這一東亞文明的腹心地區開始由多元化的邦國文明走向一體化的王朝文明。而二里頭都邑與二里頭文化，正處於華夏文明從多元到初步一體格局形成的重要節點上，以文化軟實力見長的二里頭政體，顯然透過社會與文化的整合具有了核心的威勢，在眾多族群的凝聚與模仿中擴大了自身的影響，其文明要素的擴散範圍遠遠超出了中原地區(見本書〈前中國時代與「中國」的初興〉)，成為「中華文明總程序的核心與引領者」(史一棋 2018)。只有到了此時，地處中原腹地的洛陽——鄭州地區才成為中原王朝文明的發祥地，中原中心最終形成，作為中原王朝文明的先導，二里頭文明建立起的管控協調大規模人群的政治架構，經青銅時代王朝間的傳承揚棄，奠定了以中原為中心的後世王朝國家發展的基礎。

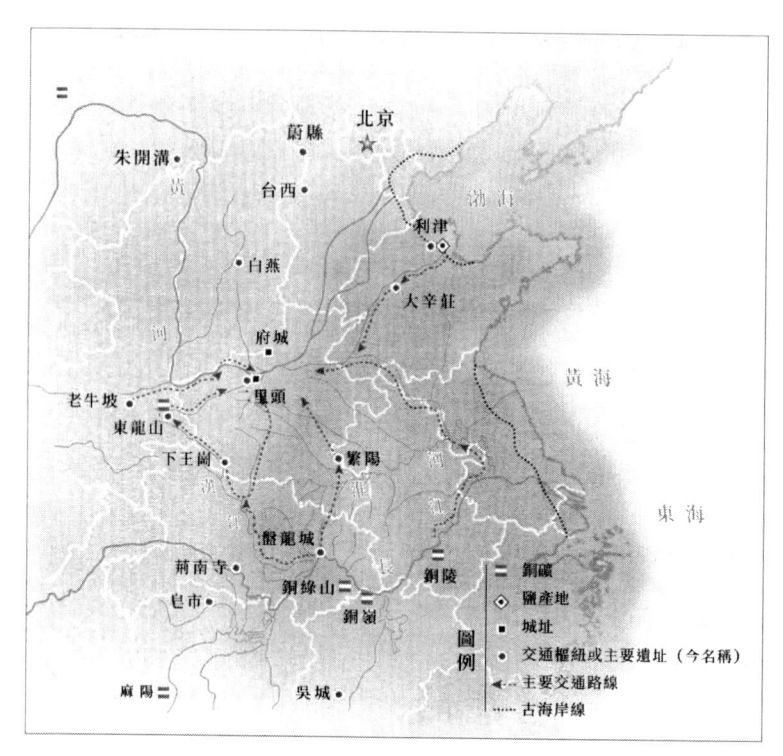

早期王朝時代的資源分布與重要遺址

二里頭都邑的兩次禮制大變革

　　考古學上能夠觀察到的禮制遺存，包括屬於不動產的禮制建築工程遺跡和禮器（群），二里頭都邑的禮制遺存，是我們觀察其中的禮制變革、人群結構和社會狀況的一個重要視角。

　　作為考古學文化的二里頭文化，其前後四期的劃分，主要是基於對陶器群組合、器形變化及譜系的了解，可以理解的是，少數陶禮器以外的海量陶器，具有相當的「民間性」，其與包括大型建築工程和禮器在內的高等級遺存的遞嬗並不一定具有同步性。

從聚落形態和高等級遺存存在狀況的角度看，二里頭遺址二里頭文化存在的全過程，有五個大的節點：

其一，二里頭文化一期大型聚落或聚落群出現，總面積逾 100 萬平方公尺，聚落平地起建，具有突發性。

其二，二里頭文化第一、二期之間，聚落龐大化，面積擴展至 300 萬平方公尺以上，高等級遺存出現，進入都邑時代。

其三，二里頭文化第二、三期之間，第一次禮制大變革。

其四，二里頭文化第四期早、晚段之間，第二次禮制大變革。

其五，二里頭文化為二里崗文化所取代，聚落規模急遽收縮，高等級遺存淡出，都邑時代結束。

這裡，我們重點考察高等級遺存所反映的兩次禮制大變革的情況。

一

「不動產」的建築工程方面，我們可觀察到下列變化。

二期早段：宮殿區東側大路開始出現，3 號、5 號基址始建，院內貴族墓出現。

二期晚段：3 號、5 號基址持續使用，仍有貴族墓埋入，偏晚階段廢棄。圍垣作坊區東、北牆的 5 號牆，以西的 7 號牆，至少在此段已建成。

二、三期之交：小型房址和灰坑等出現。宮城城牆建於大路內側，開始形成牆外新道路。西南部作為宮城附屬建築的 7 號（南門塾？）、8 號基址應同期建成。

三期早段：4 號基址可能已興建，宮城西南部 1 號基址興建於偏晚階段。宮城內東、西兩組建築群的格局開始形成。

三期晚段：3號基址北院的大型池狀遺跡被夯實填平，依託宮城東牆建起了2號基址。12號基址可能與其大體同時。

　　四期早段：無大規模建築活動，各建築工程持續使用。

　　四期晚段：4號基址東廡至少在偏晚階段廢毀，宮城城牆，1號基址、4號基址主殿、2號基址應沿用至本期段結束。在偏晚階段，6號基址依託宮城東牆興建，其西同時建有11號基址；圍垣作坊區增築北牆3號牆，10號基址依託圍垣作坊區北牆的5號牆興建，這些新建築與原有舊建築均在該期段結束前廢毀。

　　由是，我們可以觀察到在二里頭文化第二、三期之交至三期早段，二里頭都邑發生了較大的結構布局上的變化，也即，由宮城的從無到有（第二期可能有柵欄類圈圍設施，不易發現），宮殿區東路建築從多進院落的3號、5號基址，經一段空白期後，到新建了單體又成組、具有中軸線規劃的2號、4號基址；西路建築則平地起建了1號宮殿，其與宮城南門門塾（7號基址）形成又一組中軸線。

　　從大型宮室建築的結構上看，二里頭文化二期時由多重院落組成的3號、5號基址廢毀後，宮殿區東部區域有一個前後約數十年的空置期。新建的2號、4號基址另起爐灶，採用單體「四合院」建築縱向排列，壓在被夯填起來的3號基址的原址上。其中2號基址的主殿和部分院落，是在填平夯實3號基址內的大型池狀遺跡的基礎上建成的。雖然兩個時期的建築還基本上保持著統一的建築方向和建築規劃軸線，但建築格局大變，顯現出「連續」中的「斷裂」。值得注意的是，單體「四合院」建築應與二里崗文化和殷墟文化同類建築一脈相承，而迥異於二里頭文化早期的多重院落式布局。

中國最早的多進院落宮室建築 —— 二里頭 5 號基址（左）
二里頭宮城南牆和 7 號基址（右）

再看作為「動產」的禮器方面，則是在最早的空腔銅禮器 —— 鈴加松石鑲嵌器（從龍形器到嵌綠松石銅牌飾）的組合之外，變陶爵為銅爵，開啟了青銅酒禮器為核心的時代。

第二期遺存中除了刀、錐等小件銅器外，還發現有屬於複合範鑄件的響器銅鈴，但尚不見青銅禮容器。

其中一件銅鈴與綠松石龍形器共存於宮殿區內的貴族墓（2002 V M3）中，據分析，此墓屬於二里頭文化第二期的 74 座墓葬中 3 座甲類墓之一（李志鵬 2008）。墓內出土隨葬品豐富，除銅鈴和綠松石龍形器外，還有玉器、綠松石飾品、白陶器、漆器、陶器和海貝項鍊等，總計 37 件（組）。

要指出的是，這是迄今為止唯一一件因具有明確的層位關係和器物組合而可以確認屬二里頭文化第二期的銅鈴。另外 2 座出有銅鈴的所謂第二期墓葬（82 IX M4 和 81 V M4），其中一座被盜擾，沒有可資斷代的陶器出土；另一座墓中銅鈴與嵌綠松石銅牌飾共出，但報導極其簡略，語焉不詳，未發表唯一一件共出陶器 —— 陶盉的影像資料。學者從多個角度分析，推測其或屬二里頭文化第三期（葉萬松等 2001，李志鵬 2008）。

如是，則原來認為的最早出現於第二期的嵌綠松石銅牌飾也應屬二里頭文化晚期。因此，2002 V M3 所出銅鈴是迄今可確認的二里頭文化早期（二期）唯一一件禮儀性銅器，也是二里頭文化最早的禮儀性銅器（許宏 2016b）。

銅鈴鈴體中空，橋形鈕，單扉，器表有凸稜裝飾。胎體厚實，鑄造精良，應係以陶質複合範技術鑄造而成，鑄造品質較陶寺紅銅鈴又更上一層。因銅鈴僅見於高等級墓葬，可知此期的銅器已作為社會身分地位象徵物來生產和使用。

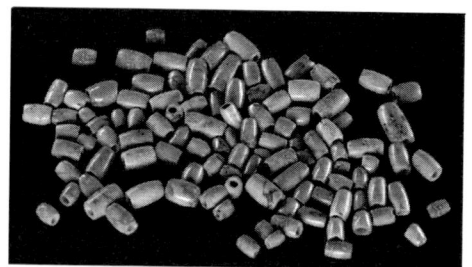

二里頭貴族墓中出土的綠松石飾（左）、海貝（右）

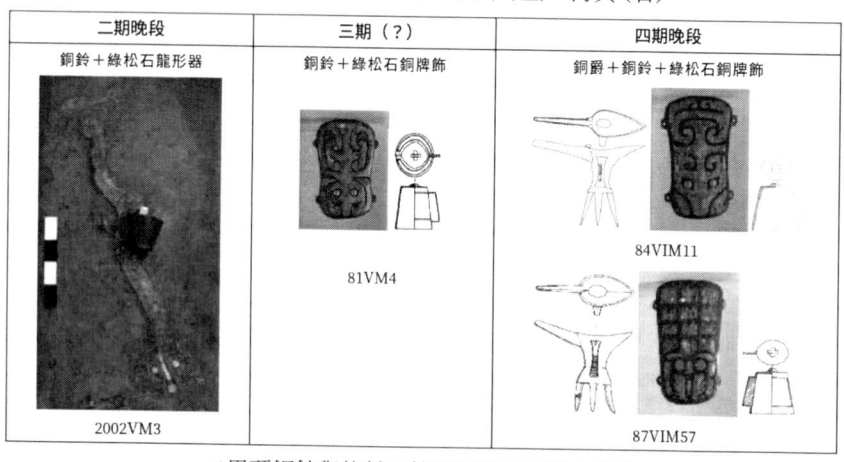

二里頭銅鈴與綠松石鑲嵌器的分期組合關係

到目前為止，在二里頭遺址已發現的青銅禮容器計 17 件，這些器物集中發現於二里頭文化晚期，即第三、四期。其中數量最多的是爵，計 13 件，另有斝 2 件，鼎、封頂盉各 1 件，這些青銅禮容器主要出土於墓葬。在已發掘的 400 餘座二里頭文化的墓葬中，已發表的出土銅器的墓葬僅有 20 餘座，其中隨葬青銅禮容器的墓葬則更少，構成了二里頭文化墓葬中的第一等級，表明青銅容器在二里頭文化晚期成為最重要的禮器。

近年來，重新審視二里頭遺址二里頭文化的分期問題，有不少新的發現，尤其是圍繞二里頭文化晚期重要遺存的期段歸屬，在此，我們略作梳理。

按目前的認知，屬於二里頭文化第三期的銅禮器墓可確認的只有 2 座，其中隨葬銅鈴一件的 1 座（62 V M22，原報告定為二期，應屬三期早段），隨葬銅爵一種兩件的 1 座（80 III M2，原簡報定為三期，應屬三期晚段），另有兩座墓各隨葬銅爵 1 件，被發掘者推定為三期，但因被擾，無陶容器出土或未發表影像資料，無從確證（許宏等 2010）。其他原定屬二里頭文化第三期的墓葬，應屬第四期（詳後）。

如上所述，在二里頭文化第二期，銅鈴與綠松石龍形器同出，開創了銅鈴加松石鑲嵌器組合的隨葬模式。我們注意到，在現知隨葬銅鈴的全部 6 座墓中，除了被擾和偏小的 2 座外，其餘的 4 座墓都是銅鈴與松石鑲嵌器（嵌綠松石動物紋銅牌飾，或大型綠松石龍形器）共出。偏早的綠松石龍形器與銅鈴、偏晚的銅牌飾與銅鈴的組合關係相對固定；綠松石龍形器和銅牌飾在墓葬中的位置相近，都置於墓主人的上半身，種種現象表明，綠松石龍形器和銅牌飾應大致屬同類器，後者應為前者的簡化或抽象表現（許宏 2009），銅鈴與動物母題松石鑲嵌器應是二里頭文化貴

族墓隨葬品中一個較固定的組合，以這一組合隨葬的墓主人或許有特定的身分 (許宏 2016b)。

值得注意的是，這一肇始於二里頭文化第二期的隨葬品組合，經二裡頭都邑兩次大的禮制變革，一直延續了下來。

二里頭綠松石龍形器與青銅鈴

最早的青銅禮容器──作為溫酒和飲酒器具的爵出現於第三期，成為日後青銅酒禮器群的核心。在此後的商至西周時代，能否擁有銅爵以及擁有數量的多寡，是區分人們社會地位的重要指標 (楊錫璋等 1985)。而這一傳統要上溯到二里頭文化早期，前述出土銅鈴和綠松石龍形器的 3 號墓就隨葬有陶爵、陶盉、漆觚等酒器。到了二里頭文化晚期，爵又最早被作為青銅禮器，可見其在禮器群中地位之重要。「由於當時處在中國青銅文明的早期階段，青銅禮器的使用尚不普遍。因此，禮器（主要指容器類）的組合，往往是青銅器與陶器、漆器相配伍，青銅器單獨配置成套的情形並不多見。銅禮器與其他質料禮器搭配成組，主要是銅爵（或加銅斝）與陶盉、漆觚的組合，銅爵與陶爵、陶盉組合也常見。青銅器與漆器、陶器共同組成禮器群，構成二里頭文化禮器制度的重要特徵。」(中國社會科學院考古研究所 2003)

早於二里頭文化的龍山時代的禮制，尚屬於「形成中的或初級階段的禮制」。各地域文化的禮制內涵與形態各異，在這些「前銅禮器」群

中，似乎還未發現以酒器組合為核心的禮制系統（高煒 1989）。即便有酒禮器，也大多依附於食器而存在。只有二里頭文化，才確立了「以重酒組合為核心的禮器組合」。「這是一個跨時代的變化，從此開啟了夏商、西周早期禮器制度一以貫之的以酒禮器為核心的禮器制度。」（李志鵬 2008）而以青銅酒禮器為核心的禮器組合的最終形成，是始於二里頭文化第三期的。

二

就二里頭都邑高等級遺存而言，二里頭文化第三、四期之交（自三期晚段至四期早段）似乎是一個守成的時段，乏善可陳，二里頭文化第四期的早、晚段之間，可能是發生在二里頭都邑的第二次大的禮制變革。二里頭文化和二里崗文化的分野，或可提前到這個時段，二里頭文化末期，具有更大的「啟下」的地位。

近年來，學術界就二里頭文化第四期的文化內涵及其反映的歷史問題做了較為深入的探討，但關於二里頭文化第四期與二里崗文化早期早段（即「二里崗下層一期」）（河南省文物考古研究所 2001）在年代上的相互關係，以及相關遺存單位的文化歸屬問題還存在著不同的看法，無法對二里頭文化和二里崗文化之交的遺存做明確的辨析，我們傾向於二者在年代上有共存關係，至少部分時段重合（許宏等 2004，中國社會科學院考古研究所 2014），而二里頭文化末期（四期晚段）已進入二里崗時代，應屬於二里崗文化的範疇，這一階段或可稱為二里頭──二里崗文化過渡期。這是二里崗文化因素肇始於二里頭和鄭州商城，以及鄭州商城開始崛起的時期。

能夠確認屬此段的青銅器較少，且主要見於二里頭遺址。

如前所述，考古發現與研究顯示，在二里頭文化末期幾十年時間裡，二里頭遺址中心區的「不動產」——高等級遺跡發生了一些較為顯著的聚落形態上的變化，即始建於二里頭文化二、三期的若干大型建築工程如宮城及7號基址（宮城南門塾？）、1號、2號、4號、8號、9號等大中型建築基址和圍垣作坊區北牆3號牆的區域性受損，和6號、10號、11號等建築基址和圍垣作坊區北牆3號牆的興建，我們注意到，位於宮城東路建築群北端的6號基址依託宮城東牆而建、南鄰2號基址，其寬度仍與早已存在的東路建築群（2號、4號基址）一致，暗喻6號基址屬於東路建築群的續建，該基址群西側道路仍在使用；10號基址依託圍垣作坊區的北牆5號牆（始建於二里頭文化第二期）而建，雖壓占於宮城南路之上，但並未完全阻斷道路；新開掘於此期的兩口水井，仍南北對應、頗有章法地建於1號基址西牆外。而鑄銅作坊和綠松石器作坊則一直延續使用。種種跡象表明，這些建築工程雖可能遭到了區域性破壞，但仍存留於地表，甚至繼續使用，此期的二里頭聚落仍集中著大量的人口，存在著貴族群體和服務於貴族的手工業（許宏等2004）。這些新舊建築工程應是到了二里頭文化的最末階段才被一併廢毀的。

　　但這些變化與銅禮器生產和使用在時間上的對應關係，因無明確的考古層位關係資料支撐，尚無法究明其細節。

　　按目前的分期認知，屬於二里頭文化四期晚段的青銅禮容器墓有7座（75 VI Km3，84 VI M6、M9、M11，87 VI M57，75 VI Ikm7，87 V M1，原報告分別定為三期和四期）。可知只是到了此期，青銅爵之外的其他禮容器如酒器斝、封頂盉、觚（？）、食器鼎，禮兵器戈、長身戰斧、鉞，嵌綠松石銅牌飾等在內的東亞大陸最早的青銅禮器群才開始在二里頭都邑出現；此期的墓葬，才開始有銅爵、銅斝，銅鼎、銅觚（？）的隨葬品組合。其中75 V Km3、84 VI M6、M9三座墓葬曾被定為

四期早段，根據《二里頭（1999－2006）》報告（中國社會科學院考古研究所 2014）的分期方案，調整為四期晚段（許宏等 2010，趙海濤 2016）。這與此前的二里頭文化第三期至四期早段墓葬中僅見青銅鈴、嵌綠松石銅牌飾和銅爵等的簡單禮器組合形成鮮明的對比，總體上看，墓葬所見青銅容器和玉器等禮器的數量和品質均超過二里頭文化第三期至四期早段。

其中，最值得注意的是 1987 年出土的銅鼎和圓底銅斝。此二器係農民發現並賣出，由調查可知，與其共出的還有一件疑似銅觚的器物，惜未能追回。報導者推斷應係出自同一墓葬，編號 1987 V M1，屬於二里頭文化第四期，有學者進而認為，鑑於「鼎、觚在已知的二里頭三期墓葬中皆不見，所以此墓如確屬二里頭文化，亦當屬四期偏晚，近於二里崗下層時期」（朱鳳瀚 2009），「考慮到二里頭文化沒有使用陶斝的傳統，這種新出現的組合方式當是受二里崗文化前身的影響」（陳國梁 2008）。另有學者指出，該墓所出銅斝，鼓腹圜底、錐足有稜的作風一直延續至二里崗文化晚期早段（李朝遠 2006），甚至有學者認為這兩件銅器已「屬於二里崗期商文化系統」（高江濤 2014），有學者則乾脆將這兩件銅器劃歸「早商一期青銅器」，認為「早商一期青銅器主要出土於二里頭遺址」，除此墓出土的兩件外，還包括出有著名的乳釘紋銅爵的貴族墓 1975 Ⅶ Km7，這些器物上「開始出現簡單紋飾」（袁廣闊等 2017），這些紋飾的確可以被看作二里崗文化青銅器裝飾風格的肇始。

有學者指出，此期鑄銅技術上一個顯著的變化是，鑄造銅容器的複合範由雙範變為三範，而上述銅斝和銅鼎，就是迄今所知青銅器中最早的外範採用三範的例證，這種製造工藝習見於其後的二里崗文化。而出現銅鼎和銅斝的二里頭文化第四期「應屬於二里崗下層的最早期階段」（宮本一夫 2006）。

此外，與二里頭文化青銅容器鑄造相對粗糙的一般情況相比，到了二里頭文化四期晚段時，少數器物製作才顯得比較精良，注意修整範痕。

二里頭——二里崗過渡期青銅器：鼎（左）與圜底斝（右）

眾所周知，無論從形制源流和鑄造技術上看，二里頭文化與二里崗文化的青銅文明都是一脈相承的，但同時又可窺見階段性的差異（許宏等 2010），值得注意的是，大致從二里頭文化第四期晚段起，二里頭都邑的鑄銅作坊開始鑄造鼎、斝等以非二里頭系統陶禮器為原形的銅禮器，這與此前以爵、大體同時以盉、觚（？）等陶禮器為原形的銅禮器鑄造規制有顯著的區別（許宏 2012）。而這些器類日後構成了二里崗文化青銅器群的主體。其背後暗喻的禮制的重大變化，頗耐人尋味。

青銅禮兵器，也是二里頭文化禮器群的重要組成部分，屬於近戰兵器的戈、鉞、長身戰斧共出土了 4 件，應當都是墓葬的隨葬品，目前可確認年代者均屬二里頭文化末期，其中出土於墓葬 75 VI Km3 的曲內戈和長身戰斧，應屬二里頭文化第四期晚段。從形制、紋飾分析，鉞也應屬第四期晚段。另一件銅戈系採集品，原報告歸入第三期，缺乏層位學和類型學依據（許宏等 2010），學者在對青銅兵器的綜合研究中，就將商代

早期青銅兵器的上限上溯到二里頭文化四期偏晚階段（郭妍利2014）。從材質成分及刃部較鈍等特徵分析，這類兵器並非用於實戰，而應是用來表現威權的儀仗用器，在當時並未普遍使用，這是迄今所知中國最早的青銅禮兵器群，戈、鉞在隨後的二里崗文化時期繼續使用，成為中國古代最具特色的武器。

二里頭文化第四期的早、晚段之間的變化，應是發生在二里頭都邑的第二次大的禮制變革。

三

能夠上升到禮制層面的變革，肯定是非同尋常的變革，二里頭文化第二、三期之間中軸線布局的大型宮室建築群和宮城的問世、以青銅禮容器尤其是酒禮為核心的禮器組合的形成，就被認為是真正的「朝廷」與「宮廷禮儀」發端的表徵（岡村秀典2003），二里頭文化第四期中，或曰二里頭文化末期發生的變化，更是令人矚目的。它們當然都有資格被認為是探索王朝分界問題的重要線索。

儘管如此，我們依然沒有排他性的證據，可以把夏商王朝更替的歷史事件，對應於上述兩次禮制大變革的哪一個節點上。換言之，我們仍然無法辨識任何一次禮制變革，究竟是王朝內部的禮製革新，還是王朝更替帶來的更為劇烈的改制。剪不斷，理還亂。「連續」中的「斷裂」，或曰「斷裂」中的「連續」，仍是觀察二里頭都邑這兩大禮制變革節點的最大感受，這也給了夏商分界研究者以極大的分析乃至想像的空間。

如果強為說之，到目前為止，二里頭與偃師商城的興廢是中國歷史上第一次王朝更替——夏商革命的說法，不能不說仍是最能「自圓其說」的假說。需說明的是，替代二里頭都邑地位的二里崗文化系統的主

都是鄭州商城而非偃師商城。偃師商城沒有鑄造青銅禮器的作坊，其性質或為別都、陪都、輔都和軍事重鎮之類，已多有學者論及，其中的1號建築群能否稱為「宮城」，是應該存疑的（許宏 2014b）。我們透過梳理二里頭都邑禮制變革所得新發現與此契合，可能性較大。另，早有學者指出朝代的更迭與考古學文化的興衰並不一定完全同步，一般而言，文化的更迭具有滯後性（孫華 1999，王立新 2009）。近來有年輕學者更透過對中國青銅時代考古學資料的梳理，指出在夏商王朝的更替中，也存在「新朝代之初的考古學文化在面貌上與前朝晚期基本相同，直至中期前後方形成具有自身特徵的考古學文化」的現象，進而認為夏商分界應在二里頭文化二、三期之交，二里頭文化三、四期應屬商代早期文化，而真正形成商文化自身特色，則在二里崗下層二期（畢經緯 2018）。這些分析都是具有啟發意義的，不能排除二里頭都邑第一次禮制大變革是夏商分界的產物，而第二次禮制大變革則相當於新王朝的「中期質變」，或至少拉開了這種「二里崗化」質變的序幕。

但必須再次強調的是，所有推論假說均非定論，包括目前學界所謂的「共識」。無論持何種觀點，認為夏商分界之所在究竟相當於第一次還是第二次禮制變革，二里頭是否都可稱為「最晚的夏都」和「最早的商都」？即便像目前大部分學者所同意的那樣，夏商王朝更替發生於二里頭文化末期，二里頭都邑出土的大部分青銅禮器是否也應屬於二里崗（商）文化系統，而不屬於二里頭（夏）文化系統？

宮室建築與中原國家文明的形成

自新石器時代開始，黃河流域的住宅建築形式經歷了從半穴居到地面居再到高臺居的發展過程（周星 1989），建築作為社會文化的產物，也

一直在顯示著社會進步的趨勢，中國新石器時代晚期乃至其後的青銅時代，在穴居住宅依然存在的同時，出現了大型地面式甚至突出於地面的高臺式建築。這類大型建築的出現既與建築技術的成熟相關聯，又反映著事實上日益擴大的社會分裂，大型夯築高臺建築的建造需要龐大的社會動員力量，又因其首先成為表現禮制的宮殿和宗廟之所在而具有權力象徵的意義，這決定了宮室建築從誕生之日起就與禮制和文明有著某種內在的連繫。（許宏 2000）

因而，探究宮室建築的起源與早期發展，無疑是探索中原國家文明形成過程的一個重要途徑。

作為社會上層使用的高等級建築，宮室肯定是社會複雜化的產物。宮室的出現應不是一蹴而就的，但是否可以做無限制的上溯，其起源過程中是否有質變的關鍵點，都有待探究，在探索宮室建築起源時，我們把觀察的起點放在史前時期超出一般居住需求、建築方式特殊的大型地面建築上。

地穴或半地穴建築，因溼度大、採光不足，故不甚適合人類居住。在史前和歷史時代早期，因這類建築建造簡單，節省建築材料，多被作為社會下層的居所，超出居住範疇的地穴或半地穴建築，多用於宗教祭祀的用途，如遼寧牛河梁紅山文化遺址的所謂「女神廟」、河南新密新砦的大型淺穴式建築和偃師二里頭遺址祭祀遺存區的長方形半地穴式建築（被認為即古典文獻中的「墠」）（中國社會科學院考古研究所 2003）。這類建築，與主要作為政治性建築的宮室無涉，因而不在本文的討論範圍之內。

> 尋蹤

■ 一　關於「宮室建築」概念的界定

在漢代及以前的文獻中，一般將三代及更早的建築泛稱為「宮室」。如：

《易‧繫辭下》：「上古穴居而野處，後世聖人易之以宮室」。

《世本‧作篇》：「堯使禹作宮室」。

《論語‧泰伯》：「(禹)卑宮室而盡力乎溝洫」。

《史記‧夏本紀》也有類似的表述：「(禹)卑宮室，致費於溝淢」。

《淮南子‧泛論訓》：「古者民澤處復穴聖人乃作，為之築土構木，以為宮室」。

在這裡，宮室是所有房屋住宅的統稱，而不存在貴賤和等級上的差別。《禮記‧儒行》的說法最能說明問題：「儒有一畝之宮，環堵之室，蓽門圭窬，篷戶甕牖」。如此陋室，亦稱為「宮」。

《爾雅‧釋宮》：「宮謂之室，室謂之宮」；《說文》：「宮，室也」。「宮」、「室」互訓，宮和室為同義詞。一般來講，宮是形制的概念，指整棟建築或建築院落，室則是其中的組成部分，即單體建築或房間。

《禮記‧曲禮下》：「君子將營宮室，宗廟為先，廄庫為次，居室為後」，可知當時的「宮室」即為廣義的概念，包含宗廟、廄庫和居室等。漢代以後，「宮室」漸漸專指社會上層尤其是王者所使用的高等級建築。

現代考古學出現後，學者一般以「宮殿」、「宮殿建築」、「宮殿基址」指稱考古發現的大型建築遺跡。但「宮殿」一詞相對晚出，詞義較窄，一般指單體建築。從語義上看，「宮殿」主要指朝、寢兩種功能的建築，而無法包含宗廟等禮儀性建築，似乎比「宮室」具有更強的政治性建築物的意味。

考古發現的大型禮儀類建築中缺乏能確切說明其功能與性質的資

料，上古時代的建築又往往兼具多種功能，因而用涵蓋範圍相對模糊和廣泛，兼具宏觀的建築組群意味的「宮室建築」來概括，可能是較為合適的。

二 以二里頭為先導的早期宮室建築

偃師二里頭遺址發現的大型建築群，是目前可以確認的中國最早的與禮制相關的宮室建築，其後的二里崗文化和殷墟文化的大型宮室建築與其一脈相承。因此，二里頭遺址宮室建築群，可以作為探索中國宮室建築起源與早期發展的一個基點。

迄今為止，二里頭遺址較全面揭露的大型夯土建築基址共有 8 座，其中始建於二里頭文化早期者 2 座（3 號、5 號），位於宮殿區的東部；始建

於晚期者 6 座（1 號、2 號、4 號、6～8 號），分別位於宮殿區的東部和西南部。二里頭文化晚期，建築群的周圍圈圍起夯土城垣，形成宮城區。

其中，7 號和 8 號兩座基址分別跨建於宮城南牆和西牆上，屬門塾等單體建築。其餘 6 座均為院落式複合建築。

(一) 早期建築

早期的 3 號、5 號基址東西並列，其間以道路及其下的排水渠相隔。兩座基址已揭露的部分至少都由三重庭院組成，都有經統一規劃、在同一軸線上的廊廡建築，建築營建和使用時間約當二里頭文化二期。

3 號基址已探明長度逾百公尺，寬度則在 50 公尺左右，其中中院主殿夯土臺基寬 6 公尺餘，其上發現有連間房屋遺跡，室外有前廊。中院院內南北寬 20 公尺，中院和南院院內發現有貴族墓葬和石砌滲水井等遺

跡，北院內發現有積水跡象的大型坑狀遺跡。

5號基址保存較好，該建築經多次修建或增建，最上層夯土東西寬約48公尺，挖掘區內南北長約45公尺，並繼續向南延伸，已揭露的面積超過2,100平方公尺，每進院落包括主殿和院內路土，主殿以窄牆間隔成不同的房間，北院和中院院內也分別發現有同時期的貴族墓葬。

(二)晚期建築

1. 宮殿區西南部建築組群：1號、7號基址位於宮城西南部的1號基址，為一大型院落建築，整個建築建於平面略呈正方形的大型夯土臺基上，東西長107公尺，南北寬約99公尺，東北部凹進，面積近10,000平方公尺，臺基夯土厚1～4公尺，夯築品質極佳。臺基周圍環繞著廊廡和圍牆。主體殿堂位於臺基北部正中，殿堂基址東西長36公尺，南北寬25公尺，其上有柱網遺跡，可復原為面闊8間、進深3間，周圍有迴廊的木建構築。主殿以南是寬闊的庭院，面積不小於5,000平方公尺。大門在南廡的中部，帶有門塾和3條門道。建築物下鋪設有陶水管，作為排水設施。

1號宮殿南大門復原　　　　1號宮殿主殿復原

7號基址係一座大型單體夯土建築，位於1號基址南大門以南30餘公尺處的宮城南牆上。基址東西長約32公尺，南北寬10～12公尺，基

槽最深逾 2 公尺，夯築品質極佳，基槽下部夯層間鋪有 3 層卵石，類似做法僅見於 1 號基址主殿下的基礎處理工程，這一夯土臺基與 1 號基址有共同的建築軸線，二者應屬於同一建築組群。有學者推測其應為宮城南門的遺跡(杜金鵬 2005，劉緒 2005)。

　　1 號、7 號基址與宮城牆都營建於二里頭文化三期。

　　2. 宮殿區東部建築組群：2 號、4 號、6 號基址

　　2 號基址係利用宮城東牆圈建而成，亦為獨立的院落建築，其平面呈長方形，南北長約 73 公尺、東西寬約 58 公尺，面積逾 4,000 平方公尺。臺基夯土最厚達 3 公尺。整個基址由主殿、廊廡和圍牆、大門等建築組成。主體殿堂也位於庭院的北部正中，殿堂基址東西長約 33 公尺，南北寬約 13 公尺，其上有木骨牆和廊柱遺跡，可復原為面闊 3 間、四周有迴廊的木構建築。主殿以南為庭院。臺基周圍的圍牆內側設迴廊，大門在南廡中部，門塾正中夾一通道，庭院內發現有兩處地下排水設施，分別為陶水管和石板砌成的排水溝。

　　4 號基址位於 2 號基址正前方，其主殿北距後者的南廡和南大門 10 餘公尺，係一座大型夯土臺基，主殿臺基東西長近 40 公尺，南北寬逾 12 公尺，大於已挖掘的 1 號、2 號基址主殿的面積，夯土臺基保存較好，基槽現存深度在 1 公尺以上，區域性達 2～3 公尺。已在臺基南北兩側邊緣發現有成排的大柱礎。主殿東緣外發現南北向的木骨牆牆槽和廊柱柱礎遺跡，或屬 4 號基址的東廡。從已有跡象推測，4 號基址應與 2 號基址有較密切的關係，二者應屬於同一建築組群。

　　上述兩座建築基址均始建於二里頭文化三期，持續使用至二里頭文化四期或稍晚。

　　6 號基址位於 2 號基址的北牆外，也是一座依託宮城東牆而建的大

型院落建築，由北殿、西廡和東、南圍牆及庭院組成，整個基址略呈橫長方形，東西長 56.6 ～ 58 公尺，南北寬分別為 38.3 公尺（東部）、49.5 公尺（西部），總面積逾 2,500 平方公尺。該基址始建和使用年代均為二里頭文化四期晚段，應為 2 號基址使用一段時期後增建的建築。

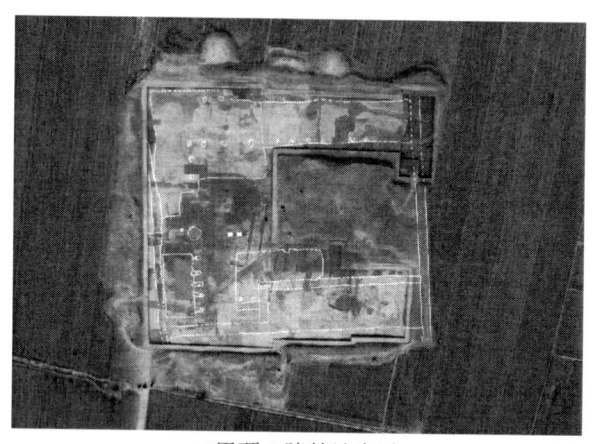

二里頭 6 號基址鳥瞰

6 號基址與 2 號基址的東西寬度大體相等，又均依託宮城東牆而建，西廡柱礎南北一線，反映了這一區域宮室建築布局的繼承性。但增建於第四期的 6 號基址不具有如 1 號、2 號基址的中軸對稱特徵，它的發現提供了二里頭遺址宮室建築的又一類型。

（三）規制分析

如上所述，封閉式的院落布局構成了二里頭文化宮室建築的最大特色，建築方向接近磁北（172 ～ 174 度），主殿坐北朝南，以廊廡環繞庭院。建築組群和絕大部分院落建築內部呈中軸對稱布局，顯然，這類建築無論範圍之大、結構和技術之複雜程度，都是新石器時代的「大房子」所不可比擬的，顯現出複雜的設計理念，和對建築技術的熟練運用，對建築者的協調組織能力，這些建築規制，都開後世中國宮室建築之先

河，奠定了其發展的基礎。

學術界圍繞1號、2號基址等宮室建築的性質曾展開過熱烈的討論，認為其應屬宮殿、宗廟、社稷等，或與祭祀活動有關，眾說不一，就目前的考古學資料還無法得出確切的結論。其實，中國古代「事死如事生」，祖先亡靈所處宗廟與在世王者所居宮殿的建築規制在早期可能是完全一致的，如東漢蔡邕《獨斷》所言：「人君之居，前有朝，後有寢。終則前制廟以象朝，後制寢以象寢總謂之宮。」文獻資料亦表明，三代宮室建築基本上是宮廟一體的。宮室之前殿、朝堂亦稱為廟，「廟」、「宮」通用之例屢見於先秦文獻。後世以「廟堂」、「廊廟」指代王臣議政的朝廷，也是宮廟一體這一先秦古制的遺痕。這時的宗廟不僅是祭祀祖先的場所，而且是舉行各種重大禮儀活動的場所。鑑於此，「由於古代社會祭政合一，生人之宮和先人之廟無絕對分別」（杜正勝1987），應是合理的推斷。

盤龍城鳥瞰

值得注意的是，二里頭遺址二里頭文化早期的宮室建築僅發現兩座，均為一體化的多重院落的布局，這與二里頭文化晚期以獨立院落組成建築群的布局形成了鮮明的對比，考慮到一體化的多重院落布局在此後的二里崗文化（如黃陂盤龍城遺址F1、F2、F3組成的多重院落）至西

周時期（如岐山鳳雛甲組基址）都有發現，這兩種布局形態似乎可以看作兩種並存的建築類型。至於它們是否有功能和性質上的差異，還有待探索。二里頭遺址 3 號、5 號基址的院內都有成排的貴族墓發現，或可為探索這類宮室建築的功能提供一定的線索。

就單體建築而言，二里頭的宮室建築也形成了一定的規制，主殿建築臺基均呈橫長方形，寬度一般在 11～13 公尺，長寬比例超過 1：2。多座臺基上發現以木骨泥牆相隔的多間房屋。4 座基址夯土臺基大體相近的建築模數表明當時的宮室建築已存在明確的營造規制，但同時又顯現出一定的原始性，這些特徵又影響到二里崗文化和殷墟文化時期的宮室建設。

比較二里頭時代至殷墟時代的建築模數可知，儘管這些主體殿堂建築有數百年的時間跨度，但其建築規模卻驚人地相近：木骨泥牆房間進深穩定在 5～6.4 公尺；南北雙排柱間進深多在 10～11.5 公尺。這一方面說明大型宮室建築建造上的傳承性甚至規制的存在；另一方面則表明建築技術上存在極限，使得房屋總進深無法進一步擴大。在這種情況下，為了體現宮室建築的宏偉，這一時期的宮室建築只得選擇擴充長度，建築面闊與進深的比值幾乎都在 3 以上，最大甚至達到 7 以上，這種狀況到了西周時期才有所轉變。西周時期的大型建築，由於採用了柱網支撐結構，房屋進深得以擴大，從而創造出面闊進深比值較小（都在 1.5 以下），面積在 100 平方公尺以上的室內空間（李萌 2009）。

三　宮室建築的要素與肇始

如果循由已知推未知的方法，從可以確認的禮儀建築來上推這類遺存的肇始，偃師二里頭遺址的大型建築基址可以作為一個可靠的基點。這批目前可以確認的中國最早的與禮制相關的宮廟類建築，其在遺存類

型上表現為大型夯土基址,其後的二里崗文化和殷墟文化的大型建築與其一脈相承。由此可知,中國早期宮室建築的考古學載體是大型夯土臺基址,可以從中提煉出宮室建築的幾個物化要素:

一是超常規的大範圍,面積達數千至 1 萬平方公尺;

二是建築位於高出地面的夯築臺基上,土木結構;

三是複雜的建築格局,形制方正有序、封閉的庭院式布局、中軸對稱等。

從建築的空間布局上看,由微觀到宏觀,由單位到總體,可將宮室建築分為單體建築、建築院落和建築組群(宮城)三個層次。在這三個層次中,單體建築不能單獨存在,而只是作為建築的「部件」。真正的宮室建築,從一開始就顯現出一種複合式的結構,即建築院落是其最小的存在單位。

宮室建築院落的密閉性,是與宮室建築的政治性功能相關聯的,誠如有學者指出的那樣,「不讓看,也是中國傳統城市建築景觀的一大特點」。宮室建築的內部「看不見,它只屬於同樣看不見的皇帝,而不屬於城市,不易轉化為城市紀念物」(唐曉峰 2005)。由前述梳理分析可知,宮室建築從誕生伊始,就採用密閉性的院落形式,它與群眾性的公眾參與和開放性無緣,因而成為鑑別早期宮室建築的一項重要的指標。

顯然,宮室建築的封閉性、獨占性和秩序性特徵,是早期國家政治組織形式的物化反映,構成中國早期文明若干特質的一個側面。

由二里頭文化的大型夯土建築基址往上追,可知最早將夯築技法用於建造城垣和建築的,是鄭州西山仰韶文化晚期城址。到了龍山時代,黃河中下游地區工程建築上夯土的應用已較普遍,這一地區直立性和吸溼性強的黃土,使得夯土版築成為可能,高大的夯土城牆和築於高臺上

的宮室建築等，昭示著社會的複雜化，也成為中國歷史上最早的文明紀念碑。

山西襄汾陶寺城址的東北部已集中發現數座大小不一的夯土基址，發掘者推斷為宮殿區。其中最大的一處夯土基礎 (Ifjt3) 屬陶寺文化中期。夯土基礎近正方形，面積大約 1 萬平方公尺，基址中部偏東殘留柱網結構，面向西南，發掘者推斷應為主體殿堂。柱網所占範圍長 23.5 公尺、寬 12.2 公尺，面積為 286.7 平方公尺。殿堂柱洞有三排，總計發現 18 個柱礎。柱間距不一，窄者間距約 2.5 公尺，寬者約 3 公尺，中央最寬者達 5 公尺，但由於保存狀況不佳，其建築布局的細節無從知曉。

此外，破壞夯土基址的灰溝、灰坑中還見有陶板瓦片、刻花白灰牆皮、帶藍彩牆裙牆皮及壓印絛索紋的白灰地坪殘塊等，都表明這裡曾有高等級建築存在。

在形制上與二里頭宮室建築大體前後接續並保存較好的夯土基址，見於屬王灣三期文化的新密市古城寨龍山時代城址，其建造和使用年代約當中原龍山文化晚期，大致在西元前 2000 年左右 (方燕明 2009)。

該建築屬於夯土臺基建築，有基礎坑，但地面以上的臺基已不存。基址坐落於城址內中部偏東北處，由主體建築 (F1) 和附屬建築 (F4) 組成。主體建築 F1 坐東向西，南北長 28.4 公尺，東西寬 13.5 公尺，其規模與二里頭遺址 1 號、2 號基址的主殿相仿，達 300 餘平方公尺。由於破壞過甚，無從判斷建築的室內空間是否有分隔。附屬建築 (F4) 由垂直相交的北廡和西廡組成，其中北廡長 60 公尺，它們與主體建築圍起一個面積應在 2,000 平方公尺以上的大型院落。

古城寨大型建築基址主殿呈長方形，面積龐大，長寬模數已與二里頭及其後的宮室建築相同。封閉式院落布局，主殿坐落在院落一端，廊

廡拱衛主殿。如此種種，都開後世宮室建築的先河。唯其建築方向，與二里頭及其後坐北朝南的建築方向不同，或為其原始性，就目前的考古發現而言，這是中國現知最早的具有四合院特徵的大型建築。有學者進一步推斷這座建築可能是該城最高統治者的施政場所，是龍山時代的原始宮殿（杜金鵬 2010）。

已知早於二里頭的、布局結構清楚的宮室建築，僅此一處，早於龍山時代的大型建築，都不見類似的結構。鑑於此，可以認為這已接近中國宮室建築的肇始。

四　宮室建築的遠源

眾所周知，以中原為中心的黃河中下游是華夏王朝禮樂文明形成的核心地區，其他區域的早期文化只有若干文化要素被中原王朝禮樂文明所借鑑，就早期宮室建築而言，其起源及早期發展更植根於中原及周邊地帶的自然與歷史傳統之中。長江流域及其他區域的建築傳統，基本上沒有對中原王朝文明的宮室建築產生影響，所以我們把梳理中國宮室建築源頭的視野，大體放在以中原為中心的黃河中下游地區。

民族學資料所見大型建築，一般可分為公共住宅、集會房屋、男子或女子公所及首領住宅等數種（汪寧生 1983）。多功能的大型建築在民族誌中也不鮮見，新石器時代聚落中發現的大型房屋遺跡（俗稱「大房子」），其功能性質更不易做明確的劃分，對超出了一般居住需求的「大房子」的功能和性質的推斷，也不能離開對當時社會發展程度的背景分析。

作為公共設施的新石器時代聚落中的「大房子」出現較早，最初應與社會複雜化沒有必然的關聯。如在約西元前 6 千紀、相當於新石器時代

尋蹤

　　早期的內蒙古敖漢旗興隆窪遺址興隆窪文化聚落中，已出現面積達 140 平方公尺的「大房子」。

　　在黃河中游地區，關中地區的陝西西安半坡、臨潼姜寨等遺址，都見有相當於西元前 5 千紀的仰韶文化時期的「大房子」，最大的面積也在 100 平方公尺以上。這些「大房子」周圍都有若干小型建築圍繞，學者一般推斷其為公共活動場所 (汪寧生 1983)。其中西安半坡 1 號房址 (F1) 已由木骨泥牆分割出不同的空間，總體由進門的大空間和後部三個小空間組成，有學者推測這應是目前所知最早的「前堂後室」的例項 (楊鴻勳 2001)。

　　進入西元前 4 千紀，以晉、陝、豫交界地帶為中心區域的廟底溝類型在各區域的交流互動中臻於興盛，河南西部的靈寶一帶是該類型的中心區域。面積達 40 萬平方公尺的西坡遺址應是中心性聚落之一。

　　遺址的中心部位已發現多座大型房址，其中房址 F105 外有迴廊，占地面積 500 餘平方公尺，房址 F106 室內面積達 240 平方公尺。這是目前發現的該時期最大的兩座單體房屋建築。兩座建築技術複雜，F106 居住面下有多層鋪陳，地面和牆壁以硃砂塗成紅色。發掘者認為，宏大的規模、複雜的建築技術和在聚落中的特殊位置，均顯示它們不是一般的居住址，而應該是整個聚落舉行大規模公共活動的場所。

　　與此大體同時的洛陽王灣遺址，也發現了面積達 200 平方公尺的大型地面式房址。

　　甘肅秦安大地灣仰韶文化晚期聚落，面積達 36 萬平方公尺，應是聚落群中的中心村落。聚落布局以最大的建築 F901 為中心，呈扇面形展開。房址 F901 坐北面南，以 131 平方公尺的長方形的主室為中心，兩側擴展為與主室相通的側室，左右對稱，主室後面又間隔成單獨的後室；主室前面有附屬建築和寬闊的場地，總面積達 420 平方公尺左右。經測

試分析，居住面的膠結材料物理、化學效能近似於現代 100 號水泥砂漿地面的強度（李最雄 1985）。總體上看，它是由前堂、後室和東西兩個廂房組成的多間式大型建築，布局井然有序，主次分明，形成一個結構複雜嚴謹的建築群體，一般認為該建築應是集會或舉行宗教儀式的公共建築，堪稱「原始殿堂」（蘇秉琦 1994b）。

秦安大地灣仰韶文化大型房址

　　值得注意的是，這座多空間的複合體建築，主室前有三門，中門有凸出的門斗，室內居中設大火塘，左、右接近後牆處各有一大柱，已形成軸對稱格局（楊鴻勳 2001），而「前堂後室」的空間基本構成，也頗具章法，從中或可窺見後世禮儀建築的雛形。

五　由宮室建築看國家文明的形成

　　比照前述史前時代的「大房子」，可知它們大部分僅具有大於當時聚落中其他建築的體積；雖均採取地面式建築形式但尚未充分使用夯築技法；最重要的一點，是「大房子」的形制結構具有開放式的特點，與其作為公共建築的功能互為表裡，而與宮室建築密閉性的特點迥然有異。因

此，這些史前時代的「大房子」，都不能看作以二里頭都邑為先導的三代宮室建築的直接前身。

鑑於此，宮室建築的肇始，就被限定在介於仰韶時代和二里頭時代之間的龍山時代，這一時代也恰恰是東亞大陸青銅時代到來和廣域王權國家初興的關鍵性時段。

以中原為中心的黃河中游地區，在進入新石器時代的繁榮期後，迄於秦漢帝國崛起，可劃分為兩個大的發展階段。

西元前 6 千紀 – 前 4 千紀的仰韶時代 (蘇秉琦 1994b)，儘管經歷了從大體平等到初步複雜化的社會程序，但植根於東亞大陸農耕文化的區域性多元和平發展是其主流，除了紅衣彩陶這一最醒目的文化符號外，以環壕為主的、向心式的聚落布局，作為公共活動場所的「大房子」和中心廣場，盛行薄葬，玉器不發達等，構成了這一時代的重要指標。

西元前 3 千紀 – 前 1 千紀的銅石並用時代至青銅時代，包含龍山時代和隨後以二里頭為先導的早期王朝時代，考古資料表明，進入龍山時代，若干考古學文化的社會分層已較顯著，貧富分化加劇，在聚落形態、建築規格與品類以及遺物上都有一些令人矚目的現象出現，如紅陶彩陶為灰黑陶、彩繪陶所取代，向心式的聚落布局與有序的公共墓地退出歷史舞臺，「大房子」與中心廣場為封閉而排他的、中軸線布局的院落式宮室建築所取代，城垣建築普遍化且以矩形為主，厚葬風習蔓延，玉器發達，青銅逐漸使用廣泛並被用於製造禮容器、樂器和兵器，小麥、綿羊和骨卜習俗等外來因素進入社會生活，文字與文書開始出現，可以說，龍山時代是以禮樂制度為顯著特徵的華夏文明起源與形成的關鍵時期，諸多文化現象與制度層面的因素，為早期王朝文明所承繼，在經歷了數百年「逐鹿中原」的紛爭之後，廣域王權國家脫穎而出，「中國」最終問世。

考古發現與研究成果表明，仰韶時代與龍山時代間曾發生過重大而深刻的社會變革，就黃河中游及鄰境地區而論，仰韶文化晚期至廟底溝二期文化時期，社會在經過了極其繁盛的仰韶文化廟底溝期之後進入了一個大分化、大動盪、大重組的調整階段，與廟底溝期相比，遺址的數量和分布密度明顯下降，各地文化的面貌也從具有極強的一致性轉變為富於地方色彩，這些現象暗示著原有的社會秩序遭到破壞（趙輝等2002），一個重要的契機，是中原東方及東南文化因素的滲入（魏興濤2012）。逮至龍山時代後期，即中原龍山文化階段（約當西元前 2400 – 前 1800 年），包括宮室建築在內的與三代禮制相關聯的遺跡的出現，可以納入禮制系統的成組早期禮器的問世，應都是此次社會變革與重組的直接產物，而與前此的社會秩序、行為規範和宗教思想意識似乎僅存在間接的連繫（見本書〈禮制遺存與禮樂文化的起源〉）。

　　就早期宮室建築的特徵而言，密閉式院落布局反映了政治決策的隱祕和排他性，以及宗教祭祀的壟斷性，中軸對稱格局反映了權力中心的秩序性和威儀感，不同規模和結構的建築共存，反映了統治機構和管理流程的複雜化，而這些作為早期國家特徵的要素，都不可能作無限制的上溯。

　　如果我們認可「國家是文明社會的概括」（恩格斯1972）的論斷，認可國家是凌駕於社會之上的、以暴力或合法性為基礎的權力機構的話，那麼秦安大地灣及此前的「大房子」類建築和附屬廣場因其「全民性」和開放性，以及所處聚落形態顯現出的血緣宗教色彩，都與國家文明無緣，由宮室建築遺存的角度看，中國國家文明形成的上限至多可追溯至西元前 3 千紀後半葉的龍山時代後期。

> 尋蹤

中國古都的恆與變 —— 以早期城郭布局為中心

■ 一　問題的提出

　　20世紀中葉，在探索中國國家起源的路徑和商周國家形態的過程中，一些學者運用文化人類學的模式，提出殷商、西周乃至春秋為「都市國家」（即中國學界的「城市國家」）的學說。如侯外廬認為中國「城市國家」的起源可追溯到殷商，而「西周時代產生了大規模的封國運動，從東營雒邑以至春秋初年所謂『諸侯城楚丘而封衛』，可以說是城市國家築城建國的一串歷史」（侯外廬 1943），宮崎市定則認為氏族社會 —— 城市國家 —— 領土國家 —— 大帝國是世界古代史普遍的發展階段，在比較了古代希臘、羅馬城市形態的基礎上，認為中國的城市國家階段相當於殷周到春秋時期，其「無邑不城」的聚落形態甚至延續到漢代：「我認為像亭這樣的小聚落，其周圍也都築有城郭，之所以這樣認為，是中國上古時期人民居住在城郭之內是基本原則，是他們生活的習性。」（宮崎市定 1957）

　　的確，在卷帙浩繁的中國古典文獻中，關於城與築城的記載不絕於書；至今仍聳立於地面之上的古城牆也不鮮見。至於淹沒於地下、經挖掘出土者，更是比比皆是。鱗次櫛比的里坊或衚衕，以及將它們圈圍起來的高大城郭，構成了中古以後帝國都城最鮮明的物化表徵。

　　所以不唯大眾，即便學術界，一般也是把「無邑不城」作為中國古代都城的一個顯著特色來加以強調的：「城牆是構成都城的基本政治要素，沒有『城牆』的都城實際上是不存在的」（劉慶柱 2006）；「對於古代都城而言，城郭不是有無問題，都城的城郭是其代表性建築，這是古代『禮制』所限定的」（劉慶柱 2009）。

但細加分析，就不難發現這一特徵並非貫穿中國古代都城發展的始末，而是有其鮮明的階段性。歷數十年的田野工作與研究，學術界取得的大體共識是，擁有南北向長距離的都城大中軸線、城郭與里坊齊備的古都布局，可以上溯到北魏洛陽城（宿白 1978）和曹魏時期的都城——鄴城（徐光冀 1993）。再往前，如東漢洛陽城、西漢長安城乃至更早的先秦時期的都城，就不是那麼形制規範、要素齊備了。中國古代都城的早期階段（本文所言中國古都的早期階段，限定於二里頭時代至漢代，約西元前 1750——西元 190 年）有著怎樣的發展軌跡？是單線平緩「進化」，還是有重大「變異」和波動？城郭齊備的狀態是主流嗎？其背後的動因又如何？如此種種，都是關涉中國古代都城甚至古代社會發展程序的大問題，因而成為學術界關注的焦點。

二　早期：二里頭至東漢時代

透過對都城遺址考古資料的梳理，筆者認為「大都無城」——主要都邑外圍不設防（無外郭城）——是漢代及其以前中國古代都城的主流形態，以下即分階段對此加以分析。

(一) 二里頭至西周時代：「大都無城」是主流

約西元前 1700 年前後，伴隨著區域性文明中心的先後衰落，中國乃至東亞地區最早的具有明確都市計畫的大型都邑——二里頭出現於中原腹地的洛陽盆地。二里頭文化與二里頭都邑的出現，表明當時的社會由若干相互競爭的政治實體並存的局面，進入到廣域王權國家階段（許宏 2014a）。

至少自二里頭文化二期始，二里頭都邑的規模已達 300 萬平方公尺以上，具有明確的功能分割槽，在其中心區先後出現了面積逾 10 萬平

尋蹤

方公尺的宮城、大型圍垣作坊區和縱橫交錯的城市主幹道等重要遺存，但在逾半世紀的田野工作中，卻一直沒有發現圈圍起整個聚落的防禦設施，僅知在邊緣地帶分布著不相連屬的溝狀遺跡，應具有區劃的作用。可知，進入二里頭時代，都邑聚落內部社會層級間的區隔得到強化，與此同時，對外防禦設施則相對弱化。從聚落形態的角度看，二里頭都邑是「大都無城」的一個最早的典範。

到了商王朝二里崗期，二里崗文化不僅迅速覆蓋了二里頭文化的分布區，而且分布範圍進一步擴大，聚落形態和社會結構都有極大的飛躍，鄭州商城和偃師商城都圍以城郭，有極強的防禦性。鄭州商代遺址群的總面積達 15 平方公里，外城加沼澤水域圍起的面積超過 10 平方公里。而由不足 1 平方公里擴至 2 平方公里的偃師商城，則城垣寬厚且有意設計出多處拐折，城門狹小，加之城內府庫類建築的設定，都體現了較濃厚的戰備色彩，鑑於此，鄭州商城為商王朝主都，偃師商城是軍事色彩濃厚且具有倉儲轉運功能的次級中心（劉莉等 2002）或輔都（張國碩 2001）的意見應是較為妥當的。

關於二里崗國家的性質，學者多有論述。由大規模城郭的出現，以及對晉南和長江中游等地的擴張和據點建設，有學者認為商周王朝「戰士國家」的特質，在這一時期就已顯露無遺（岡村秀典 2008）。可以說，「商代晚期以安陽為中心的政體顯示出商王室政治影響力復甦，但始終無法獲得像二里崗時期那樣的霸權地位」（劉莉 2009），有的學者在對全球早期文明進行比較分析的基礎上，甚至提出了二里崗文明是否應屬東亞大陸最早的「帝國」的問題（Wang Haicheng 2014）。這些特徵，都有助於我們理解城郭兼備的形態在二里崗時代出現的歷史背景。

隨著以鄭州商城為典型代表的二里崗文化的衰落，以洹北商城為中心的洹河兩岸一帶作為商王朝的都邑崛起於豫北，殷墟遺址群開始走向

繁榮，殷墟文化也自此發端，成為商代後期文化的典型代表。就殷墟遺址群的總體分布看，殷墟從建都伊始就是跨洹河兩岸的，其內部格局在殷墟文化的不同階段有所變化。

建都初期，其城市重心在洹北。以洹北為中心，開始營建宮殿區和面積約 41 萬平方公尺的宮城，但不久，大片宮殿建築即被火焚毀，在聚落周圍挖建了圈圍面積達 4.7 平方公里的方壕，出於目前還不知道的原因，剛剛挖就的方壕隨即被草草回填，南壕甚至未加夯填，都城的重心即移到了洹南（嶽洪彬等 2011），以洹南小屯宮殿宗廟區和洹北西北岡王陵區為中心的 200 餘年的時間裡，殷墟都邑經歷了規模由小到大、結構逐漸複雜的過程，聚落總面積達 36 平方公里。但在 80 餘年的田野考古工作中同樣未發現外郭城的跡象。

安陽殷墟宮廟復原區鳥瞰

無論如何，在相隔了 100 餘年軍事攻防色彩濃烈的二里崗時代後，殷墟的聚落形態又呈現出與二里頭都邑相近的狀況，並正式進入了至西周王朝結束近 500 年「大都無城」的階段。

位於陝西關中西部的周原遺址，總面積約 30 平方公里，先為周人滅商前的都城，終西周王朝則一直是周人祖廟之所在，也是王朝諸多貴族

的重要聚居地。在數十年的考古工作中也一直沒有發現城垣的跡象。有學者認為這是不同於夯土圍城的另一種城的類型，即「因自然山水地形地貌加以塹修（挖掘）而成的河溝臺地塹城」（彭曦 2002）；而長安豐鎬和洛陽雒邑遺址，也應類同。

西周王朝的都城——豐京和鎬京遺址，地處西安市西南灃河兩岸。據最新的勘查結果，豐京遺址總面積約 8.62 平方公里，鎬京則為 9.2 平方公里，新發現的面積廣大的自然水面或沼澤地構成了天然的屏障。迄今尚未發現夯土城垣或圍壕等防禦設施。

西周初年，周王朝即著手在洛陽營建東都雒邑，作為經營東方、鞏固政權的重要基地，西周時期的雒邑究竟為一城還是分為王城和成周兩個城邑，其具體位置何在，長期以來莫衷一是。越來越多的學者傾向於認為成周即雒邑，而西周時期並無所謂的「王城」（梁雲 2002）。從考古發現上看，西周文化遺存集中分布在瀍河兩岸一帶，但迄今未發現城垣。其興盛於西周早、中期，到西周晚期已衰落，應即金文和傳世文獻中的成周（雒邑）（葉萬松等 1991，劉富良等 2005）。

據分析，周代主要諸侯國都城曲阜魯國故城，可確認的最早的城垣大致屬兩周之交或稍晚（許宏 2000）；臨淄齊國故城範圍內西周晚期遺存的發現與文獻所載齊國始都臨淄在時間上大致相合，但目前發現的零星西周時期的城垣性質尚難以遽斷。

在拙著《先秦城市考古學研究》中，筆者已指出「在上述夏商西周三代王朝都城和方國都城中，城垣的築建並不是一種普遍的現象，後世嚴格的城郭制度在這一時期尚未最後形成」（許宏 2000），此後長時段的都邑觀察和深入思考，使我們意識到這樣的歸納尚不足以掌握當時都邑與社會發展的切實脈絡。顯然，除了商代前期這一特殊歷史階段的城郭形態，「大都無城」是廣域王權國家時代都邑制度的主流。

(二)春秋戰國時代：興於亂世的防禦性城郭

進入春秋戰國時代，政治上列國分立，各自立都，軍事上兼併戰爭頻繁，具有防禦功能的城郭布局應運而生，徐蘋芳將其概括為宮城加郭城的「兩城制」的形態(徐蘋芳 1995)。

在春秋時期的都邑中，我們還能看到上一個時代「大都無城」形態的殘留。首先是位於侯馬的晉國都城新田，在 40 餘平方公里的範圍內分布著具有宮城性質的數座小城及宮殿基址，盟誓、祭祀遺址及手工業作坊遺址、居住遺址和墓地等大量遺存，整個都邑遺址沒有外郭城。另一個例子是洛陽東周王城，對以往挖掘資料的分析表明，「東周王城城牆的始築年代不早於春秋時期」，結合「新的考古發現證明東周王城東牆始築於戰國時期，而與東牆一體的其餘三面城牆的始築年代也應相同，則東周王城的城牆始築年代是在戰國時期」。從春秋遺存的分布上看，平王東遷之王城也應在遺址範圍內，只不過春秋時期的王城沒有郭城(徐昭峰 2007)。從考古發現和文獻記載看，位於荊州的楚國郢都紀南城在春秋時可能並無大城城垣，現存遺跡應主要反映的是戰國時期郢都的形態(許宏 2000，梁雲 2006)。

有學者主要依據文獻資料對春秋戰國時期的城郭布局進行了復原，認為將宮城置於郭城之中也即「內城外郭」是這一時期城郭布局的正體。與此形成鮮明對比的是，從現有的考古資料看，凡戰國時期新建或改建的都城，格局都為之一變，出現了將宮城遷至郭外或割取郭城的一部分為宮城的新布局(馬良民 1988)。

這種變化似乎還可以更為簡潔地概括為從「內城外郭」變為「城郭並立」。這一觀察結果在對相關城址的深入分析中也得到了驗證。就城、郭的相對位置而言，戰國時期的列國都城大體可分為兩類，一是宮城在郭

城之外,如臨淄齊故城、邯鄲趙故城等;二是割取郭城的一部分為宮城,如曲阜魯故城、新鄭韓故城、易縣燕下都(東城利用河道分割宮城與郭城,西城則為附郭),洛陽東周王城、楚都紀南城似乎也可歸入此類(許宏 2017),如果說內城外郭的格局是春秋時期「衛君」的最佳設防,那麼隨著社會矛盾的日益尖銳,各國統治者竭力使自己的棲身之所脫離居民區的包圍並滿足其恣意擴建宮室的奢欲,似乎就成為戰國時期各國都城新格局出現的主要原因。而軍事、國防設施等的長足進步,也使宮城單獨設防成為可能。

邯鄲趙故城「龍臺」鳥瞰

燕下都西城南垣城牆

(三)秦至東漢時代:「大都無城」的新階段

已有學者指出,與上述興盛於東方列國的「兩城制」的城郭形態不同,「從雍城到咸陽,秦國都城一直採用了一種『非城郭制』的格局,並對漢代國都的城市布局產生了深遠的影響」(梁雲 2006,韓國河等 1992)。的確,在戰國時期城郭布局盛行的大勢中,秦都咸陽尤其給予人「異類」感。

戰國中晚期秦國及秦王朝(秦代)都城咸陽遺址,地處關中平原中部的咸陽原上、渭水兩岸,雖然數十年的考古工作中在這一區域發現了大量與秦都咸陽密切相關的各類遺存,但迄今尚未發現外城城垣,都城的布局結構也不甚清楚。

有學者對秦都咸陽遺址不見城垣的考古現狀做了如下解釋:「秦咸陽實際是個有範圍而無軸心,有宮城而無大郭城的城市,在布局上呈散點分布的交錯型,政治中樞隨時間轉移,所以中心建築也未定型,這一狀況的出現,應該說由於秦國處於特定的歷史條件下所形成的。」(王學理 1985)總體上看,秦都咸陽是一個缺乏統一規劃方針的不斷擴展的開放性城市,其範圍從渭北逐步擴大到渭水以南,最終形成了橫跨渭水兩岸的規模(韓國河等 1992,李令福 1998,徐衛民 2000)。

位於現西安市西北郊的漢長安城,是西漢王朝和新莽王朝的都城,據新的測繪結果,其城垣圈圍起的面積近 34.4 平方公里(董鴻聞等 2000)。該城址究竟是內城還是外郭?抑或屬於「非城郭制」城市?學術界莫衷一是,針對漢長安城發現以來的主流觀點——30 多平方公里的城址就是漢長安城的外郭城,楊寬認為其「很明顯地屬於宮城(即內城)的性質」,「長安城內,主要是皇宮、官署、附屬機構以及達官貴人、諸侯王、列侯、郡守的邸第。一般居民的『里』所占的面積是不大的」(楊寬 1984)。對

尋蹤

此，主持長安城田野考古工作的劉慶柱則認為「確認漢長安城為宮城的論點是不能成立的」，「因為宮城是圍繞皇宮（或王宮）修築的城」（劉慶柱1987）。

二者對宮城概念的不同解釋，差異在於楊寬取的是廣義，而劉慶柱取的是狹義。其實，內城、小城、宮城本不易做明確的劃分，三者在一定情況下是可以通用的。《漢長安城》一書（劉慶柱等2003）的章節和附圖，就包括城外的禮制建築、離宮和苑囿，甚至漢長安城附近的諸陵邑。可見即便堅持認為漢長安城的城圈即郭城的學者，也不否認上述城圈以外的部分，屬於漢長安城的重要組成部分。

或許，漢長安城的城郭布局和人們的認同，有一個動態發展的過程。有學者推測長安城「橫門外夾橫橋大道的市，當屬漢朝臻於極盛時，長安城內工商業高度發展，為城市布局所限制，不得不向外蔓延的產物」（劉運勇1992），這些認知都已得到考古發現的印證。可以認為漢長安城的「郭」有一個擴大的過程，且從延續戰國時代大立郭城的傳統，轉變為內城加郭區的「大都無城」的狀態，進一步彰顯出巍巍帝都的氣勢。

如果再放開視野，可知漢王朝繼承了秦代的京畿制度，改秦「內史」為「三輔」；又在京畿地區建置陵邑（《漢書地理志》），這些陵邑也是西漢京師行政區和經濟區的組成部分，關於西漢長安居民的分布問題，王子今的觀點具有相當的代表性：「西漢長安城內有限的平民居地集中『口二十四萬六千二百』，就當時的居住習慣而言，居民的生存空間顯然過於狹小。然而透過『鄉』的設定，推想有部分長安戶籍數據統計的民眾居住在城外的可能。」（王子今2007）

類似的爭議延伸到了對東漢洛陽城性質的論定上，與敘述東漢洛陽城僅限於城圈的主流觀點（王仲殊1984）相左，楊寬認為「洛陽城依然屬於內城性質。南宮和北宮不僅面積很大，而且占據城中主要部位宮殿、倉

庫、官署，和西漢長安一樣，布滿整個都城之內」，「洛陽整個城屬於『皇城』（內城）性質」（楊寬 1993）。的確，總體上看，東漢洛陽城內宮苑面積也達全城總面積的二分之一左右，仍處於以宮室為主體的都城布局階段。相比之下，對居民里閭與商市的安排則處於從屬地位。

另外，東漢洛陽城已有較大的郭區，但尚無具有實際防禦作用的郭城城垣。楊寬據《洛陽伽藍記》的相關記載指出，漢魏洛陽與西漢長安一樣，「以天然河流與新開漕渠作郭區的屏障，同樣以橋梁與郭門作為郭區的門戶，或者以橋梁與外郭亭作為郭區的關口」，而「漢魏洛陽之所以會有與西漢長安如此相同的結構，該是東漢都城的建設沿用了西漢的制度」（楊寬 1993）。

《中國考古學秦漢卷》對洛陽城外的遺存做了較詳細的介紹：「據文獻記載，當時在洛陽城周圍，最高統治者同樣精心營造了為數眾多的宮、觀、亭、苑，近城地帶，更是各種重要禮制建築的所在地和人口較為密集的居民區」，「歷年來勘察實踐顯示，當時的手工業遺址主要分布於城外」（中國社會科學院考古研究所 2010）。顯然，上述種種，構成了郭區的內涵。

■ 三　晚期：魏晉至清代

隨著曹魏鄴城和北魏洛陽城外郭城垣的興建，「大都無城」的都邑形態才最終退出了歷史舞臺。總體上看，從魏晉到明清時代的中國古代都城，具備了下列三個重要特徵：城郭兼備的總體布局，全城大中軸的設計理念，里坊街巷的統一規劃。這三者又是互為表裡，大體同步的。

對曹魏鄴北城、北魏洛陽城、東魏北齊鄴南城、隋大興城和唐長安城等城址的發掘與研究，表明以都城為代表的中國古代城市至此逐步發展成為布局嚴整、中軸對稱的封閉式里坊制城市。

尋蹤

　　三國時期的曹魏都城鄴北城，開始出現方正的布局，連線東西兩大城門的大道將全城分為南北兩大部分。北區為宮殿、苑囿、官署和貴族居住區（「戚里」），宮城建於城的北部中央，官署集中於宮城前的司馬門外。南區為一般衙署和里坊等，北區大於南區。位於全城中部的南北向大道，經宮城南門，直通南垣中央城門中陽門，形成全城的中軸線（徐光冀1993），至此，中國古代早期都城中分散的宮殿區布局被中軸對稱的規劃格局所取代，曹魏鄴北城的這種平面規劃，對後世中國古代城市的發展產生了深遠的影響。

　　北魏洛陽城的主要部分仍沿用東漢至西晉的洛陽舊城，仿照鄴北城的規劃格局，宮室北移。正對外朝主殿太極殿、由宮城南門閶闔門南伸至南垣城門宣陽門的銅駝街，形成了一條明確的南北中軸線。銅駝街的兩側分布著中央官署和太廟、太社，使中軸線的設計更為突出，至此城內部分幾被占盡。於是在舊城外圍新築外郭城，外郭城範圍廣大，其內規劃了320個坊，封閉式坊制至少在這一時期已開始出現。相應地，作為工商業區的三個「市」也設定在外郭城中，(宿白1978，段鵬琦1986)

　　這一階段的都市計畫，到隋唐時期發展至巔峰，隋大興城和唐長安城，是中國中古時期封閉式里坊制城市的典範，長安城面積達84平方公里。宮城位於全城北部，便於控制全城，宮城之南設有皇城，是中央高級衙署和太廟、社稷所在，全城以對準宮城、皇城及外郭城正南門的朱雀大街為中軸線，在外郭城範圍內，以25條縱橫交錯的大街，將全城劃分為109坊和東、西兩市。這種方格網式的規劃，使整個城的平面如同棋盤。隋唐東都洛陽城，除因地形關係將宮城和皇城設在郭城西北部外，格局與長安城大體一致，(宿白1978，馬得志1982，徐蘋芳1982)

隨著社會商品經濟的發展和工商業的日趨繁盛，從唐代末期至北宋前期，封閉式的坊市制逐漸被開放式的街巷制所取代。此後的元、明、清各代的都市計畫及制度，均採用這種開放的形態，並有所發展。宋元明清時期，是中國古代城市發展的成熟階段。

　　北宋都城汴梁和南宋都城臨安，都是在唐代舊城基礎上改建擴建而成的。在街道布局上雖不甚有序，但在城市布局的科學性和合理性方面有了長足的發展，汴梁全城有內外城牆三層。中間一層為內城，主要分布著中央各官署，內城中部又有宮城，即大內（丘剛 1990），這種宮城居中、布局方正的重城式平面規劃，對後來金中都、元大都乃至明清北京城都有很大的影響。

　　元大都平面呈矩形，由宮城、皇城、外郭城三重城套合組成，中軸線的規劃更為明確。城內的九條縱街和九條橫街構成了全城的主幹街道。據此，元大都的總體布局與《周禮考工記》所載「營國」制度最為符合，在城內南北向主幹街道之間分布著數百個衚衕，今天北京城內的許多衚衕就是元代火巷衚衕的殘跡。全城以街道劃分為五十個坊，但周圍已無圍牆相隔，呈開放之勢，元大都的都市計畫是中國王朝時代後期開放式街巷制的典型，這一新的城建規制為後來的明、清所繼承。（徐蘋芳 1988）

尋蹤

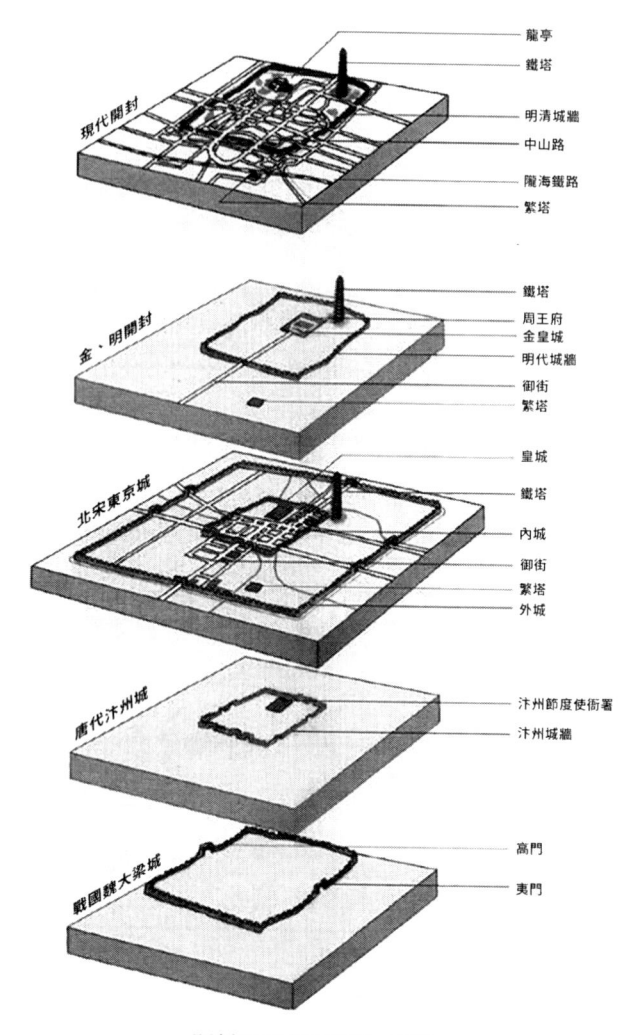

開封歷代「城摞城」示意

　　明永樂年間立為都城的北京城（內城）是在元大都的基礎上縮北展南，改建而成的。內城的街巷，基本上沿用元代舊制。嘉靖年間，又在城南加築一外城，實際上是尚未完工的環城外郭城的南部，中軸線仍沿元大都之舊，更為加長，所有城內宮殿及其他重要建築都沿著這條南北向的中軸線展開。皇城和宮城占據全城的中央部分，以帝王為中心的建

140

中立極的都城規劃思想在這裡得到了最充分的體現。清定都北京後，基本上襲用明的都城和宮殿，此外又開闢了西郊的皇家林苑。（徐蘋芳1984）

可見，只是在先秦秦漢「大都無城」時代之後的魏晉至明清時期，中國才進入了「無都不城」的時代。

四　餘論

透過對以先秦至秦漢時期為中心的中國古代都城發展歷程的初步考察，筆者認為整個中國古代都城史可以依城郭形態的不同，劃分為兩個大的階段，即實用性（防禦性）城郭階段和禮儀性城郭階段。由此，可以揭示中國早期都城發展史上的一些重要現象，提煉出若干規律性的了解：

（一）在自最早的廣域王權國家都邑二里頭至曹魏鄴城前近 2,000 年的時間裡，「宮城＋郭區」而非「宮城＋郭城」的布局，才是都城空間構造的主流（約三分之二的時間），這一現象可以概括為「大都無城」。值得注意的是，這一階段正處於以中原為中心的早期王朝和帝國的上升階段，大都不設防，應與廣域王權國家和早期帝國強盛的國勢及軍事、外交優勢，對都城所處自然條件的充分利用等，都有一定的關聯。

（二）其間只有二里崗時期和春秋戰國兩個時期為城郭布局的興盛期，二者都有特殊的歷史背景，軍事局勢的高度緊張是其共性，戰國時期城郭並立的布局，是社會矛盾尖銳、列國對峙兼併這一特定歷史時期的產物，前無古人後無來者，並非像以往認為的那樣，屬於一脈相承的中國古代都城史上一個承前啟後的環節。

（三）處於都城發展史早期階段的防禦性城郭的實用性質，導致城郭的有無取決於政治、軍事、地理等諸多因素，「大都無城」的聚落形態應

即這一歷史背景的產物；而後起的、帶有貫穿全城的大中軸線和嚴整里坊的禮儀性城郭，因同時具有權力層級的象徵意義，才開啟了漢代以後城、郭兼備的都城發展的新紀元。

綜上，實用性城郭和禮儀性城郭，構成了中國古代都城發展史上一個極為重要的階段性差異，貫穿中國古代都城演進之始終而大致不變的是作為社會上層禁地和統治中樞的宮城或內城，直至紫禁城；隨社會發展變動不居的則是都邑的總體布局結構，尤其是外郭城的有無。

已有學者注意到，馬背上的族群在征服中國廣大地域，占據國家的支配地位以後，面臨著如何對人口占絕大多數的農耕地區原住民進行統治的問題，為滿足原住民的心理需求，而在國都建設上盡可能地採用符合禮制的城郭與宮室形態，用充滿象徵性的建築空間和具有隔離性、封閉式的管理來強化統治。從北魏洛陽、隋大興、唐長安和洛陽起，直至後來的元大都、清北京城皆如此 (李孝聰 2017)。這從另一個側面詮釋了「後大都無城」時代上述規制產生的背景和意義。當然，其背後複雜的歷史動因，尚待今後深入的研究來解明。

論理

三代文明與青銅時代考古
—— 以概念和時空流變為中心

眾所周知，三代文明，指夏、商、周三代王朝文明，這是中國考古學研究的一個重要領域，作為大的階段劃分的概念，其與史前時代、秦漢至明清時代一道被相提並論，三者當然有其相當的共性，但三代的特殊性也頗鮮明，同時，這些特殊性又並不都是不言而喻的，「概念是對研究對象的理性意義上的掌握，概念的含義和闡釋往往也標示著研究者對問題的掌握深度和對其複雜性的認知，關鍵概念範疇的界定往往是研究工作的首要任務。」（何平 2009）因而，對與三代文明相關的概念和時空流變，以及其與青銅時代的關係等問題再做梳理，就有其必要性，這也即本文的立意所在。

■ 一　中國考古學階段劃分的正規化特色

首先，在中國歷史學和考古學中，構成約定俗成的分類系列的幾個概念本身就不是同類項。這形成了歷史與考古研究的「中國特色」，同時也帶來了諸多的尷尬。

作為開篇的「史前時代」，採用的是史前（Pre-History）、原史（Proto-History）和歷史（History）的分期話語體系（Christopher Hawkes 1981），這一時代劃分方法立足於各個時期在研究資料和方法上的差別，

論理

著重考察文字與文獻的演進及其作用。陳星燦歸納了各國學者關於「史前」與「原史」的解釋，認為「幾種說法儘管不同，但都表達了同樣的意思，即史前史應該是研究沒有文字時代的歷史，而原史則是研究文字最初產生時期或文字不產生關鍵作用時期的歷史」(陳星燦 1997)。顯然，夏商周三代至少有一部分時段是屬於「原史時代」的(見本書〈商文明：中國「原史」與「歷史」時代的分界點〉)。但長期以來，中國考古學界摒棄這一概念，認為「從實際意義來說，原史考古學的重要性不如前兩者(指史前考古學和歷史考古學 —— 引者注)」(夏鼐等 1986)。

史前時代，從人類物質文化發展階段的角度看，主要屬於石器時代。舊石器時代和新石器時代的概念，也被廣泛使用，這裡採用的又是石器時代、青銅時代和鐵器時代的分期話語體系(丹尼爾 1987)，但這一話語體系也沒有被中國考古學界徹底貫徹，由於進入王朝階段就有清晰的朝代傳承紀錄，所以只有「石器時代」被借用，其後的階段劃分就直接利用傳世文獻的話語體系了。

1952年，文化部、中國科學院考古研究所和北京大學聯合舉辦了全國第一屆考古工作人員訓練班，當時由考古所的郭寶鈞講授「殷周」一段考古。1953年至1955年，郭寶鈞在北京大學任教，開始編寫《殷周考古》的正式講義(1954年油印本)，1956年始，北京大學歷史系考古專業「殷周考古」課更名為「商周考古」，1956年編成《商周考古》講義，截至春秋時期(油印本)，在1958年出版的中科院考古所業務學習教材《考古學基礎》(中國科學院考古研究所 1958)中，斷代考古被分為石器時代考古、商周考古、秦漢考古、魏晉南北朝至宋元考古四個大的部分。此後的1960年，北京大學正式鉛印了系列教材《中國考古學》第三編《商周 —— 青銅時代》(北京大學歷史系考古教研室商周組 1979)。

將「商周」和「青銅時代」並用，顯現了當時社會風潮的影響。郭寶

鈞在其1963年出版的《中國青銅器時代》一書的「緒論」中,述及「本書依據這些地下資料,參以先秦文獻和文字的寫實,在歷史唯物主義的方向下,擬分門別類,通商殷兩周的史蹟發展,作如下的綜述」。在書中,作者分章概述了青銅時代人們的生產、生活、社會組織和精神文化。現在看來,這也是極其難能可貴的。

此後,中國大陸再沒有出版過一本綜述整個中國青銅時代的專著了。關於後來對「青銅時代」概念的棄用,1970年代出版的《商周考古》中有專門的說明:「考古學的分期法,是根據製造工具和武器的材料,把屬於原始社會範圍內的歷史劃分為石器時代、青銅時代和鐵器時代。這種分期法正確地反映了人類征服自然界的歷史過程,曾經得到馬克思的讚許而被普遍採用。但是,自從人類進入了有文字記載的歷史,考古學三時代的分期法已經不足以代表其時代的特徵而失去了意義。夏、商、西周已是奴隸制時代,春秋已開始向封建制過渡,因此,我們一般不採用青銅時代和鐵器時代的分期法。」(北京大學歷史系考古教研室商周組1979)

代之而起成為潮流的,是以文獻所載王朝為線索的「以復原王統歷史為目的的研究」(唐際根1998)。至此,史前時代(石器時代)＋王朝分期,成為中國考古學階段劃分的一種權威正規化。

二　三代考古：模糊的時間上限

回到「三代」,可知上述物質文化和王朝斷代的「嫁接」,在其銜接之處,卻不是沒有問題的。這與三代(至少是其早期)尚處於前述「文字最初產生時期或文字不產生關鍵作用時期」也即「原史時期」是有著直接的關係的,但由於中國考古學界長期以來棄用「原史時代」的概念,在「史前時代」和「歷史時代」兩分法的框架下,夏商周三代多被簡單地劃入歷史時期。如「作為歷史時期考古學,夏、商考古必須參照文獻記載,並

> 論理

倚重於地下出土的當時文字紀錄，以期對相關遺存做出符合歷史實際的科學解釋」(中國社會科學院考古研究所 2003)，事實上，這是一個到目前為止都搞不清時間上限的研究領域。單就此點而言，它並不符合「歷史時期」最基本的條件 —— 存在豐富而可靠的文獻紀錄。

對傳說中的「夏」的處理，最能說明問題。在 1950 年代的「殷周考古」或「商周考古」講義中，編著者認為由於「有比較可靠的文字記載，從商殷開始」，而「史記夏本紀所提到的夏代，也應該存在的，將來要靠挖掘來證實」(中國科學院考古研究所 1958)，所以對「夏」存而不論，由石器時代考古直接轉入「商周考古」。

1961 年出版的考古書籍，則在「奴隸社會」一章下設「商殷」和「西周春秋」二節，「封建社會」一章下設「戰國」一節。在「商殷」一節中，已開始探討可能的夏文化了，但囿於資料，編著者僅提出「(河南龍山文化和洛達廟類型文化遺存) 兩種文化在探索夏文化中是值得注意的」(中國科學院考古研究所 1961)。

1979 年出版的北京大學考古專業教材《商周考古》，對「商周考古」的定義是「指夏、商、西周、春秋這一歷史階段的考古」，且在「商代」一章之前專闢一章「二里頭文化」，雖書名和章節題目上未言明「夏」，但正文中已認為「二里頭文化大體相當於歷史上的夏代」，是「一種介於龍山文化和早商文化之間的古代文化」(北京大學歷史系考古教研室商周組 1979)。這已將龍山文化排除在夏文化之外，而將二里頭文化排除在商文化之外，從而確指二里頭文化為夏文化了。翌年，鄒衡的《夏商周考古學論文集》出版，該書特闢專章論述二里頭文化即夏文化，這也是首部在考古學上肯定夏文化存在的重量級學術專著 (鄒衡 1980)。顯然，鄒衡在執筆《商周考古》教材時，已為其學術觀點埋下了伏筆。在集體編寫的公共教材《商周考古》中，具有極強的個人風格的「夏」學說已呼之欲出。

1984 年，集中國社會科學院考古研究所全所之力編撰而成的考古書籍出版。該書為夏鼐總負責，持論審慎平和。在「新石器時代」一章後仍沿襲成例，列「商周時代」專章，而綜述三代。「商殷時期」一節下設「關於夏代文化的探索」專題，緊接其後的是「偃師二里頭的早商遺址」，顯然仍持二里頭文化晚期屬於商文化的觀點。（中國社會科學院考古研究所 1984a）

《中國考古學年鑑（1984）》「考古學研究」綜述一欄，在「新石器時代考古」下列《商周考古》一文，同時附專文《夏文化探索和早商文化研究》，綜述此前多年該領域的研究狀況。連續兩個年度的《商周考古》綜述文，都是由考古所的學者撰寫的。到了《中國考古學年鑑（1986）》，由北京大學李伯謙教授撰寫的該時段的綜述，正式冠名為「夏商周時期考古」，延用至今。（中國考古學會 1984、1985、1988）

此後，各校的「商周考古」課不約而同地改為「夏商周考古」，中國社會科學院考古研究所商周考古研究室也改為夏商周考古研究室。1990 年代後期，「夏商周斷代工程」啟動。這應該和鄒衡《夏商周考古學論文集》的學術標竿作用和其研究方法、學術觀點日益深入人心有關，抑或與 1980 年代偃師商城的發現導致更多的人傾向於二里頭文化為夏文化有關。無論如何，在沒有決定性證據出現的情況下，由知名學者論斷的影響和新的考古發現導致主流觀點的變化，即可以使確認一個傳說中的朝代的存在成為學界的共識，這是頗具意味的事。

2003 年中國社會科學院考古研究所出版的《中國考古學夏商卷》，仍在「二里頭文化」一章前設專章介紹「夏文化探索」（中國社會科學院考古研究所 2003）；2013 年吉林大學三代考古教材《夏商周考古學》，鑑於「目前考古上尚未發現可代表夏代開始的確切遺存」，「只能暫將（早於二里頭文化的——引者注）『新砦期』遺存的起始年代作為夏商周考古研究的時代

上限」（井中偉等2013）。可見，儘管相關教材專著經歷了從書名無「夏」到明確有「夏」的變化，研究方向由「商周考古」改為「夏商周考古」，但夏王朝遺存的不確定性，卻一直延續了下來。國際學界通行的階段劃分之「青銅時代考古」，並未被採用和強調，這反映了中國考古學界的研究取向。

《商周考古》（1979）、《夏商周考古學》（2013）

三　三代考古：模糊的空間外延

在1950年代，「商周考古」的課程和教材內容還基本上是以中原王朝的考古發現與研究為限的（中國科學院考古研究所1958）。這當然是受限於當時考古工作和認知的結果，但不能不說那時的概念界定是名實相符的。

1960年，北京大學歷史系考古專業鉛印了系列教材《中國考古學》第三編《商周——青銅時代》，開始增加了「商周時期的邊區青銅時代」部分。到1979年出版的《商周考古》，就分別在「商代」部分增加了「北方和南方地區商代其他青銅文化」一節，在「西周至東周初」部分，增加了「北方和西北地區的其他青銅文化」，在「春秋中葉至春秋戰國之際」一節，增加了「華南、東南地區的青銅文化」一節（北京大學歷史系考古教研室商周組1979）。

在1984年出版的考古書籍中,「商周時代」一章中的最後一節,是「殷周時代邊遠地區諸文化」,2003、2004年出版的《中國考古學夏商卷》《中國考古學兩周卷》分別設專章介紹「周邊地區的考古學文化」,最近出版的《夏商周考古學》也有「周邊地區的青銅時代文化」一章。

與史前時代(石器時代)概念的普世性,秦漢至明清時代以帝國為主的政治與文化「疆域」的大體穩定形成鮮明對比,三代王朝是從無到有、從小到大,內涵和外延都處於劇烈的變化中的。在廣袤的東亞大陸上,它們是最早的一批廣域王權國家。在其外圍還分布著眾多與其有交流、受其影響或完全未發生關係的其他青銅文化,甚至石器時代文化實體。這些文化實體,是無法用三代或夏商周的概念來涵蓋的,張光直的《古代中國考古學》在這一問題的處理上,就將「最早的文明:夏、商、周三代」和「『三代』以外的最早文明」以兩個並列的專章區分開來(K. C. Chang 1986,張光直2002b)。從這個意義上講,中國考古學界的三代考古或夏商周考古,已成為一個時段的考古學的概念。

那麼,其空間外延,如果不限於三代王朝,又如何界定呢?

《中國考古學夏商卷》對周邊地區考古學文化的介紹,不僅包括黃淮下游、長江上中下游、關中與晉陝高原、內蒙古中南部、甘青、燕山南北地區,還囊括東北及閩粵桂地區,甚至新疆天山南北也原本在其收錄範圍之內(中國社會科學院考古研究所2003)。《夏商周考古學》更開宗明義,指出「從地域範圍看,本課程研究對象不僅包括中原地區的文化,而且也包括周邊地區同時期諸考古學文化」(井中偉等2013),其收錄周邊地區的同時期的考古學文化,遠較《中國考古學夏商卷》更為「齊全」。上述處理原則,已有學者一言以蔽之:「夏商周考古學的研究對象是現今中國境內夏商周時期的人類文化遺存。」(王巍等2006)「現今中國境內」這一當代行政和政治區劃範圍,成為考古學一個研究領域的空間界定指標。

論理

關於這些問題，我們還心存困惑：

三代文明＝夏商周王朝文化＝夏商周時代的文化＝西元前2千紀至前1千紀前半段、現中國境內所有文化遺存，這一等式及研究上的處理方式是否成立？

所有在「現中國境內」的三代時期的文明，都屬於三代文明的研究範疇嗎？

三星堆、吳城、馬橋、夏家店下層、朱開溝、齊家、四壩，甚至新疆地區的青銅文化它們都屬於三代文明嗎？

所有年代上在「夏商周時期」的考古學文化，都屬於「青銅時代文化」嗎？

與此同時，《中國考古學夏商卷》《中國考古學兩周卷》《夏商周考古學》中三代王朝周邊地區諸文化的介紹部分，分別約占其總篇幅的33.3%、11.4%和26.4%。由此可知，首先，三代王朝本體的內容，占了三分之二甚至五分之四以上，處於絕對優勢；其次，與夏商相比，兩周時期華夏核心文化的範圍有了大幅度的擴展，強力「擠壓」了所謂「周邊地區」文化的生存空間。因此，上述統計數字也顯現了三代文明不斷擴展的動態過程。

至此，可以說，由鄒衡等前輩奠基的三代考古或曰夏商周考古臻於大成，如果說鄒衡是夏商周考古研究一個時代的代表，而從某種意義上講，「我們仍然生活在鄒衡的時代」（許宏 2013），那麼，這個時代的特色是什麼？其定鼎之作《夏商周考古學論文集》，7篇長文，分別論證了考古學上的（先）商文化、夏文化和先周文化。用鄒先生自己的話，他的工作就是「把某些考古學上的問題引向夏、商歷史問題的研究」（鄒衡 1980），羅泰的歸納也許更切中其實質：「這幾篇論文系統論證了鄒衡關於夏、商、周三個朝代的考古學特徵，商、周兩個朝代的起源以及重

要遺址的歷史定位等重大學術問題的觀點。」(Lothar Von Falkenhausen 2006) 這是否也就是「以復原王統歷史為目的的研究」？或者說，其最大的特色已蘊含於這個時段考古學的定名——「三代考古（夏商周考古）」中，或可稱為「王統的考古學」？

鄒衡著《夏商周考古學論文集》(1980)
2005年，作者陪同考古學家鄒衡（右）考察二里頭遺址

如果「王統的考古學」對於此前「王統的文獻史學」是一場資料和方法上的革命的話，那麼今後我們應做的是什麼？大概就是超越三代王聯考古學的、對東亞大陸青銅文化宏觀體系的建構。

如前所述，以三代作為中國考古學階段劃分標準而淡化青銅時代概念的不足，是可以顯見的。有學者甚至認為，「由狹義史學觀影響，考古發掘熱衷於尋找與王統有關的遺跡和遺物」，「以復原王統歷史為目的的研究造成了古代遺跡遺物作為科學研究資源的重大浪費」(唐際根1998)。鑑於此，李伯謙早在1980年代即有建構中國青銅文化發展階段與分割槽系統的思考 (李伯謙1990a)，希望能「著力探討中國青銅文化的起源、發展以及不同譜系文化之間的影響、碰撞、融合等問題，使讀者對中國青銅文化有一個鳥瞰式的全面、系統的認知」。他指出，「我之所以對中國青銅文化的結構體系課題情有獨鍾，是因為我很早以前就形成了一種認知。我認為，中國幅員遼闊，古代文化錯綜複雜，過去由於歷史的原

因，大家將中國青銅文化的研究重心放在中原地區的夏、商、周文化固然無可厚非，但隨著中原以外各地大量青銅文化遺存的不斷湧現，對之仍然不加重視，很可能就要犯『以點帶面』、『以偏概全』的錯誤了。」(李伯謙1998)李先生在上引其文集的前言中述及本想按著這一思路撰就一部專著，但一直未能如願，這是頗為遺憾的事。

值得欣慰的是，仍有學者對此做了進一步的思考，孫華指出，「由於中國幅員遼闊，青銅文化體系繁複，要從總體上全面梳理中國青銅文化的資料，闡述中國青銅文化的概況，解釋青銅文化存在的問題，理解青銅文化反映的社會歷史背景，其困難是顯而易見的，因此，目前雖然有不少研究者已經對一些具體的青銅文化做了文化這個層面的分析，但還缺乏對某一傳統區的若干青銅文化從起源到消亡的全過程考察，至於從中國青銅文化體系這個層面進行研究的學者則更是寥寥無幾。」(孫華2003)他的這一長篇論文〈中國青銅文化體系的幾個問題〉，對中國各青銅文化區的資料作了系統的整理，並在此基礎上，對中國青銅文化的出現和消亡，以及中國青銅文化的發展歷程等問題做了宏觀的考察和分析，是十分難能可貴的。但誠如作者所言，迄今為止，仍缺乏全面論述中國青銅文化的論著問世。學界翹首以待。

四　青銅文化視角的若干問題

預計具有中國特色的「王統的考古學」研究還將持續下去。與此同時，在前述學術背景下，若干問題或許是我們在中國青銅時代考古探索中最需要加以思考並盡力解決的，這些問題可歸納如下：

（一）中國青銅文化的發生及其動因。

（二）歐亞大陸青銅文化格局下的中國青銅時代文化研究。

（三）深入系統的分期和分割槽研究。掌握中國青銅文化發展的動態

過程，關注各青銅文化發展的不平衡性，梳理出其消長脈絡。

（四）中國青銅時代的終結，青銅時代與鐵器時代的更替。

（五）三代政治文明與中國青銅文化的關係。

其中最重要的，是建構考古學本位的關於中國青銅時代研究的話語體系。今天，當中國考古學學科的主要著眼點逐漸從建構分期與譜系框架的所謂文化史的研究移向以社會考古為主的研究，我們需要加深對作為考古學基礎作業的「考古學文化」深度與廣度的認知和掌握（許宏 2011）。預計從「聚落本位」的精細化的微觀背景關係，到諸區域「文化」的態勢及互動關係，到諸如各類城址、建築、青銅禮樂器、各類兵器、空三足器、金器、卜骨、權杖、銅鼓、大石墓——石棚、石棺墓、土墩墓等重要遺存「圈」存在狀態的探究，都會有長足的進展，研究方法也將隨著整個中國考古學學科的轉型而得到提升。類似於《試論中國從東北至西南的邊地半月形文化傳播帶》（童恩正 1986）這樣的研究，應當得到提倡，增擴其深度與廣度，作為一級學科的考古學，應當搭建與其他人文社會科學學科對話的平臺，以其獨特的學科視角與能力，貢獻於哲學社會科學一般法則的建構。

有理由相信，中國青銅時代考古將在這一洪流中大有可為。

商文明：
中國「原史」與「歷史」時代的分界點

在 20 世紀的數十年中，中國考古學界一直未普遍採用國際同行所使用的「原史時代」的概念。這一由於文獻很少、考古資料的重要性超過或等於文獻材料的時期（Glyn Daniel 1981）曾被評價為「從實際意義來說，原史考古學的重要性不如前兩者」（夏鼐等 1986）。隨著考古發現與研究的進展，

論理

中國學術界越來越關注這一介於史前時代和歷史時代之間的重要時期（李學勤 1984，劉文鎖 1998，錢耀鵬 2002，吳曉筠 2005）。我們認為，史前、原史與歷史時代三分法的提倡有助於學科發展及對中國古史程序的總體掌握。

總體上看，傾向於同意使用「原史」概念的學者，在對「原史時代」的時間位置和基本定義的認知上並無太大的分歧，但概念的模糊和不確定（如僅把這一時期定義為「文獻記載不足、需要大量考古工作補充的時代」）（李學勤 2004），仍使對中國「原史時代」年代範圍的界定缺乏準確性和可操作性。因此，在具體劃定中國「原史時代」的上下限問題上存在著不同的意見（表 1）。具有代表性的表述是：「比較簡單的想法，是將夏商周三代都劃歸這個時期」（李學勤 2004）。

有學者認為，「中國的原史時代大致相當於考古學上的銅石並用時代和青銅時代，亦當古史傳說中的五帝時代和夏商周（西周）三代，代表著中國古代文明的早期階段。而原史時代早、中、晚三期的劃分，似可比較清楚地揭示出中國古代文明脫胎於史前氏族社會，以及這一時期文字制度和社會政治結構逐步走向完善和成熟的發展歷程。」（錢耀鵬 2002）顯然，這主要是從文化和社會發展程序角度來討論「原史時代」的，我們認為，「原史時代」儘管與早期文明、國家或青銅時代密切相關，卻不應是它們的代名詞，指出上述問題有助於我們理解相近的劃分方案是如何得出的。

法國《史前大辭典》指出，「原史」這一概念「首先具有一種方法論之意義，應用於一些為歷史文獻所不能確定的文化群體。它可以是指那些自身尚未擁有文字、然而卻為同時代的其他人群所記述和提及的人群；也可以指那些透過後世的口頭傳說、記憶或者記載而保存下來其歷史的人群。在此兩種狀況下，其研究可以包括考古學資料及間接的文字記載資料兩方面，此時期在年代學體系中只具有一個很短暫的時間範圍，而且也不精確」（Dictionnaire DeLa Prehistoire 1988，劉文鎖 1998），這一表述具有代

表性，陳星燦歸納了各國學者關於「史前」與「原史」的解釋，認為「幾種說法儘管不同，但都表達了同樣的意思，即史前史應該是研究沒有文字時代的歷史，而原史則是研究文字最初產生時期或文字不產生關鍵作用時期的歷史」(陳星燦 1997)。關於史前 (Pre-History)、原史 (Proto-History) 與歷史 (History) 時代的劃分，立足於各個時期在研究資料和方法上的差別，著重考察文字與文獻的演進及其作用，相關討論也應在這一前提下進行。

表1 關於中國「原史時代」劃分的主要觀點

時代	主要觀點					
	夏鼐 王仲珠 1986	石興邦 2001	李學勤 1984 2004	錢耀鵬 2002	吳曉筠 2002	筆者
秦漢及以後 戰國 春秋 西周	商始					晚商始
殷墟	商		夏始	五帝始	夏始	
二里崗						
二里頭	夏					
龍山	五帝	五帝				
仰韶及 前仰韶	三皇					

注：

史前	原史	歷史

論理

　　我們認為，一般被劃歸「原史時代」的龍山至西周時期的考古學文化，在由文字資料所決定的社會集團被復原的程度以及研究方法上都有著重大的差別。具體而言，可以二里崗文化和殷墟文化為界，將其劃分為兩個大的階段。前一階段的龍山、二里頭至二里崗時代諸文化，均屬於已發現了零星的直接文字資料，為若干後世文獻（間接文字資料，屬口傳歷史而非編年史）所追述(許宏等 2008)，主要靠考古學資料來研究，但還不足以確認其「歷史身分」的人們共同體的遺存。後一階段的晚商、西周王朝文化則已有了直接的文字資料來「自證」其族屬或王朝階段，因而已不屬於「無法依據文字資料復原的群體」。其與以後的歷史時代考古學文化，在文字資料的占有上僅有多寡的不同，而無本質的區別。即便典型的「歷史時代」如中古甚至近古時期，也並非均「有比較全面的史學著作」，其內容也「不足以充分表現當時歷史的各方面」(吳曉筠 2005)。因此，目前「原史時代」與「歷史時代」的分界點應即在此。簡言之，從宏觀的角度看，「歷史時代」可定義為有直接的文字資料可「自證」考古學文化所屬社會集團的歷史身分的時代。

　　由於「身分」明確，歷史時代的考古學文化一般均可與文獻所載的社會集團相對應，因而可以直接以國（族）或王朝名來命名。史前至原史時代一直分列的文獻史學與考古學兩大話語系統（前者一般採用神話傳說人物和朝代名，後者習慣以考古學文化來命名）至此才開始合流(許宏 2004a)（表 2）。晚商文化、西周文化均屬此類，殷墟則因有甲骨文的出土與釋讀而成為第一座「自證」身分的王朝都城，從而走出了「傳說時代」。徐旭生先生在半個世紀前指出，「中國，從現在的歷史發展看，只有到殷墟時代（盤庚遷殷約當西元前一千三百年的開始時），才能算作進入狹義的歷史時代，此前約一千餘年，文獻中還留存一些傳說，年代不

很可考，我們只能把它叫做傳說時代。」（徐旭生 1985）其後的幾十年間，中國上古時期考古學的發現雖層出不窮，研究不斷深入，但卻未能「更新」或深化當年的認知，關鍵即在於直接文字資料的闕如。

應當指出的是，與商文明有關的三大考古學文化的史料性質是不同的。

如前所述，殷墟文化已被確證屬商代晚期。二里崗文化作為早於殷墟晚商文化又與之一脈相承的考古學文化，可推定為商文化，但其本身還沒有可「自證」身分的文字資料，因而還具有「原史時代」文化所特有的模糊性或不確定性。由於不能確認二里崗文化究竟僅屬商代中期抑或涵蓋整個商前期，所以早於它並與其有密切文化關聯的二里頭文化的歸屬也就無法確認。類似二里崗文化乃至二里頭文化、下七垣文化的族屬及所屬王朝階段之類的問題，是無法透過考古學的努力來解決的。正因為商文明介於「原史時代」和「歷史時代」的分界點上，可謂「一腳門裡，一腳門外」，這種狀況導致商王朝的下限已經澄清，而上限則仍是模糊的，迄今為止還無法究明。就方法論而言，「原史時代」研究因其研究對象的特質而導致研究結論具有極強的相對性，這是應引起研究者「自覺」的。「任何把個人的描述、解釋和復原絕對化的傾向都沒有意識到考古資料的局限性，當然更沒有意識到解釋者個人所處時代和能力的局限性。」（陳星燦 2006）

論理

表2　史前、原史、歷史的階段劃分與對應史料

		直接文字材料	間接文字材料	文獻史分期		歷史階段
秦漢及以後 戰國 春秋 西周		較系統的紀錄	↓	書寫歷史	編年史	歷史
殷墟	商	零星或無		口傳歷史 神話		原史
二里崗						
二里頭	夏					
龍山	五帝					
仰韶及前仰韶	三皇					史前

　　有關二里頭文化的性質歸屬及其與二里崗文化的關係問題存在多種假說。與此相應，關於二里頭、鄭州商城和偃師商城究竟屬文獻記載中的哪座都邑，也有多種推定意見。擇其要者，可羅列如下（表3）。

　　由表3可以顯見，只有最後一種推定意見，即以小屯宮廟區為中心的洹南殷墟屬商王朝最後一座都城的觀點，因有直接文字的出土而可成定論，對其餘諸遺址的性質歸屬問題均存在多種推測。到目前為止，除了「偃師商城盤庚亳殷說」（鄭光1991）因與考古事實相差太遠而不為學界接受外，我們還沒有確切的證據來排除或否定其他任何一種假說所提示的可能性，沒有證據去證實或否定古代文獻中關於夏和早商的歷史。在可「自證」遺存歸屬的直接文字資料發現之前，由於學科的局限性，考古學尚無法使二里頭文化與二里崗文化成為真正「信史」的一部分，儘管學

術界一直寄望於透過發現的機緣與自身的努力將「歷史時代」的上限進一步提前。

　　早有學者指出考古學存在著若干局限性，其中之一是，「考古學只能見到人們表現於物質的活動，和能揣測到物質遺存所能體現的人們的關係及其他思想等方面的內容」(張忠培1999)。落實到本文所要探討的問題，可以說考古學僅可提供某一人類共同體的社會發達程度是否接近或達到國家(王朝)水準的證據，可以探索文明的形成過程，卻無法在沒有直接文字資料的情況下證明狹義史學範疇的具體社會實體如夏、商王朝的存在。「夏文化、商文化同後來的宗周文化、秦文化、楚文化一樣，是歷史時期考古學文化的名稱，它們同以典型遺址或最初發現的遺址地名命名的諸史前文化或二里頭文化、二里崗文化、小屯文化的命名原則不同，屬於考古學與歷史學整合層面上提出的命名。」(中國社會科學院考古研究所 2003)如前文所述，前殷墟時代的遺存因尚未進入「歷史時期」而具有模糊性和不確定性，相關的整合性研究結論也就具有不可驗證性，如「五帝文化」、「夏文化」、「先商文化」、「中商文化」等。就現有資料而言，我們還沒有充足的證據將龍山文化、二里頭文化、下七垣文化、二里崗文化等屬於「原史時代」的考古學文化用上述整合層面上的概念加以命名，認為這些考古學文化可以用整合層面上的概念加以命名的研究取向，其前提是「周甚至周以後的文獻」即間接文字資料「是形成關鍵論點的關鍵論據」，這正是張光直主張在商文明研究中應加以避免的(張光直 2002a)。

論理

表3　與商文明有關的都邑遺址的推定看法

朝代與推斷都邑		二里頭文化	二里崗文化		殷墟文化	
		二里頭	偃師商城	鄭州商城	洹北商城	洹南殷墟
夏	夏都斟鄩					
	夏桀都					
商前期	湯都亳					
	伊尹城					
	輔（別）都重鎮					
	太甲桐宮					
	太戊新都					
	仲丁都隞					
商後期	河亶甲都相					
	盤庚都殷					
	武丁—帝辛都殷					

160

明確了商前期及更早階段屬於「原史時代」，有助於我們從方法論的角度掌握相關問題研究的過去與未來，筆者在回顧夏文化探索歷程時曾指出，「與夏王朝對應的考古學實體及作為夏王朝主體的族群，由於文獻與考古資料的不足，加之我們一直也沒有建立起有效地說明考古學文化和族屬、考古學文化的變遷與社會政治變革之間相互關係的解釋理論，可以認為迄今所做的研究在相當程度上屬於推論的性質。我們認為，在能夠說明夏王朝史實的內證性資料（如當時的文字）發現之前，靠單純的考古學研究是無法最終解明夏文化的問題的。其實，考古學的學科特點，決定了其以長時段的、歷史與文化發展程序的研究見長，而拙於對精確年代和具體歷史事件的掌握，長期以來聚訟紛紜的對文獻所載夏商王朝更替和某一王朝都城具體地討論，對某一考古學文化所屬族別與朝代歸屬的論辯，至今久訟不決，莫衷一是，已很能說明問題。在對夏文化的探索上，我們只能說取得了長足的進展，至最終解決相關問題，恐怕還有很長的路要走。」（許宏 2004a）包括商文明前期在內的原史時代考古學的研究方法和取向，仍是學界應當加以深入探討的問題。

偃師商城西二城門遺址

1988年，考古學家張光直在安陽出席殷商文化討論會（右）
1989年（？），張光直在偃師商城工作隊觀察陶器（左）
張光直作品《商文明》英文版（1980）、中文版（2019）

方法論視角下的夏商分界研究

夏商分界研究是中國古代史研究中頗受關注的一個重要問題，它是現代考古學參與古史重建後的一個命題，這一課題試圖從考古學遺存中辨析出文獻所載國史上最早的兩個王朝的更替，即從對夏、商文化分界的探究入手，最終確認夏、商王朝分界，它成為數十年來為學界關注的一個研究熱點。

一

由已知推未知的探索

通觀20世紀學術界對中國早期文明史的探索歷程，其重要的研究方法之一是由已知的文明實體往上推，從其成熟的國家社會所表現出的明

顯的特徵中，探究早期國家的某些本質的萌芽及其發生發展過程。由於豐富的文獻資料及由此產生的史學傳統，這一探索理所當然地以對具體王朝的確認為中心，即便在現代考古學誕生之後也是如此。

20世紀初葉，王國維對安陽殷墟出土的甲骨文進行釋讀研究，證明了《史記殷本紀》所載商王世系表基本可靠、商王朝的事蹟為信史（王國維1959），這一重大學術收穫給了中國學術界以極大的鼓舞。被譽為「中國考古學之父」的李濟於1926年赴山西南部考察，其中就包括「關於舜帝和夏代的一些古老傳說都集中」的中條山一帶，以及夏縣——「傳說的夏朝王都」，在那裡尋訪了「夏后氏陵」，隨後又有夏縣西陰村的發掘，這是第一次由中國學者主持進行的考古發掘，位於晉南的夏縣，是保留堯、舜、禹和夏王朝傳說較多的地方，西陰村的西南即是安邑「禹王城」的傳說地，循著文獻提供的線索尋找夏王朝的遺跡，是李濟在晉南考察與發掘的動機之一。其後，就曾有學者把其發現的含有彩陶的仰韶文化看作夏王朝的文化（徐中舒1931，丁山1935，翦伯贊1947）。1930年代晚於仰韶文化的龍山文化發現後，又有學者推測龍山文化屬夏朝遺跡（范文瀾1955，吳恩裕1956）。

1928年開始的對安陽殷墟的挖掘，確認該地係商王朝的晚期都城遺址，從而在考古學上確立了殷商文明。至1950年代，又由於早於殷墟而文化特徵與之近同的二里崗文化和鄭州商城的發現，考古學上的商文化遂被上推至二里崗期。早於殷墟的商文化的確認，是考古學的一個重要貢獻。1959年，徐旭生等在梳理文獻的基礎上對可能的「夏墟」進行踏查的過程中，又發現了二里頭遺址，以此為契機，中國最早的青銅時代文化——二里頭文化又進入了考古工作者的視野，這一文化在年代上晚於龍山文化而早於二里崗文化。截至近年，在二里頭遺址發現了目前所知中國最早的宮城、最早的宮殿建築群、最早的城市幹道網、最早的青

銅禮器群，以及官營作坊區等。依據上述考古發現，學術界大體上取得了這樣的共識，即：二里頭文化是早期國家或王國的遺存；二里頭遺址則應是一處早期王朝都城的遺墟。

1926 年，考古學家李濟結束西陰村的發掘，坐馬車返程途中（左）
1929 年，李濟主持殷墟第三次發掘，在現場手持一塊彩陶（右）

這一探索歷程給我們的啟示是，文獻中的古史傳說並非全屬無稽之談；經過系統梳理考證的文獻，可以作為探索中國早期文明的有益線索。

上述認知，是考古學對中國古代文明史研究的重大貢獻，現在看來，也是考古學在夏商文化探索中所能提供的最大限度的歷史資訊，由於在二里崗文化和二里頭文化中，尚沒有發現像甲骨文那樣的內證性文字資料，因而不能確認二里崗文化究竟僅屬商代中期抑或涵蓋整個商前期，早於它並與其有密切關聯的二里頭文化的歸屬也就無法確認。顯然，就早期王朝與族屬的研究而言，早於殷墟時代的考古學文化已進入未知的領域。

商王朝分期語彙與論爭焦點

應當指出的是，中國考古學的分期語彙並不統一，在三分法的情況下，一般用「早期」、「中期」和「晚期」；在二分法的情況下，一般用「前期」和「後期」的概念，如與三分法加以對應，則「前期」大體上相當於

早、中期；也有把前後期之交的遺存另劃出來作為中期的。當然，二分法中也有使用「早期」和「晚期」者。在這種情況下，早、晚期大致相當於前、後期。

如以二分法劃分商文化的發展階段，一般以殷墟文化為商代後期或商代晚期，早於殷墟文化的商文化相當於商代前期或商代早期（二分法層面上的「早期」多見於 1950 – 1960 年代的論述）。對此學術界基本上無異議。隨著研究的深入，學者們積極將考古遺存與文獻所載商王世系相比附，以三分法對商王朝歷史進行階段劃分的方案成為主流。一般以成湯、仲丁和盤庚三位商王的繼位，作為商代早期、中期和晚期的開始。如與二分法加以對應，則盤庚以後屬商代後期，此前則劃歸商代前期。

其中，以殷墟為代表的商代晚期是一個公認的已知的基點，再往前上溯，究竟是二里頭文化的一部分屬於商代早期、二里崗文化屬於商代中期，還是二里崗文化屬於商代早期，就已進入未知的範疇。換言之，商王朝的上限究竟能否上溯至二里頭文化，如果能，相當於二里頭文化的哪一期？或者說，二里崗文化屬於商代前期沒有問題，但它是不是最早的商文化？對此，學者間產生了嚴重的分歧。在沒有直接文字資料出土的情況下搞清這個問題，就成了數十年來中國考古學界乃至史學界給予極大關注並孜孜以求的一個重要學術目標。

「二重證據法」的泛用

「二重證據法」的泛用，是這一由已知推未知的探索歷程的最顯著的特徵。

1925 年，王國維在清華研究院開設「古史新證」一課，力倡「二重證據法」。他說：「吾輩生於今日，幸於紙上之材料外更得地下之新材料。由此種材料，我輩固得據以補正紙上之材料，亦得證明古書之某部分全

為實錄,即百家不雅馴之言亦不無表示一面之事實。此二重證據法唯在今日始得為之。」(王國維 1994)

「二重證據法」的提出與運用,對中國現代歷史學與考古學的發展都具有重要的意義,但對其內涵的理解卻頗不一致。李濟指出:「這一時期,王氏所指的『地下材料』,仍以有文字者為限。」(李濟 1968)《古史新證》中列舉的地下材料,的確限於甲骨文與金文。所以「二重證據法」的本來意義應理解為以出土文字資料與傳世文獻互證為特徵的研究方法。需要注意的是,互證的兩方均為文字資料,這是「二重證據法」的本質特徵,也是前述由甲骨文和《史記殷本紀》的互證確認商王系的關鍵之所在。

殷墟花園莊東地刻辭卜甲

隨著中國考古學的發展,學術界對「二重證據法」有了新的解釋,其外延在不斷地擴大,如李濟認為,「『地下材料』這一觀念,應由王國維氏的定義加以擴大,考古學家必需根據現代考古學的定義,把『地下材料』再作一番新的界說,即:凡是經過人工的、埋在地下的資料,不管

它是否有文字,都可以作研究人類歷史的資料。」(李濟 1968)有學者將其稱為「把傳世文獻、田野考古的遺跡、遺物及出土的文字資料結合起來研究,即所謂『三重證據法』」(田旭東 2003),如果採用這一說法的話,可以顯見,身為考古學家的李濟所擴展的「第三重證據」是無字的考古學遺存,但還有學者認為「二重證據法」本來是「把考古學的東西和歷史學的東西放在一起來研究,特別是把地下的東西和地上的傳世文獻放在一起來研究。如果說一般的考古資料和古文字資料可以分開,這第三重證據就是考古發現的古文字資料」(李學勤等 2002),這恐怕有違王國維「二重證據法」的初衷與真實含義。在此後的研究中,「二重證據法」往往被理解為一般考古資料與文獻互證的整合方法而加以泛用。需要指出的是,互證的兩方如一方屬於無文字的資料,則另外的可能性就無法排除,相關研究也就進入了無法驗證的推斷和假說的範疇,研究結論勢必帶有極大的相對性。1950 年代以來關於夏商分界問題的討論,就大體可以作如是觀。

夏商分界研究的認知前提

在成功釋讀甲骨文,證明商王世系的基本可靠之後,王國維本人即頗為樂觀地推論道:「由殷周世系之確實,因之推想夏后氏世系之確實,此又當然之事也。」(王國維 1959)由《史記殷本紀》被證明為信史,推斷《史記夏本紀》及先秦文獻中關於夏王朝的記載也應屬史實,進而相信夏王朝的存在,這一由此之可信得出彼之可信的推論方式得到廣泛的認可,成為國內學術界的基本共識,也是在考古學上進行夏文化探索和夏商分界研究的前提之所在。

此後,類似的表述習見於學者的著述中。「根據周代文獻和銅鼎題銘,商代以前肯定有夏代存在,殷代祀商先王或自上甲,或自大乙,也

暗示著大乙（湯）代夏之事。」（李學勤 1958）「據古代傳說，商代以前有一個夏代，近十年來雖說一部分的疑古派學者對於夏禹個人的人格問題發出若干疑問，可是對於夏代的存在問題並沒有人懷疑過。」（徐旭生 1959）「商代的世系已被安陽出土的甲骨文所證實，商代的歷史被確認為信史，那麼，有理由認為《史記夏本紀》所記的夏代世系也非虛指了。因此，夏代的存在為人們所公認，並且都希望用考古手段去證實和補充夏代的歷史。」（殷瑋璋 1984）「在中國歷史上最早的王朝是夏朝，兩千多年前偉大的史學家司馬遷在其名著《史記》中已有明確而詳細的記載。夏朝是客觀存在的，任何懷疑乃至否定都是沒有根據的。以往學術界曾經有人懷疑商朝的史實，但經過大規模考古發掘和大批甲骨文、金文的證實，所有這些疑問都煙消雲散了。」（鄒衡 2002）

對解決分界問題的自信態度

從成書於 1961 年的綜述性著作中可以了解到，1950 年代考古學界對夏商分界探索的樂觀態度：

「自從安陽殷墟發掘以來，商殷的歷史不但為考古發現所證實，而且得到了很大的豐富，從而使人們相信夏代的歷史也完全有可能透過考古工作取得同樣的成果。河南鄭州等地商殷早期文化的發現，更加堅定了考古工作者對於探求夏文化和追溯商文化起源的信心。」「可以預期在不久的將來，一定能夠得出科學的結論。」（中國科學院考古研究所 1961）

1970 年代末至 80 年代，被認為是「中國考古學的發展，正在經歷自己的黃金時代」（中國社會科學院考古研究所 1984）。進入這一階段，整個學科對解決僅憑文獻史學不能確證的夏文化及夏商分界問題更是充滿自信，這也反映在當時的論述中：

「目前在考古學上還不能確切判定哪些是夏代的遺跡和遺物，這個中國古代史上的重要問題，隨著中國考古學的發展，總是可以解決的。」（北京大學歷史系考古教研室商周組 1979）「一九八三年新發現的偃師商城遺址肯定其為湯都西亳似無可疑。早商都城遺址的確定，必將極大地促進夏文化問題的進一步解決，不久的將來一定能夠取得大家公認的正確結論。」（中國社會科學院考古研究所 1984）「探索夏代文化的工作還在進行之中，隨著新數據的不斷出現和討論的進一步深入，相信這個課題必將獲得圓滿的答案。」（殷瑋璋 1984）

以文獻比附考古資料的初步探索

1951 年，中國科學院考古研究所調查鄭州二里崗一帶，從採集的遺物「推斷它是屬於殷代的遺址」。此後，鄭州地區考古工作全面展開，相關發現層出不窮。1953 年，河南登封玉村首次發現了二里頭文化遺存，發掘者初步意識到其「與二里崗遺址，似屬於兩個文化系統」。1956 年，鄭州洛達廟遺址又發現了同類遺存，發掘簡報直接冠之以「商代遺址」的標題，認為其與「龍山文化遺物接近，但仍屬於商代文化範疇」，並「有其獨立的特徵」。這類遺存曾被稱為「洛達廟類型文化」。（中國科學院考古研究所 1961）

徐旭生在〈1959 年夏豫西調查「夏墟」的初步報告〉中認為，二里頭遺址的遺物「與鄭州洛達廟、洛陽東干溝的的遺物性質相類似，大約屬於商代早期」；又根據古代文獻中西亳在偃師的記述，認為二里頭遺址「在當時實為一大都會，為商湯都城的可能性不小」。1959 年始，對偃師二里頭遺址進行了大規模的發掘，因二里頭遺址的文化內涵較洛達廟遺址更為豐富和典型，夏鼐將其稱為「二里頭類型文化」，後改稱「二里頭文化」（夏鼐 1962、1977）。

論理

古史學家徐旭生 (1888 – 1976)、「夏墟」調查初步報告 (1959)

自二里崗文化和二里頭文化遺存發現以來至 1960 年代，圍繞其族屬和王朝歸屬問題，學者們紛紛發表推測性意見。

上引書中的表述較有代表性：「河南龍山文化」，與「有關夏代社會的傳說頗為接近。至於洛達廟類型的文化遺存在年代上可能與夏代晚期相當。因此，上述的兩種文化在探索夏文化中是值得注意的」(中國科學院考古研究所 1961)。鄒衡首次全面系統地論證了鄭州與安陽商文化的相對年代關係，進而指出文獻中關於商代中期仲丁遷隞（囂）的記載「對於考訂鄭州殷商文化的幾個分期的絕對年代問題自然也是重要的」(鄒衡 1956)，雖有一定的傾向性，但並未作進一步的引申。

安金槐在 1961 年發表的〈試論鄭州商代城址 —— 隞都〉一文中，首次對鄭州商城的歷史屬性作了較為明確的推斷，認為鄭州商城「很可能就是仲丁遷隞的都城遺址」，「鄭州商代城址主要是屬於商代中期的城市遺址」(安金槐 1961)，依作者行文中的表述，這一推斷的主要依據，是《史記正義》引唐代成書的《括地誌》中的一條記載：「滎陽故城，在鄭州滎澤縣西南十七里，殷時敖地也。」隨後即有學者指出其引用文獻上存在

的問題 (劉啟益 1961)。

總體上看，這一階段屬於考古發現的初期階段，受資料的限制，在研究上限於「一筆帶過」式的簡單推測，僅將考古發現與文獻作大致的比附，未能深入展開討論，多數學者在具體遺存的朝代和族群歸屬上僅提出傾向性的推測意見，認為還難以得出確切的結論。就具體結論而言，學術界傾向於認為二里頭文化的主體屬商代早期，二里頭遺址可能為湯都西亳；而二里崗文化屬商代中期，鄭州商城則可能為仲丁所遷隞都，雖有看法上的不同，但持論平和。文中使用最多的詞彙是「可能」，表示自己意見的相對性。

碳素測年技術帶來的論戰

1974年，二里頭遺址1號宮殿基址簡報在《考古》雜誌上發表，標題中直接出現「早商」字樣，發掘者已開始用非常肯定的口吻提出對遺址年代與朝代歸屬的意見，簡報認為，這座「商代早期的宮殿建築，為湯都西亳說提供了有力的實物證據，從而二里頭遺址的性質問題也就清楚了」。這一推論的前提則是「二里崗文化屬商代中期」的論斷。正是由於「找到了三期早於二里崗期的地層根據，因此我們確定這座宮殿遺址是商代早期的」。從整合研究的角度看，除引用《漢書地理志》河南郡偃師縣下注「尸鄉，殷湯所都」這條文獻 (偃師商城發現後，這條文獻又被用來證明該城為「殷湯所都」) 外，最大的證據就是發掘簡報最新公布的兩個碳素測年數據了，與宮殿基址同時的二里頭文化三期的一個數據的樹輪校正值是西元前1590－前1300年，被認為「相當於商代早期」；稍早的二里頭文化一期的一個數據的樹輪校正值是西元前2080－前1690年。

二里頭 1 號基址簡報（1974）

這一觀點，成為當時學界的主流認知。稍後，又有研究者循著這一結論，推斷「王灣三期、二里頭一期均相當於夏代」（佟柱臣 1975）。

不久，夏鼐梳理二里頭遺址已測定的 4 個碳素測年標本，認為「其中三個數據成一系列，包括二里頭文化的一期至四期，年代約自西元前 1900 至 1600 年」，因「可能是有誤差」而剔除了屬於三期「但測定年代反較上層（四期）的為晚」的一個數據（夏鼐 1977）。值得注意的是，這個數據恰是被上述簡報作為最有力的證據來證明三期「相當於商代早期」的。而「西元前 1900 至 1600 年」的年代跨度則被另外的學者加以援引，認為

「這個年代同依據歷史文獻記載所推算出現的夏王朝中、晚期的年代基本上是相符合的」,「二里頭遺址應該確定為夏代的重要文化遺址」(李民等 1975)。

在隨後關於夏商文化分界的論戰中,不少學者是選擇性地採用相關碳素測年數據,且往往引用單個數據,尤其在數據剛開始公布的 1970 年代。其實,夏鼐早在當時就已指出:「只有一系列的基本一致的碳 -14 年代才是有價值的,而一兩個孤零的數據,就其本身而論,是沒有多大意義的。」(夏鼐 1977)測年專家也告誡學界「孤零零的單個碳 -14 數據一般是不可輕信的」,「在討論夏文化時根據個別的碳 -14 年代數據作出結論是很危險的」(仇士華等 1983)。另外,有的學者使用經樹輪校正的數據,有的則使用未經校正的數據;有的使用半衰期為 5730 年的數據,而與半衰期為 5570 年的數據加以比較,這種非同類項間的比較結果的確切性,是可以顯見的。

整合研究漸成熱潮

1977 年 11 月,河南登封告成遺址發掘現場會上,展開了一場關於夏文化與夏商文化分界的大討論。夏鼐指出關於「夏文化問題」的論證前提是兩個「假定」,鄒衡正式提出了「二里頭文化為夏文化」說和「鄭州商城亳都說」。此後,各類觀點層出不窮,同樣是用上述幾個指標來考察,其他學者又得出了全然不同的結論,譬如,將物質文化面貌的變化與社會政治發展中的漸變和突變相比附,就見仁見智,從作為先行文化的中原龍山文化晚期到二里頭文化一、二、三、四期,直至二里崗文化初期,每兩者之間都有人嘗試著切上一刀,作為夏商王朝的分界,而且也都有各自的道理。

自 1970 年代後期以來 30 餘年間,關於夏文化和夏商分界問題的討

論方興未艾，我們僅引用一組數字就可以窺見這一研究課題的熱度。以往關於二里頭遺址與二里頭文化的研究成果，可大體分為9大類，包括考古學文化、年代學、都邑建築、墓葬、遺物紋飾與刻符文字、社會文化的宏觀態勢、地理環境、聚落形態以及文獻與考古資料整合基礎上的歷史復原研究等方面，最後一項，實際上是關於夏文化探索和夏商王朝分界問題的討論，據初步統計，上述9大類中前8類研究成果的總和，尚不到所有相關研究論著總數的一半，而最後一類則占了另一大半，僅論文就有400餘篇。在不足半數的前8類研究課題中，又有相當一部分研究是為了論證第9類即夏文化與夏商分界問題而展開的（許宏2004b）。

相對於考古學層面的基礎研究，運用有限的考古資料所進行的整合研究更受關注，這是一種時代現象，反映了20世紀下半葉以來學術界的總體學術取向和研究思路。

在這一問題的討論中，還存在著階段性的「共識」或「主流觀點」，它們隨著討論的深入在不斷地變化。考古學界先是因徐旭生的推測而認同二里頭文化的主體為商王朝的遺存，此後又逐漸形成了以鄒衡的觀點為中心的「共識」。應當指出的是，這類所謂「主流觀點」或「共識」的取得，都不是建立在獲得決定性證據——即有像甲骨文那樣的內證性文字資料出土——的基礎之上的，問題的癥結恰如鄒衡所指出的那樣，「所有主張二里頭文化是商文化者都依靠一條最主要的證據，就是：河南偃師二里頭遺址所在地是成湯所都的『西亳』。我們主張二里頭文化是夏文化，其主要依據之一，就是成湯所都在『鄭亳』。」（鄒衡1978b）準此，則持不同論點者都是把今人依據傳世文獻而提出的推論和假說當作爭論的主要證據。在這種情況下，哪一種「主流意見」或「共識」更接近歷史的真實是無從驗證的，據最新的測年結果，測年專家傾向於二里頭文化的年代上限，並非如原來推定的那樣在西元前1900年左右，而「應不早於

西元前 1750 年」(張雪蓮等 2007)。這一結論可能又會被認為支持了曾經的「主流」意見也即現下的「非主流」意見，論爭也在持續進行。

對相關學術現象的粗淺分析

總體上看，論爭各方的認知前提和思路方法大同小異，各方都以夏王朝的真實存在為討論前提，即都認為後世文獻（大多屬東周至漢代）中至少有一種說法（一般是偏早的文獻）是正確的，屬於「信史」；而某一考古遺存應當甚至肯定是某族或某一王朝的遺存。在這一前提下，指認相關考古學遺存究竟屬夏還是屬商，甚至論證具體（個別）的歷史事件如商湯伐夏在考古學上的反映等，其不同之處則僅僅是哪條文獻為信史，哪種考古學遺存屬於某一王朝（族屬）而已。如果在夏商分界問題的論爭中採用「學術流派」一詞的話，那麼可以認為論戰基本上是在同一「派別」中進行的，我們權且稱其為「可知論派」，相對的一方是「有條件的不可知論派」（即認為在沒有決定性證據的前提下，夏王朝的實際存在仍須存疑，即便存在也無法在考古學上得到確認）。持這一觀點的主要是國外學者。在一些參與論戰的學者眼中，「不可知論」應屬「謬論」，甚至是「居心不良」，因而不值得一駁，所以罕見仔細回答對方質疑的討論文章。真正認真而為的，是與「派別內」對具體問題持不同觀點者的論戰。

論爭中顯現出的問題還可列出以下數例。如，研究者對所引傳世文獻自身背景與傳承關係往往缺乏必要的探究，存在「拿來就用」的現象。從文章中比比皆是的「當然只能」、「肯定」、「無疑」一類自信感較強的、排他性的措辭上，還可以看出論爭各方一般也不認為己說屬於假說或推論，這勢必否定其他說法在反映史實上的可能性。另外，僅引用於己有利的文獻證據和考古學資料的情況也並不少見。

概言之，在考古資料還相當不充分的情況下，考古學界將主要注意

論理

力集中在對這些發現的歷史學解釋上，集中於大型聚落與文獻記載中的具體城邑，以及考古學文化與具體族屬、王朝發展階段的比附對應上。同時，在沒有決定性證據出現的情況下，學者們隨著新的考古發現與測年數據的不斷推出而校正甚或改變觀點，展開新的論戰，其參與人數和發表學說之多，歷時日之長，討論之熱烈，都遠超其他學術課題，構成了 20 世紀下半葉直至今日中國學術史上罕見的景觀。

二

考古學的學科特點，決定了其以長時段的、歷史與文化發展程序的宏觀考察見長，而拙於對精確年代和具體歷史事件的掌握。長期以來聚訟紛紜的對某一王朝都城具體地討論，對某一考古學文化所屬族別與朝代歸屬的論辯，對文獻所載夏商王朝更替究竟對應於哪些考古學遺存的爭論，至今久訟不決，莫衷一是，已很能說明問題。

可以認為，考古學僅可提供某一人類共同體的社會發達程度是否接近或達到國家（王朝）水準的證據，卻無法在沒有直接文字資料的情況下證明狹義史學範疇的具體社會實體如夏、商王朝的存在。到目前為止，我們還沒有確切的證據來排除或否定任何一種假說所提示的可能性；出土文字資料的匱乏、傳世文獻的不確定性，導致我們對早期王朝的紀年等問題只能作粗略的掌握。

在以文字資料為分野的歷史階段的劃分上，我們傾向於認為史前 (Pre-History)、原史 (Proto-History) 和歷史 (History) 三分法有助於對中國古史程序的總體掌握。從宏觀的角度看，「歷史時代」可定義為有直接的文字資料可「自證」考古學文化所屬社會集團的歷史身分的時代。而「原史時代」雖已發現了零星的直接文字資料，但其時序無法精確到日曆年代，不足以確認人們共同體的遺存的「歷史身分」；後世追述性文獻

所載「史實」不能直接引為歷史真實,迄今為止可以確認的中國「原史時代」與「歷史時代」的分界點,應在二里崗文化和殷墟(晚商)文化之間。即殷墟文化是最早的「身分」明確、可以與文獻所載的社會集團相對應的考古學遺存,因而可以直接以國(族)或王朝名來命名。史前至原史時代一直分列的文獻史學與考古學兩大話語系統(前者一般採用神話傳說人物和朝代名;後者習慣以考古學文化來命名)至此才開始合流。(許宏2004a、見本書〈商文明:中國「原史」與「歷史」時代的分界點〉)

　　由上述分析可知,商文明介於「原史時代」和「歷史時代」的分界點上,其下限已可確知,而上限則仍是模糊的,迄今為止還無法究明。就方法論而言,「原史時代」研究因其研究對象的特質而導致研究結論具有極強的相對性,這是應引起研究者「自覺」的。「任何把個人的描述、解釋和復原絕對化的傾向都沒有意識到考古數據的局限性,當然更沒有意識到解釋者個人所處時代和能力的局限性。」(陳星燦2006)「定論」、「正確」、「錯誤」一類傾向於絕對定性的詞,恐怕並不適用於早期歷史與考古研究領域。

　　受多種因素的制約,無論考古學文化譜系和編年,還是碳素測年、傳世文獻記載,以及整合各種手段的綜合研究,都無法作為檢核這一歷史時段研究結論可靠性的絕對指標,無法徹底解決都邑的族屬與王朝歸屬等狹義「信史」範疇的問題,就考古學而言,除了可以依憑的資料仍顯不足以外,我們一直也沒有建立起有效地說明考古學文化和族屬、考古學文化的變遷與社會政治變革之間相互關係的解釋理論,這種學術背景,決定了這一課題的研究結論也不可避免地具有推斷和假說的性質,某些具體結論,尚有待於更多證據的支持和研究工作的進一步開展。

　　應當指出的是,對早期文明史的研究而言,歷史文獻學與考古學的整合研究,乃至二者與其他學科在更大範圍內的整合研究仍是必經之

論理

路,關鍵的問題是如何整合,以每一學科為本位,都可以將其研究大體分為本體研究和整合研究兩大類,歷史文獻學研究可以在摻雜神話與傳說的有關王朝世系的記載中繼續提煉史實;考古學則可以借其優勢進行多學科合作研究,以了解其社會文化發展程序等問題。在各學科扎實做好本體研究的基礎上,慎重整合。

三

對既往研究歷程的觀察與思考,會成為學科發展的寶貴借鑑,思路的拓寬、理論和方法論研究的加強,是研究深化的關鍵之所在。應指出的是,沒有甲骨文這樣的直接證據,商王朝是無法被證明的。是文字(甲骨文)的發現與解讀才最終使晚商史成為信史。這一環節也應是確認夏文化、夏王朝以及夏商分界的不可或缺的關鍵性要素,關於早期文明史的研究方法和取向,仍是學界應當加以深入探討的問題。可以預見的是,考古學將會把更多的關注,集中於它所擅長的對聚落形態、人地關係、社會結構、技術經濟、生計貿易等方面的研究,將會對古史研究乃至史學理論與方法論的建設有更多更大的貢獻。

論「青銅時代」概念的時空適用性
── 以中國東北地區為例

一 「青銅時代」的時空分布模式

一般認為,青銅時代是「以青銅作為製造工具、用具和武器的重要原料的人類物質文化發展階段」(石興邦 1986)。一個共識是,「青銅時代必須具備這樣一個特點:青銅器在人們的生產、生活中占據重要地位,偶

然地製造和使用青銅器的時代不能認定為青銅時代」(蔣曉春 2010),「青銅器的零星發現是不足以作為中國青銅時代開始的證據的」(井中偉等 2013)。

如是,在考古學上,我們可以依銅器製造使用現象的有無和對該人群社會生活的影響程度,分別從時空的角度做縱向與橫向的劃分。

其一是把某一區域(人群)的早期文化史細分為:

1. 前銅器時代,一般為(新)石器時代。
2. 零星小件銅器初現的時代。
3. 青銅時代(青銅器大量使用、在社會生活中占重要地位)。
4. 鐵器時代。

其中,第 1 和第 4 階段的存在在東亞大陸範圍內具有普遍性,2、3 階段則依區域的不同或有或無,依各區域上述時段存在的組合不同,還可以從空間上劃分為:

1. 全無銅器發現,新石器時代直接下接鐵器時代的區域(1 – 4 階段)。
2. 從無銅器到散見小件銅器,而後直接進入鐵器時代的區域(1 – 2 – 4 階段)。
3. 從無銅器到直接進入青銅時代,下接鐵器時代。青銅文化的出現具有突兀性、非原生性的特徵(第 1 – 3 – 4 階段)。
4. 從無銅器到散見小件銅器,到先後進入青銅時代、鐵器時代的區域(第 1 – 2 – 3 – 4 階段)。

藉此,我們可以廓清青銅潮的波及範圍,分析銅器的使用與否及利用程度,以及其與該地社會文化發展的關係。

梳理東亞大陸早期冶金遺存的發現與研究歷程,中國東北地區(含內蒙古東部)顯然是個較典型的例證,可以讓我們來檢討「青銅時代」概念在時空上的適用性及其中所蘊含的學理問題,從下引考古文獻可以看

出，東北地區考古同仁既往全面系統的研究為我們的分析提供了扎實的學術基礎。

二 東北地區用銅遺存的時空梳理

依據現有考古資料，結合學術史分析，我們可以對東北地區早期用銅遺存做一個初步的時空梳理（表1）。

(一) 紅山至龍山時代屬於前銅器時代

1. 紅山文化無用銅遺存發現

曾有學者提出，內蒙古東部至遼西地區的紅山文化已進入銅石並用時代，後經冶金史與考古學測年等多學科分析，這一看法已被否定（見本書〈從仰韶到齊家——東亞大陸早期用銅遺存的新觀察〉）。也即，到目前為止，尚無可靠的證據表明紅山文化晚期遺存中存在用銅的跡象。

2. 龍山時代無用銅遺存發現這又涉及兩個問題，一是夏家店下層文化的年代上限能否早到龍山時代，二是遼東半島上的雙砣子一期文化是否是東北地區最早的青銅時代文化。

表1　中國東北地區龍山至西漢時期考古學文化時空框架示意

時期		絕對年代	遼西山地		遼西平原	遼東		嫩江流域	西流松花江流域	鴨綠江流域	圖們江流域	三江平原
			西區	東區		北部區	南部區					
西漢		西元前202-9年	漢文化					(鮮卑?)漢書期	(扶餘?)	(高句)	(沃沮?)	(挹婁?)
戰國	晚期	—西元前221年	燕文化						西團山晚期	萬發撥子三期	柳亭洞晚期	
	早中期	西元前403年	水泉/井溝子	五道河/凌河		雙房晚期		二期				橋南一期
春秋		西元前770-前403年	夏家店上層	凌河早期		雙房中期		白金寶	西團山中期	柳亭洞早期		
西周		西元前1000-前771年				雙房早期			西團山早期	萬發撥子二期		
殷墟		西元前1300-前1000年	魏營子	高臺山晚期	馬城子晚期	雙砣子三期		古城		興城晚期		
二里崗		西元前1500-前1300年	夏家店下層		高臺山早期	馬城子早期	雙砣子二期	小拉哈		興城早期		
二里頭		西元前1700-前1500年			平安堡二期							勸農
龍山晚期		西元前2000-前1700年					雙砣子一期	小拉哈一期				

說明：

無用銅遺存	少見銅遺存	青銅時代	鐵器時代

1. 為簡潔計，考古學文化遺存的稱謂（某文化、類型或某類遺存）一律省略。
2. 括號內為學界對西漢時期各考古學文化所屬族屬的推斷意見。
3. 本表依下引論著改制。趙賓福：《中國東北地區夏至戰國時期的考古學文化研究》，科學出版社，2009年；趙賓福等：《吉林省地下文化遺產的考古發現與研究》，科學出版社，2017；黑龍江省文物考古研究所：《考古黑龍江》，文物出版社，2011年。

論理

(1) 關於夏家店下層文化的年代上限地處內蒙古東部和遼西山地區的夏家店下層文化，一般被認為屬青銅時代的考古學文化。而關於其具體的年代上限，還有進一步討論的必要。該文化自 1960 年代被初步辨識後，對其年代上限問題的認知也不斷深化，有一個逐漸明晰但又曲折反覆的過程。

1979 年出版的《商周考古》指出「夏家店下層文化晚於龍山文化」，「絕對年代大體相當於中原地區的商代」(北京大學歷史系考古教研室商周組 1979)，隨後，有學者推測該文化早期與中原龍山文化 (晚期) 相當 (李經漢 1980，郭大順 1985、1986)，郭大順還依據遼西地區已發現大量夏家店下層文化遺存而從未發現龍山文化遺存的現象，提出遼西地區相當於龍山文化階段的遺存應當就是夏家店下層文化最早階段的見解，已有學者指出，郭氏將唐山大城山遺址下層劃歸夏家店下層文化，並據此判定該文化上限突破距今 4,000 年，進而得出主要發展過程大體跨越龍山文化、二里頭到二里崗期商文化的結論 (陳平 2002)，而據後來的測定，早於夏家店下層文化的小河沿文化的年代下限在西元前 2100 年前後甚至更晚 (陳國慶 2019)，已進入龍山時代晚期的範疇，另外，鄰境的冀西北壺流河發現的夏家店下層文化疊壓在龍山期文化遺存之上的地層關係 (張家口考古隊 1984)，也表明至少在該區域，夏家店下層文化的上限不早於龍山時代，嗣後，李伯謙在系統分析夏家店下層文化的論著中則明確指出，夏家店下層文化「不可能早到與龍山期文化同時，它基本上是與中原夏 —— 商前期同時的一種文化遺存」(李伯謙 1990b)，作者引用鄒衡的觀點，將夏文化限定為二里頭文化 (鄒衡 1980)。

此後，雖然夏家店下層文化的年代仍被表述為約當西元前 2000 – 前 1400 年間 (徐光冀等 2001)，但一般認為「大致同中原地區二里頭文化和早商文化相當」(中國社會科學院考古研究所 2003)，而隨著夏商周斷代工程和中

華文明探源工程系列測年研究的不斷深入,「其所得到的年代結果也從最初由單一樣品年代校正,而且其誤差也相對較大的條件下得到的西元前1900－前1500年的年代範圍,逐步明確到二里頭一期的年代為西元前1880年,再到目前的將二里頭一期的年代上限定在不早於西元前1750年,顯示了年代結果由模糊到相對清晰,由粗泛到細化的變化過程」(中國社會科學院考古研究所2014),夏家店下層文化的年代上限顯然也應做相應的下調(表1)。

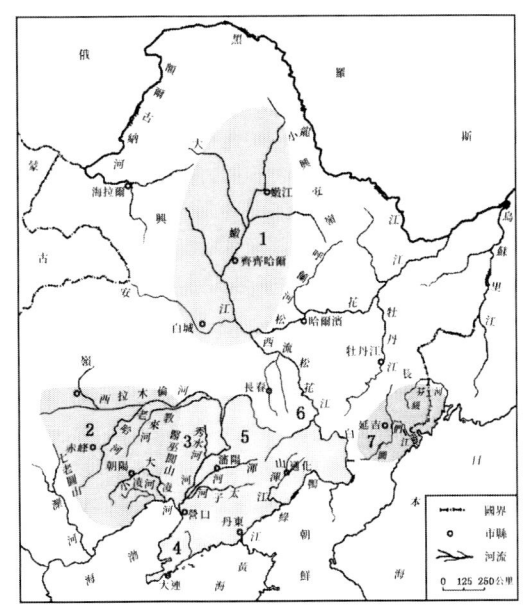

東北早期文化區分布示意(據趙賓福2009a 圖1改繪)
1. 嫩江流域 2. 遼西山地地區 3. 遼西平原地區 4. 遼東南部地區 5. 遼東北部地區 6. 西流松花江流域 7. 圖們江流域

(2)雙砣子一期文化銅器質疑

遼東南部區指遼東半島區域,該區域被認為屬於青銅時代的有四種考古學文化,即雙砣子一期文化、雙砣子二期文化、雙砣子三期文化和雙房文化。最引人注目的是雙砣子一期文化,其年代約當西元前2100–

論理

前1900年（趙賓福2009a），在屬於雙砣子一期文化的大連大嘴子遺址第一期文化層出土了一件殘青銅戈，多有學者認為這代表著雙砣子一期文化已經進入了青銅時代（陳國慶等1993，徐建華1994，趙賓福2009a）。

在最初的資訊中，此器被稱為「戈形器」，正式報告則肯定為戈，且認為此件銅器的出土層位無誤：「因事關重大，銅戈殘段出土之時，我們反覆核對了地層，同一地層出土有第一期文化彩繪陶片，確係第一期文化層出土。」

但已有學者指出，「從北方地區大文化背景看，中原二里頭文化始進入青銅時代。在此之前，整個黃河流域包括山東龍山文化在內，銅器的出土地點和種類雖有不少，青銅器也占有一定比例，但尚沒有達到鑄造青銅戈那樣的工藝水準，而東北同時期遺存更無確切例項可證。大嘴子青銅戈還有待進一步考實。」（朱永剛1998）另有學者認為此銅戈的援部應係「商代早中期」（二里崗文化或稍晚）的風格（郭妍利2014）；或認為該器所在的雙砣子一期文化晚段地層的年代「約當商代」，而此器僅可稱為「戈形器」，而無法遽斷為戈（王成生2003）。《中國考古學夏商卷》和關於青銅戈的系統性研究著作《早期中國青銅戈戟研究》（中國社會科學院考古研究所2003，井中偉2011）則未述及此器，已能顯現作者對該器類別和時代的存疑態度，最近出版的《夏商周考古學》一書，也沒有把相當於龍山時代晚期的雙砣子一期文化歸為青銅時代（井中偉等2013）。

無論如何，此殘器圓柱形中脊的形制具有相當的先進性，是可以顯見的。在該區域，晚於雙砣子一期文化、與膠東半島的嶽石文化大體同時且有一定關聯的雙砣子二期文化，尚基本無青銅製品發現（趙賓福2009a）（表1）。鑑於上述，對這件屬於孤例的銅器持慎重的態度是合適的。

(二) 無緣青銅時代的區域

排除了青銅時代縱向上溯至更早時段的可能性之後，我們再看看空間上青銅時代覆蓋區外緣的情況，與青銅時代無緣的區域又可以分為基本不見用銅遺存和僅見零星用銅遺存兩種情況。

1. 基本不見用銅遺存的區域

小興安嶺──長白山脈以東的圖們江流域、牡丹江流域和松花江、烏蘇里江、黑龍江匯流的三江平原及其周邊區域，在進入鐵器時代之前，基本上無青銅製品發現（宋玉彬 2002，李伊萍 2004，黑龍江省文物考古研究所 2011，趙賓福等 2017），這是典型的新石器時代下接鐵器時代的區域。有學者指出，「鏡泊湖南端鶯歌嶺遺址上層距今 3,000 年左右，年代比許多青銅文化更晚，但這裡並沒有發現銅器，意味著當東北大部分地區正經歷著青銅時代，領受著金屬文明帶來的燦爛光輝和濃重陰影的同時，這裡的主人可能還仍然停留在原始古樸的新石器時代。」（王承禮等 1982）「與東北其他地區相比，圖們江流域應該是一個相對比較封閉、文化自身很少受到外界影響、發展程度稍顯落後的地區。」（趙賓福 2008）而三江平原，在相關學者論及中國東北地區夏至戰國時期或青銅時代的考古學文化時，都未列為專門的一區加以討論（趙賓福 2009a，井中偉等 2013）。

2. 僅見零星用銅遺存的區域

在進入鐵器時代之前，僅見有零星用銅遺存而未進入過青銅時代的區域，可舉鴨綠江流域為例。在此區域，相當於商周之際的萬發撥子二期文化不見用銅遺存，而相當於春秋戰國時期的萬發撥子三期文化則發現有環、墜飾等小件銅器（趙賓福等 2017）。其後的西漢時期，該地區進入鐵器時代。

（三）漸次進入青銅時代的區域

這類區域包括遼東南部區、遼西平原區和松嫩平原區。

1. 遼東南部區

如前所述，遼東南部區的遼東半島，在雙砣子一期文化和雙砣子二期文化時期，都沒有用銅遺存的發現，雙砣子三期文化中開始出現青銅鏃、魚鉤、環、泡等小件製品，其年代約當商代晚期，下限可到西周初年（井中偉等 2013）。

「到了兩周時期的雙房文化階段開始出現該文化系當中最具特色的曲刃矛、柱脊曲刃劍、方銎斧等青銅武器」，「伴隨著青銅兵器的出現，『雙砣子文化系』由原來的弱勢一度發展成為強勢。分布地域也由原來夏商時期的遼東半島南端迅速擴張到西周至戰國時期的整個遼東地區，而且影響範圍甚至還波及遼西山地地區、北韓半島和第二松花江流域」（趙賓福 2012）。顯然，只有到了這一時期，整個遼東地區才真正進入了青銅時代。

2. 遼西平原區這一區域

相當於夏商時期的遺存主要有平安堡二期遺存和高臺山文化，其中前者「應該是處在該地區新石器時代結束之後，高臺山文化形成以前的一種考古學文化遺存」，其「年代應處於夏代的紀年範疇之內，大體和旅大地區雙砣子二期文化的早期年代接近，即相當於夏代早期」（趙賓福 2009a）。

研究者推斷平安堡二期遺存「應該是處在該地區新石器時代結束之後」，但在該遺存中並未發現用銅遺存。此外，如該遺存與雙砣子二期文化早期大體同時，則其年代應不早於嶽石文化，也即最早與二里頭文化（早期?）大致同時，但這又與上述推斷中的「夏代早期」不相符合，正如

張忠培在替上引書所撰序言中指出的那樣,「目前學界基本共識的意見是將夏代起止年代定於西元前 21 世紀到西元前 17 世紀,同時認為二里頭文化並非最早的夏文化,這本著作對此注意不夠,有時將與二里頭文化同時的遺存,視為夏代最早的遺存。」(張忠培 2009)其實這類用法在研究中較為普遍,這也正是筆者提出下述建議的緣由:「鑑於關於『夏時期』、『夏代(早期)』、『早期夏文化』這類狹義史學及從中衍生出的複合概念人見人殊,具有極強的不確定性或模糊性,建議在對具體考古學文化遺存的敘述中慎用為好,尤其是在罕有甚至全無早期文獻關聯的中原以外區域。」(許宏 2019)

如前所述,早於高臺山文化的平安堡二期遺存如與雙砣子二期文化早期年代接近,則高臺山文化早期應不早於二里頭文化早期,而高臺山文化晚期相當於商代晚期(趙賓福 2009a),那麼高臺山文化早期應大致相當於二里頭文化晚期至二里崗文化時期。只是到了此期,遼西平原區才開始發現零星的耳環、小刀等銅器,如遼寧彰武平安堡遺址所見。其中的銅耳環呈喇叭口狀的 U 字形,與夏家店下層文化的同類器近同。比至相當於商代晚期的高臺山文化晚期,始有管銎戰斧、鹿首刀等器形稍大的武器和工具出現,或可認為其迎來了青銅時代的曙光。

3. 松嫩平原

松嫩平原地處歐亞草原東部,是歐亞草原文化分布的最東端,因而在遼西山地區出現了東北地區最早的青銅時代文化的同時,也在這一區域發現了零星的銅器,這是東北地區較早出現用銅遺存的一個區域。

最早出現零星銅器的是約略相當於「夏至早商時期」的小拉哈文化(趙賓福 2009a),出土的銅器有小刀、笄、雙聯泡飾和節狀飾件。這是前殷墟時代東亞地區銅製品分布最北的地點,相關發掘報告稱「小拉哈文化的發現填補了長期以來松嫩平原早期青銅時代考古文化的空白」,其實很

論理

難認為如此零星的發現即表明松嫩平原在此期就進入了青銅時代，何況小刀和笄還都是失卻了層位關係資訊的採集品，暫且存疑。

小拉哈文化之後的「古城遺存」，約當中原地區的商代晚期，該文化中未發現青銅器，但出土有製作青銅斧、刀、鏟的陶範（趙賓福2009b），表明該文化的人群已能批次製作青銅器，或已進入青銅時代。而該區出現較多青銅器和鑄範的白金寶文化，已晚至西周早期到春秋晚期。結合陶質鑄範，可知應有斧、刀、錐、環、連珠飾等。到了相當於戰國至西漢時期的漢書二期文化，出土的青銅器和鑄範仍主要為小型生產工具和裝飾品，大安漢書遺址出土的一件屬於青銅短劍附件的石枕狀器，表明該文化應已存在青銅短劍（趙賓福等2017）。鐵器的出土，暗喻著至少自戰國晚期始，該文化或已進入鐵器時代。

(四) 直接進入青銅時代的區域

可能由新石器時代直接進入青銅時代的區域有遼西山地區、遼東北部區和西流松花江流域。

1. 遼西山地區

遼西山地區新石器時代的小河沿文化之後，就是發現了較多青銅器的夏家店下層文化，該文化的年代上限早不到龍山時代，已如前述。僅在其中心聚落內蒙古敖漢旗大甸子遺址的26座墓葬中，就發現了50餘件銅器以及零星的金器和鉛器等金屬器物，包括權杖頭，冒、鐓等斧柄飾件等，大宗者為耳環和指環，已檢測的樣品皆為青銅，鑄鍛兼有，其中絕大部分屬於夏家店下層文化早期，約當二里頭文化時期，在其他遺址則散見有銅刀、削、針、耳環、指環和青銅碎屑等，此外還出有用來製作飾品的陶範，遼寧錦州松山新區水手營子出土連柄銅戈，年代相當

於二里頭文化四期或夏商之際，其製作工藝代表了這一文化鑄銅技術的較高水準（井中偉 2008）。

這一區域青銅時代的遺存紛繁複雜，學者間看法不一，這裡僅據研究最為系統的《中國東北地區夏至戰國時期的考古學文化研究》一書的意見，羅列其大致的發展脈絡。在相當於「商代早期」的夏家店下層文化晚期之後，這一區域的青銅時代文化分別是相當於商代晚期的以魏營子文化為代表的遺存，相當於西周至春秋時期的夏家店上層文化和「凌河遺存」早期，而相當於戰國早中期的遺存則以「凌河遺存」晚期、「水泉遺存」、「井溝子遺存」（含「鐵匠溝遺存」）、「五道河子遺存」為主（趙賓福 2009a）。到了戰國晚期，燕文化遺存成為主流，該區域也大致進入了鐵器時代。

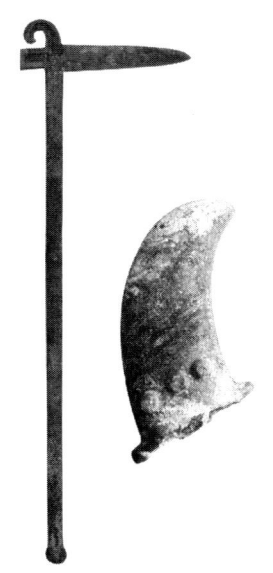

夏家店下層文化青銅器：錦州水手營子連柄戈（左）、敖漢旗大旬子杖首（右）

2. 遼東北部區

如前所述，遼東地區從西周時期開始全面進入以雙房文化為代表的青銅時代，在此之前，遼東南部區的雙砣子三期文化僅發現了零星銅器，更早的相當於二里頭文化、二里崗文化時期的雙砣子二期文化尚無用銅遺存發現。在包括遼東山地丘陵和下遼河東岸平原的遼東北部區，與雙砣子二期文化大體同時的馬城子文化（含「新樂上層文化」、「順山屯類型」、「望花類型」、「廟後山文化」等類遺存）早期也基本未發現用銅遺存（趙賓福 2009a），該文化的晚期則出現了管銎戰斧、方銎斧、鈴首刀、鹿首刀、環首刀、鏡等多種銅器，年代相當於商代晚期至西周早期（井中偉等 2013），應已進入青銅時代。

3. 西流松花江流域

西流松花江，即松花江吉林省段，曾被稱為第二松花江，該流域直到西周時期的西團山文化，才出現了用銅遺存，其中包括作為東北系銅劍之母型的青銅曲刃矛，在相當於春秋戰國時期的該文化中、晚期，青銅曲刃矛、曲刃短劍和方銎斧等，代表了這一青銅時代文化的發展高度（趙賓福 2009a）。

(五) 各區域青銅時代上下限的梯次

如表 1 所示，東北地區最先進入青銅時代的是遼西山地區，夏家店下層文化與河西走廊的四壩文化、甘青地區的齊家文化晚期和中原地區的二里頭文化一道，是東亞地區最早進入青銅時代的四支考古學文化之一，絕對年代不早於西元前 1700 年（見本書〈從仰韶到齊家 —— 東亞大陸早期用銅遺存的新觀察〉）。這與其地鄰歐亞大草原、較早接受內亞地區青銅文化的影響是密不可分的，與其大體同時出現用銅遺存，但僅限於零星小件銅器的小拉哈文化地處松嫩平原，也是因位於歐亞草原的東端而有地利之便的，但這一區域進入青銅時代要晚到相當於殷墟時期的「古城遺存」了。

除了松嫩平原，在相當於殷墟的時期進入青銅時代的，還有與遼西山地區毗鄰的遼西平原區（高臺山文化晚期遺存）和遼東北部區（馬城子文化晚期遺存），稍後，整個遼東區和西流松花江流域在相當於西周的時期也進入了青銅時代（雙房文化和西團山文化）。橫貫東亞的青銅潮也止於這些區域，沒能越過小興安嶺和長白山脈。此線以東的鴨綠江流域在春秋戰國時期僅見有零星的用銅遺存，而圖們江流域、牡丹江流域和三江平原地區，則大致在漢代，由新石器時代直接進入鐵器時代。而東北地區鐵器時代的到來，顯然是戰國的燕文化和後來的漢代文化由西南向

東北方向強力推進或影響的結果。

要之，東北地區不是全境都存在青銅時代，各區域進入青銅時代的時間也有早晚之別，呈現出「南部比北部先進，西部較東部發達」的態勢（王承禮等 1982）。

三 「青銅時代」概念運用的學理辨析

在「青銅時代」這一概念的運用，尤其是探討其從無到有的過程中，首先有一個內涵界定的問題。大家一般同意只有「青銅器在人們的生產、生活中占據重要地位」才算進入「青銅時代」，但在具體操作層面，不少學者仍把零星青銅器甚至小件飾物的發現作為該區域進入青銅時代的指標。在東北地區考古研究的實踐中，就不乏將罕有甚至全無用銅遺存的考古學文化劃歸青銅時代的例子，已如前述。

其次是主體界定的問題。要明確進入青銅時代的「人們」的主體，也即誰的青銅時代的問題。進入青銅時代的主體，應是一個（考古學文化所代表的）社會，一個特定的人群，是生活於特定區域的這群人進入了「青銅時代」。如是，是否就不能把進入「青銅時代」的主體，無限擴大到這個特定的人群以外那些沒有進入青銅時代的人群及他們所處的地域？但在具體操作層面上，這樣的做法是被認可的，甚至是主流思維。

有學者在論及黑龍江東部的「青銅時代」考古時指出，「這一地區（松花江、烏蘇里江、黑龍江流經的三江地區）的『青銅時代』與中原地區有些不同。中原地區的青銅時代是以青銅器的製造和使用為指標的，但這樣的標準卻並不適用於三江地區的實際情況，在中原地區進入青銅時代以後的一個相當長的時間裡，包括三江地區在內的一些地區並沒有製造青銅製品的能力，因此，這些地區青銅時代的早期階段仍然是以石器為

工具和武器。這一點，從這個地區以及周邊地區目前的考古發現中可以得到證明。因此，本文使用的青銅時代概念，只是將其作為一個年代範疇，而並不表明這一地區青銅時代的全部文化都已經具有中原地區青銅時代的典型特徵。」(李伊萍 2004)這清晰地表述了在無青銅遺存發現的區域使用「青銅時代」概念的思辨邏輯。

上文接著論述道，「黑龍江省東部地區的青銅時代考古學文化，在目前還處於空白狀態，其中一個很重要的原因，就在於這個時代，尤其是其早期階段青銅製品的缺乏，使得判斷青銅時代遺存成為一件相當困難的事情，因此，即便已經發現的一些可能屬於青銅時代的遺存，也由於種種原因，或被認作新石器時代，或者被歸入鐵器時代，從而直接導致人們對新石器時代、鐵器時代年代範疇的模糊認知，造成後兩者外延的擴大。尋找或從已有的發現中確認青銅時代遺存，已經成為三江地區考古學研究中一個迫切需要解決的問題。」(李伊萍 2004)在這裡，「青銅時代」是在全無用銅遺存的考古學文化中「尋找」或「確認」出來的。

另有學者在專論圖們江流域的「青銅時代」考古時表述道，「至於青銅遺物問題，圖們江流域青銅時代文化堆積中均鮮見出土，是否存在青銅遺物不應該被看作是分辨遺存時代的硬性指標。」(宋玉彬 2002)而在關於吉林省青銅時代考古的研究論文中，通篇也全無對任何青銅製品的分析，也未對「青銅時代」的概念做出界定和闡釋。所謂「青銅時代」涉及的時間範疇始於「夏至早商」，下限則到「戰國至漢初」。文中回顧道，「1950年代開始，對西團山石棺墓地有針對性的挖掘，首先將一些廣泛使用石器生產工具並已出現青銅器的遺存，從所謂的『石器時代之文化』中分離出來，於此開創了吉林省青銅時代考古的新局面。」(朱永剛等 2015)再舉一例：「黑龍江地區也經歷了青銅時代這一發展階段，基本和中原地區是同步的。但在具體的文化面貌表現上，黑龍江東部、西部地區有明

顯的差異，這一時期東部地區的考古學文化均未發現具有該時代特徵的代表物——青銅器（件），表現了顯著的自身區域特點。因此，青銅時代的概念，作為一個年代範疇，黑龍江東西部區域存在著與中原地區不同的文化特徵表現。」（黑龍江省文物考古研究所 2011）顯然，上述論文所述「青銅時代」是以中原地區的青銅時代為參照系，意指相當於中原地區青銅時代的時段，而無關該區域用銅遺存的有無。

推而廣之，「在中國境內的不同地區，金屬器（青銅和早期鐵器）在出現年代上有早有晚，在地域分布上也不大均衡，甚至各地區因文化傳統的不同在應用範圍上也各有特色。所以，上述中國青銅時代和早期鐵器時代的開始和結束，我們都只能以黃河中下游地區為準。」（井中偉等 2013）顯然，這是把現今中國境內全域當作一個敘事單位，來展開對數千年前各地異彩紛呈的史實敘述的。

需指出的是，一個地區沒有青銅時代，全然不見或僅見零星銅器就由新石器時代直接進入鐵器時代是很正常的，並非所有區域都毫無缺失地經歷了所有的文化史發展階段，在中國考古學乃至歷史學領域，為什麼一定要在每一個罕有甚至全無青銅製品的區域都劃出一個與中原地區青銅時代大體同時的「青銅時代」來？中原王朝的影響波及範圍以外的區域，有些還有待建立起根植於當地的文化史分期與譜系框架，但即便這個框架建立起來，其階段劃分的話語系統可能還仍然不同程度地受到「中原中心」本位的影響。這一學術思維方式及其演變歷程，本身就值得深思，值得探究。

目下，學術界已充分地意識到作為研究對象的各地歷史文化發展的不平衡性，具體的田野考古與綜合研究作業也開始細密化，是時候在學術話語系統上也有相應的跟進了，這是深化相關研究的必經之路。謹以這一呼籲作為這篇小文的結尾。

論理

精細化分析：早期國家形成研究的有效途徑——從秦小麗教授新著說起

　　繼日文著作《中國初期國家形成の考古學的研究——土器からのアプローチ——》（東京：六一書房，2017年）之後，秦小麗教授又出版了她的新著《中國初期國家形成的考古學研究：陶器研究的新視角》（復旦大學出版社2019）。而二書的原型，則是她2001年提交給日本京都大學的博士學位論文，以十餘年的時間鑽研一個課題，打磨出相關的著作，這兩本書的分量不言而喻。作者的學術背景兼跨中日和歐美，視野開闊，有「貫通」的優勢，而理論方法論的思考尤其難能可貴，就中國考古學所關注的課題而言，秦小麗教授的研究較之外國學者，則更切近問題，雖然其博士學位論文的若干章節已陸續在中文論文中發表過，但能夠得窺「全貌」，得觀作者整體的構思與文脈，對於國內學界來說還是非常難得的。

　　按說，最新的譯著，對於中國學界來說已是大好事，但需要指出的是，秦小麗教授的中文新著並非其同名日文著作的簡單譯本，而是道地的「更新版」。全書共七章，其中序章、第六章和第七章（陶器的社會學與陶器研究方法、禮儀性陶器與陶器的生產與流通、二里崗文化都市文明與初期國家形成）都是為中文版新撰的；第一章「研究史」則增補了最新的考古發現與研究成果；作為本書主幹的第二至五章（陶器的型式分類和系統辨識、中心地區陶器組合樣式的變遷、二里頭文化時期的地域動態、從二里頭文化向二里崗文化的轉變），也都相應增補了最新的資料，對研究結論做了適當的調整。可知，此書雖然建基於十餘年前的博士學位論文和此後的日文著作，但卻是一部與時俱進的新著。

　　由上引各章標題，可知這部新著是緊扣「陶器研究的新視角」這一主題的。所以，這本書的著力點和亮點在於副標題，網上推介中僅列正標

題,有以偏概全之嫌,是不足以昭示這本書的分量的。

在我看來,秦小麗教授的陶器研究以及這部專著的亮點,主要顯現在以下兩個方面。

第一,作者精細化的陶器研究,既是處於轉型期的中國考古學的一個碩果,其研究實踐又推進了這種轉型,從而具有方法論上的示範意義。

眾所周知,為完成物質文化史建構的任務,自1959年夏鼐引進了柴爾德的考古學文化界定的三原則並加以提煉概括(夏鼐1959a)後,半個多世紀以來,「考古學文化」成為當代中國考古學的核心概念和基本方法論,這種物質文化史的研究基本上圍繞著建立新考古文化,完善某個區域內考古文化的發展序列,以及對文化進行再細分類型來進行的,而「在當代西方考古學中,『文化』已經不再是一個很重要的詞彙。『風格』(Style),『認同』(Identity),『族群』(Ethnicity)等概念成為西方考古學者分析考古資料區域特徵的主要術語,這些術語被用來探討物質文化所反映的區域差異和社會界限,與歐美考古學相比,中國考古學界雖然有關於文化因素分析的探討,對文化概念本身基本上沒有太多的爭論,並完全錯過了西方考古學過去三十年來有關風格的大討論,西方考古學界對文化概念的揚棄過程值得中國考古界深思」(焦天龍2008)。

1980年代中期以來,「文化因素分析法」開始在中國考古學界被提出並付諸研究實踐(俞偉超1987,李伯謙1988)。這一方法的核心是對一個遺址或考古學文化內的遺物進行分組,進而辨別本地因素或外來因素,以及它們的混合形式,焦天龍進一步分析道,「這實際上是意識到了一個考古學文化的形成過程往往是複雜的,內因和外因都要考慮。但遺憾的是,這一方法論只是停留在現象的描述和對比,大多數研究都用簡單的『文化交流』或『影響』來解釋外因的出現。所以,在理論層面上,並沒有脫

> 離傳統的考古文化的概念範圍。而實際上，以中國考古資料之豐富、文化現象之複雜，我們完全有條件在文化理論上為世界考古學作出獨有的貢獻，只要我們在解釋層面上多做探討，以實際資料來探索考古資料時空現象的形成過程，我們就有希望對考古學的這一最基本的課題提出新的解釋模式。」（焦天龍 2008）

羅泰（Lothar Von Falkenhausen）教授也有類似的思考：「我是一直希望能夠透過經濟學方法，就是人類學經濟史的方法來弄清這些我們現在稱之為『文化傳統』的東西之間的區別，然後就不再說某某某『文化』，而是說也許某一個製作傳統，或者某某一種交易網絡，或者某某一種市場範圍之類的。」「我想將來如果有時間的話，再寫一本書作為一個實驗，就是說不再提考古學文化這個概念，就提某一個遺址所能看到的什麼現象，然後把它跟周圍的遺址如何連繫，把這種市場關係、經濟關係、網路還有動力慢慢地研究出來，這當然還要考慮到古代環境、自然資產等，這些都會變得很複雜，將來如果能夠以這樣的方法研究中國早期歷史時代的考古學文化，也許可以更加具體，也更加全面、正確地從物質文化方面去了解它。」（《考古與文物》2012）

值得欣喜的是，大致從 1980～90 年代開始，「中國考古學研究的重心正處於由原來的建構文化譜系、描述文化過程為主的文化史研究，向人、社會、資源和環境及其相互關係為主的社會考古學研究方向轉移」（欒豐實 2004），「這是一場整個研究體系的變化。當考古學開始關心物質文化背後的社會時，它就立刻發現，這個任務的複雜程度，遠遠超出了物質文化史的研究」（趙輝 2018）。

筆者也曾有類似的思考，當學科的主要著眼點逐漸從建構分期與譜系框架的所謂文化史的研究轉向以社會考古為主的研究，曾立下汗馬功勞、作為考古學基礎作業的「考古學文化」當然仍將扮演重要角色。但我

們必須清醒地意識到，考古學上的「文化」是一種為便於聚類分析所做的人為設定，並非純客觀的一個存在。文化的時空邊緣既不清晰可斷，文化的內部也非鐵板一塊，人的思想和行為極為複雜，加之又移動交流，這就決定了歷史發展的高度複雜性。這樣的早期人類群團的圖景，是大而統之，略顯粗糙的「考古學文化」所無法涵蓋的。

尤應指出的是，社會進入了複雜化階段，考古學文化的面貌也變得複雜起來，與史前考古學文化的均質性不同，社會複雜化階段的共同體中，中心聚落或都邑包含著上、中、下層文化及複雜的外來文化因素，次級中心聚落中包含著中、下層文化，普通聚落則僅有下層文化，這似乎可以稱為聚落的異質性，它構成了社會複雜化階段考古學文化的一大特質。一個文化的中心聚落，在這個文化的汪洋大海中，像一座孤島，一座文化多元化的孤島；次級中心的「純淨度」則介於它和普通聚落之間。「文化」內部的複雜性由此可見一斑，粗線條的、適應文化史建構的考古學文化（類型）已難以作為細密的社會考古研究的解碼。

在社會考古學的視角下，研究的細化仍勢在必行。「文化」之下有「類型」，以往學界主要在這兩個層面上做文章；再下則為聚落，這是人類早期史的基本生產生活單位，也是社會考古的最佳切入點。隨著學科的發展，一種可稱為「聚落本位」的社會考古學研究方法，也將呼之欲出，這種方法強調精細化的背景關係研究，它可以理解為對存在於時空框架內的遺存及其關聯性的深度掌握，這應是考古學研究的一個重要面向，以聚落和最小的聚落組群為起點，在人地關係的視角下，進行縝密的個案分析，進而擴展至區域乃至區域間的地域整合，方能描繪出新時代的社會考古學畫卷。對於傳統意義上的「考古學文化」來說，這必將是一個超越和昇華。唯其如此，社會複雜化階段的考古學研究也才能最終有裨於廣義歷史程序的建構。（許宏 2011）

論理

　　就陶器研究而言，趙輝教授感慨道：「考古學發展到了今天，我們到了一個復原古代社會生活各方面的一個新的階段，對陶器的研究也呈現出多元化的現象。我很奇怪，既然陶器研究這麼重要，而且我們這麼多年來累積了那麼多心得，但為什麼我們沒有一本《陶器考古學》？我覺得這個事情值得做，我說的意思是，我們現在有必要來討論一下研究陶器的工作體系了。」(趙輝 2019) 我想，秦小麗教授這部新著，就是對上述呼籲的一個踐行，在解構傳統的「考古學文化」概念，建構陶器研究工作體系上邁出了堅實的一步。

　　秦小麗教授的研究立足於對陶器本身作為日常生活用品而產生的社會背景的再發現，其研究方法以恢復社會生活為目的，誠如岡村秀典教授指出的那樣，「其最大的特點是將數量分析方法應用於陶器研究，這在 20 年前的中國考古學研究中可以說是極為罕見的一種研究方法。她以自己獨特的研究方式，將日本考古學中的陶器法量（尺寸——引者注）比較、陶器表面繩紋數量測量等方法應用到她親自發掘與整理的考古遺址資料研究中，並以此為出發點對其他遺址進行相同分析。」「本書中使用了許多日本考古學的研究手法，所以不僅可以作為中國考古學研究的推薦書籍，也可以作為一本日本考古學研究方法在國家形成研究課題方面的實踐性書籍，很值得一讀。」(岡村秀典 2019) 其實，豈止是 20 年前，據本人所知，即便到了 20 多年後的今天，這一細密的研究方法也沒有在中國考古學界普及開來，相關研究沒有跟上。由是可知，這部初步完成於 20 年前且打磨至今的新著並未過時，而是可以作為轉型期中國考古學研究的有益借鏡，尤其有裨於中國學者陶器研究方法論的掌握與具體研究實踐水準的提升。

　　第二，大量的考古學基礎作業，圖文表並茂，縝密的推導過程，使得這部專著研究結論扎實厚重，作者透過如此頗見功力的陶器（群）分析

方法,得出了若干早期國家形成研究上的可信結論,極大地推進了相關課題的研究。

作者具有特色的陶器研究面向是基於對既往研究傾向的反思,她指出,「以夏文化和早商文化(探索)為目的而開始的二里頭、二里崗文化研究,迄今為止經歷了近90年的探索,在各個方面取得了許多成果。然而由於這兩個時代的研究往往局限在古文獻記載的夏王朝和早商王朝的固定地理範圍中,並試圖在強調考古學文化或類型的時空分布的基礎上覆原古代部族、民族或王朝的活動地域,而很少注意到各個考古學文化或類型之間交錯分布,難以用線條劃出範圍的地域交流的錯綜複雜的局面。也缺少從國家形成的角度來研究二里頭、二里崗文化的具體實踐。」上述分析是切中肯綮的,基於這樣的反省,作者才立意要「從國家形成過程這一視角出發,並利用日本考古學中以陶器分析來闡明地域間交流的方法來研究二里頭、二里崗文化時代的社會支配體制和經濟模式構成狀況」。

二里頭貴族墓隨葬陶器組合

作者不以偏於粗疏的「考古學文化」為分析單位,而是將二里頭、二里崗文化時代的中原腹地及左近地區劃分為若干區域,用數量分析的方

論理

法計算出每個遺址（聚落）陶器群中各個地域風格系統的構成比，進而透過這些數據來分析陶器風格在時間與空間上的變化，對地域間相互交流的複雜化狀態做動態解讀，並以此來闡釋早期國家形成的經緯與關鍵之所在。可以說，作者最終圓滿地完成了這一學術構想。

其具體做法是，對相關遺址的陶器資料，首先觀察其形態特徵、器表紋飾和製作痕跡，進行系統分類，再用數量分析的方法計算出各個遺址中典型單位出土的陶器中各系統的構成比例，以及這種比例在不同時期的變化，以此掌握各個遺址的特徵，在區別出本地系統陶器和外來系統陶器的基礎之上，從每個遺址中外來系統陶器要素的數量變化，來探討遺址之間的交流狀況。對於有特殊陶器構成的遺址，從其與周圍諸遺址的關係來掌握其所具有的社會政治地位和在經濟模式中所具有的作用，由於二里崗時代陶器系統所表現出的單一性特徵，作者從陶器系統、器類構成、炊器容量大小和陶器表面繩紋的條數變化等方面的量變結果，來觀察二里崗文化陶器組合的單一性特徵在一般遺址中的存在狀況，在觀察結果的基礎上，對性質不同的幾類遺址的陶器組合進行比較，最後探討這種具有規格化和一元化傾向的陶器組合特徵的社會背景。

作者透過對海量資料的量化分析和縝密的比較後指出，儘管二里頭文化時期各區域陶器群中伊洛系的比例總體上顯現出與伊洛核心區的距離呈反比的特徵，即距伊洛核心區越遠，伊洛系陶器所占比重越小，但中心聚落中伊洛系陶器的較大比重顯然突破了上述模式，原本被納入同一考古學文化的不同性質的聚落，透過細密的分析觀察，被解構為複雜的組織形態，了解得以深化，如是研究予人以深刻的印象。書中更廓清了「從二里頭文化時期包含多系統器類的陶器組合風格，到二里崗文化時期具有高度統一性的一元化陶器組合風格的變化這一顯著特徵，伴隨

著這一變化，二里頭文化時期不曾看到的伊洛鄭州系鬲作為炊煮器替代各種罐類被廣泛使用，其法量在小型化的同時，還出現了高度劃一的規格化傾向」，她指出，「二里崗文化時期的陶器組合風格呈現廣泛的齊一性，晉西南、伊洛地區、豫北、長江中游地區在二里頭文化時期都是各自具有不同的陶器組合風格的地區，然而進入二里崗文化時期之後，陶器風格呈現出高度的共通性，而且這種共通性不僅限於器類構成的類似，在陶器的細部特徵和製作技法方面也可得到確認，因此，可以認為在二里崗文化時期陶器的這種高度一元化的背後，不僅僅是陶器的簡單模仿，可能還反映了某種強烈的支配性制度的存在。這種一元化的陶器組合風格，在中心都城的王都、地方城郭都市和一般聚落三類性質不同的遺址中均可得到確認，從這一點也可以推測出產生二里崗文化陶器風格這種共通性的背景裡，存在著某種嚴格的陶器生產制度和規則。」「與中心都市密切相關的地方城郭的出現，正好與二里崗文化一元化的陶器組合風格向周邊地區擴大的時期一致，因此可以認為二里崗文化陶器風格在地域的一元化正是以鄭州、偃師商城為中心的勢力向周邊地區的強勢擴張和對地方影響的具體顯現。」這就把對各區域陶器（群）的具體分析，上升到了對社會生產乃至政治組織考察的層面，二里頭文化與二里崗文化所代表的人群社會結構上的顯著差異，我們在聚落形態的探究上已略見端倪（許宏2016a），秦小麗教授的陶器研究，又驗證並加深了相關的認知。

除了作為全書主體的陶器本體研究，作者新撰的第七章以更宏闊的視野論及各類聚落的功能性、銅器與玉器遺存乃至手工業模式和經濟營運模式，範圍超出了陶器，但也都是圍繞陶器研究而展開的，構成了本書的又一亮點。

> 論理

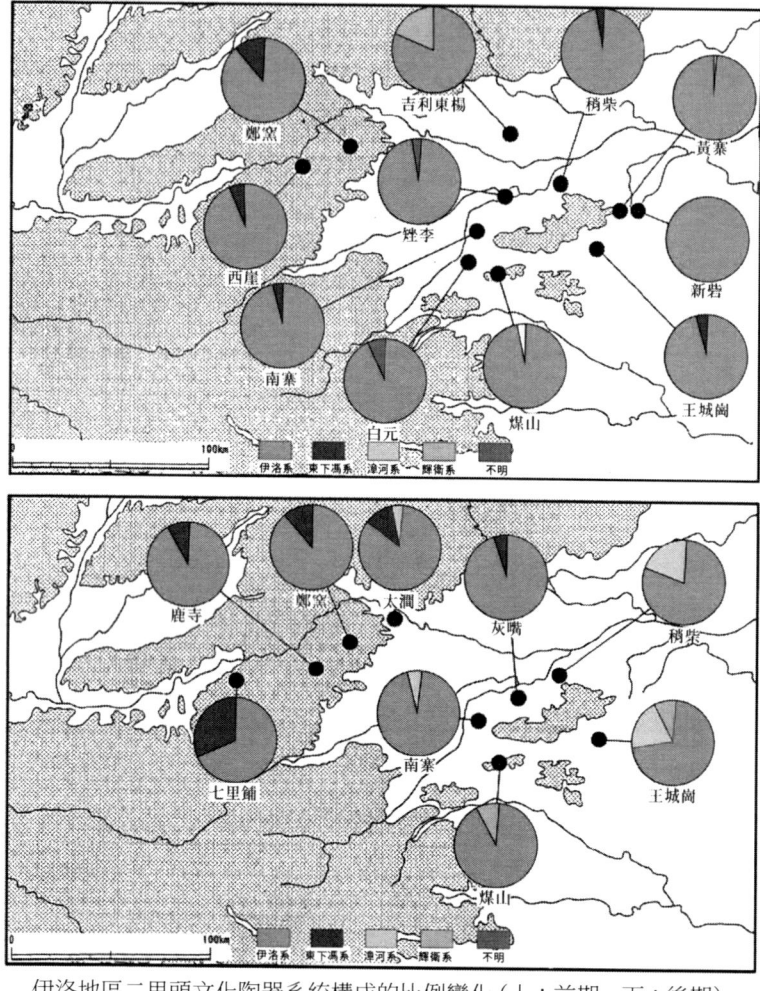

伊洛地區二里頭文化陶器系統構成的比例變化（上：前期，下：後期）

　　有學者利用人類學的「大傳統與小傳統」概念與理論來分析夏商周三代考古中存在的青銅禮器文化與陶器文化、主流禮樂文化與地域宗教信仰文化之間的關係，指出「我們不僅要關注以陶器特徵和組合為標準的考古學文化區系類型的劃分和研究，也要對以青銅禮器為主要特徵的『禮器文化圈』及其背後的社會、文化意義予以重視。兩者之間反映出怎樣不同的文化意義、社會行為和人際關係？彼此之間是一種怎樣的關

係？」,「研究夏商周三代以後的中國歷史,我們在關注具有一致性的文化面貌,占據上層主流地位的大文化傳統時,要承認不同區域、居於社會下層非主流地位的各種小文化傳統的存在,並予以重視;另一方面,我們在研究不同區域小文化傳統特徵和彼此差異時,要重視對它們之間的共性及其背後原因,即文化大傳統的研究,只有對大小文化傳統進行綜合考察,才能更全面地理解中國歷史發展過程」(徐良高 2014),秦小麗教授此書專研作為「小傳統」的陶器而兼及作為「大傳統」的禮器乃至主流禮樂文化,以其為背景全方位審視中國早期國家形成的過程,這種研究風格與視野,是值得大力稱道的。

　　秦小麗教授這一新著,無疑是近年關於中國早期國家形成研究的一部力作。眾所周知,日本京都大學岡村秀典教授以治學謹嚴、出言審慎著稱,但他身為導師對秦小麗教授此書的總體評價卻是不吝褒揚的:「可以毫不誇張地說,本書為繼新石器時代晚期而崛起於中原地區的二里頭、二里崗文化時期的地域交流動態研究開闢了一個新的研究方向。」(岡村秀典 2019)對此,筆者深表贊同。

論理

觀潮

高度與情結——
夏鼐關於夏商文化問題的思想軌跡

1980年，夏鼐正在翻閱《考古學報》

2010年，是夏鼐先生誕辰100週年，整個學界從不同的角度來紀念這位巨匠，這篇小文僅想透過重溫夏鼐關於夏商文化的論斷，略述對這一領域探索方向的粗淺理解。

考古學的特長，是從對遺存的分析入手，探究逝去的人與社會，關於其研究方法，歷代學人都在苦苦探求。其中最重要的途徑，就是對考古學文化的解析。1959年，夏鼐發表了著名的論文《關於考古學上文化

觀潮

的定名問題》(以下簡稱《定名》)(夏鼐 1959a)。這一經典性論述,至今仍是整個學科探討相關問題的圭臬。

「夏商」時代和文化的概念,在中國考古學研究中處於尷尬的境地。關於商代和商文化,由於殷墟、鄭州商城、偃師商城等一系列的發現而成為信史,考古學上的「商文化」已可確立。相當於商代前期的二里崗文化,成為考古與文獻兩大話語系統合流的最上限。再往前上溯,二里頭文化儘管被認為是廣域王權國家社會,但由於缺乏當時的文字和文獻資料,其族群與朝代歸屬朦朧模糊,因而仍處於與史前文化相近的範疇。文獻記載中的夏王朝與已確立的考古學文化之間的對應關係,成為數十年來學界孜孜以求的探索焦點,與之相應的方法論問題也一直在困擾著學界。(許宏 2004a、見本書《方法論視角下的夏商分界研究》)

身為 1950－1980 年代中國考古學的領軍人物,夏鼐的態度和言論在這段學術史的每一個時期,都發揮著至關重要的作用。

一

關於上述問題的一個認知前提,就是考古學文化與人類族群的關係問題。

夏鼐在《定名》一文中指出:

(考古學文化)是某一個社會(尤其是原始社會)的文化在物質方面遺留下來可供我們觀察到的一群東西的總稱。

考古學上的「文化」,是表示考古學遺跡中(尤其是原始社會的遺跡中),所觀察到的共同體,這是一個複雜的共同體。

這個社會因為有共同的傳統,所以留下來這些考古學遺跡的共同體。

夏鼐主編的《中國大百科全書考古學》中「考古學文化」條（安志敏1986）的釋義為：

用以表示考古遺存中（尤其是原始社會遺存中）所觀察到的共同體。

考古學中所講的文化專門指考古發現中可供人們觀察到的屬於同一時代、分布於共同地區、並且具有共同特徵的一群遺存。

可以顯見，「考古學文化」條的釋義，基本源自夏鼐在《定名》中的表述，顯然，時隔近30年，夏鼐關於「考古學文化」的界定基本上沒有變化。歸納以上表述，考古學文化的內涵僅限於可供觀察到的物質遺存，「共同體」是指遺存的共同體而非人的共同體；幾處表述都強調了它尤其適用於原始社會時期。

1961年春，夏鼐又寫了《再論考古學上文化的定名問題》一文（夏鼐2000b），其中多處涉及考古學文化與族的關係問題：

作為歷史科學的一部門，考古學不僅只要研究全人類的社會發展史的共同規律，還要研究各地區各個族的共同體的發展的特殊性。在這裡，只有「分期」這概念是不夠的，還需要有「考古學文化」。

有時幾個小的族的共同體拼合成為一個較大的共同體，產生了混合文化。有時一個共同體人口和分布擴大之後，分散成不同的共同體，有些移住在另外一些新的自然環境中形成了生產方式、生活方式和生產物不同的各個文化。

蘇聯的考古學家們便是認為「考古學文化」是在不同的族的共同體的形成過程中產生的，在不同的地域內獨特地存在著的不同的族的共同體，促使了物質文化上的地方特徵的出現。（《考古通訊》1956年第3期）

我們注意到，在這裡「共同體」開始指「族的共同體」，也即人的共同體，但沒有把一個考古學文化與一個族的共同體對應起來。不過同文中又有這樣的表述：

觀潮

考古學文化的命名所以不得已採用文化特徵或發現地點，是因為我們雖知道這文化代表一個族的共同體（有時我們還說「仰韶文化的人們」），但因為那時沒有文字記下它們的族名。

這段話的表述，似乎認為一個考古學文化（如仰韶文化）「代表一個族的共同體」。這是否受了上述蘇聯考古學思潮的影響，不得而知。據《夏鼐文集》的編者按，這篇文章雖然在考古所內部徵求了意見，但一直沒有發表。很可能，夏鼐逐漸意識到這種看法的問題之所在，所以沒有把這篇文章發表出來，此後也沒再有類似的表述。

關於這一問題，不必大量引用人類學與民族學的資料，僅依夏鼐等學者給出的初始概念，即可知以物質遺存為標識的考古學文化，與以社會心理認同為主要特徵的族的共同體，屬於兩個不同的範疇，這種認同會在物質層面有一定的反映，但在複雜的人類社會，精神與物質層面的不吻合往往存在甚至會成為常態。就本質而言，「考古學只能見到人們表現於物質的活動，和能揣測到物質遺存所能體現的人們的關係及其他思想等方面的內容。」（張忠培1999）「揣測」當然已進入了無從驗證的範疇。因此，將考古學文化與族的共同體畫等號的做法存在著認知上的問題。

到了1980年代編寫《中國大百科全書考古學》時，夏鼐的思考顯然更為周到成熟。

考古學「文化」一詞，是從民族學引進的，用以表示具有同一文化傳統的共同體。但根據民族學的數據，同一部落或民族所用的物件，有時有著兩種完全不同的類型（如愛斯基摩人在夏季營地和冬季營地所遺的兩套不同的用品），即使是一個定居的農業社會，隨著年代的推移，所用器物的形貌也會發生變化，經過較長的時期，甚至會變得面目全非，至於考古學「文化」所代表的共同體究竟是一個民族，還是一個部落或部落聯盟，那就更難以確定。這些問題的提出，雖還不足以否定考古學「文

化」的重要性，但促使考古學家們在運用這一概念時要作周到、靈活的思考，避免簡單化和絕對化。（夏鼐等1986）

這是十分中肯的認知。

二

關於歷史時期的「文化」，《定名》指出：

至於歷史時期中的「殷周文化」、「秦漢文化」，或「隋唐文化」，這裡所用的「文化」一詞，嚴格言之，是指一般用語中的「文化」，便是指漢族在特定的時期中各方面的總成就，包括物質文化以外的一切文字紀錄上所提及的各方面的總成就，這與考古學上含有特定意義的「文化」，嚴格說來，是要加以區別的。

以族名來命名的辦法，只能適用於較晚的一些文化，並且需要精確的考據；否則亂扣帽子，產生許多謬論，反而引起歷史研究的混亂。除非考據得確實無疑，否則最好仍以小地名命名而另行指出這文化可能屬於某一族。

考古工作者對於文化的命名問題，應當具有嚴肅的科學態度。

在《再論考古學上文化的定名問題》中，夏鼐又論及：

到了歷史時期，我們已知道是殷人的遺存，便稱它為「殷商文化」好了。依照考古學文化的含義，殷商文化不能絕對限於殷代，所以我不用「殷代文化」，我們知道殷商文化有不同發展階段的各時期，我們可以保留「小屯」作為殷商文化中一時期的名稱。

依據這樣的表述，以族屬命名的「夏文化」和「先商文化」、「先周文化」等，都不是「考古學上含有特定意義的『文化』」，「除非考據得確實無疑，否則最好仍以小地名命名而另行指出這文化可能屬於某一族」。半個世紀後重新展讀這些論述，不能不為其清晰的思維和謹嚴的邏輯所折服。

觀潮

　　但這樣的原則，貫徹起來又有相當的難度。如對某地「殷商文化」或「商文化」的確認，只能以考古學所見商王朝都城的主體文化面貌為準來判別，在具體操作上則是遺存的「相似度」。這就出現了兩個問題。一是這種「相似度」僅限於物質層面，二是「相似度」是由研究者來掌握的。「考據」到怎樣「確實無疑」的程度，就可以以族名來取代以小地名命名的考古學文化？與考古學上的小屯文化十分相似的就肯定是商族的文化遺存，而有一定地方特色的就肯定不是商族的文化遺存？在後者中，譬如山東地區，如何區分「商化」了的夷人文化和「夷化」了的商族文化？這些問題都相當複雜，有些則是考古學根本解決不了的問題。樂觀地認為可以連繫，會導致研究討論上的混亂。既往的學術史已經印證了這一問題。

　　夏鼐本人就曾有意無意地使用或認可了以族名命名的「文化」，如他在綜述 1949－1959 年十年間的考古新發現（夏鼐 1959b）時述及：

　　1956 年在洛達廟又發掘到殷代文化遺存，它的陶器具有一些特點，時代可能比二里崗早期的還要早一些，從前在新石器龍山文化和以安陽為代表的晚期殷商文化（約西元前 1300－1027 年）二者之間是留有一大段空缺，鄭州的發現使這缺口逐漸縮小了。

　　在鄭州洛達廟發現的，就是現在所稱的二里頭文化遺存，發掘簡報直接冠以「商代遺址」的標題，認為其與「龍山文化遺物接近，但仍屬於商代文化範疇」，並「有其獨立的特徵」。這裡，夏鼐依當時的主流意見，從這類遺存與二里崗商代文化的「相似度」出發，稱為「殷代文化遺存」。

　　也許是因為寫作上述兩篇關於考古學文化命名問題的論文，思考中對有關問題有了確切的想法，夏鼐在 1962 年發表的綜述性文章（夏鼐 1962）中，在表述與夏商相關的文化的定性上更為謹慎：

　　1952 年在鄭州二里崗發現了比安陽小屯為早的殷商遺存，後來在鄭州洛達廟和偃師二里頭等地，又發現了比二里崗更早的文化遺存。

二里頭類型的文化遺存是屬於夏文化，還是屬於商代先公先王的商文化，目前學術界還沒有取得一致的認識，中國的國家起源和夏代文化問題，雖已有了一些線索，但還需要進一步地研究，才能得到解決。

這相當確切地給出了當時考古學在夏商文化探索中所能得出的最大限度的結論。由於考古學的局限性，到目前為止，這一結論仍未被突破。由於在二里崗文化和二里頭文化中，尚沒有發現象甲骨文那樣的內證性文字資料，因而不能確認二里崗文化究竟僅屬商代中期抑或涵蓋整個商前期，早於它並與其有密切關聯的二里頭文化的歸屬也就無法確認，顯然，就早期王朝與族屬的研究而言，早於殷墟時代的考古學文化已進入未知的領域（見本書〈方法論視角下的夏商分界研究〉）。

二里崗屬於「殷商遺存」，而二里頭和洛達廟一類遺存，只知道是「比二里崗更早的文化遺存」。仔細咀嚼其用詞，我們才能體悟到夏鼐身為一代考古學大師在掌握學術問題上的分寸與高度。

但在隨後的夏商時期考古發現與研究中，夏鼐關於在文化命名上要慎用族名的叮囑並沒有被很好地貫徹，即便是懷有上述清醒認知的夏鼐，在主政考古所時，還是認可考古所的發掘簡報中對二里頭宮室建築給予明確的朝代定性。

1974年，二里頭遺址1號宮殿基址簡報在《考古》雜誌上發表，標題中直接出現了「早商」字樣，發掘者用非常肯定的口吻提出對遺址年代與朝代歸屬的意見，簡報認為，這座「商代早期的宮殿建築，為湯都西亳說提供了有力的實物證據，從而二里頭遺址的性質問題也就清楚了」。這一推論的前提則是「二里崗文化屬商代中期」的論斷。正是由於「找到了三期早於二里崗期的地層根據，因此我們確定這座宮殿遺址是商代早期的」。

三

1977年11月，夏鼐在河南登封告成遺址發掘現場會上，指出關於「夏文化問題」的論證前提是兩個「假定」(夏鼐1978)：

首先應假定：1我們探討的夏王朝是歷史上存在過的，不像有些疑古派認為可能沒有夏王朝，2這個夏文化有它一定的特點，發言的學者雖然沒有說明這二點，看來大家想的是差不多的。

上面這段引文應當包含如下幾層意思：①「夏文化」討論的前提是承認文獻記載中的夏王朝為信史；②「夏文化」能夠在沒有當時文字資料的情況下，從考古學中辨識出來，在當時的中國學術界，「夏王朝存在說」與「夏文化可定說」這兩個前提已不被認為是「假定」，而成為深入人心的共識。

這樣的自信顯然源於甲骨文和殷墟的發現：「由於近代在殷墟發現了商朝後期的甲骨卜辭，其中的有關紀錄已經基本上證實了《殷本紀》所列商王世系，可見《夏本紀》中的夏王世系，也絕不會出自史遷的杜撰，總之，夏朝的存在是完全可以肯定的。」(鄒衡1980)「既然商代歷史和《史記殷本紀》中的商王世系已為安陽殷墟發掘和甲骨文所證實，人們就有理由相信《史記夏本紀》中夏代世系也非虛構。事實上，這已成為王國維以來熟諳中國歷史、文化的國學研究者的共同信念。」(中國社會科學院考古研究所2003)

這種對夏文化探索的信心與共識顯然已偏離了殷墟晚商王朝得以確認的根本前提，即地下文字資料與古典文獻的互證，這樣的共識與其說是實證的結果，毋寧說是一種情結；或像上引文所言，是一種「共同信念」。

1977年，夏鼐（左一）考察王城崗遺址發掘現場

　　從 1959 年徐旭生等踏查二里頭提出二里頭可能為湯都西亳，到鄒衡 1977 年提出二里頭為夏都、鄭州商城為湯都亳（鄒衡 1978a），再到 1983 年偃師商城發現後被指認為西亳（黃石林等 1984），再到世紀之交，鑑於相關測年數據漸晚，多數學者轉而認同二里頭僅為晚期夏文化（夏商周斷代工程專家組 2000），近年，測年數據似乎又有利於二里頭商都說（張雪蓮等 2005、2007）。這類話題對於立志修國史的國內學界來說，具有極大的吸引力。正因為這樣的情結與研究取向，使得國內的學者們在數十年夏文化與夏商分界探索上傾注了極大的熱情，其參與人數和發表學說之多，歷時日之長，討論之熱烈，都遠超其他學術課題，為海內外學術界所矚目。

1985年，夏鼐（左三）考察偃師商城發掘現場

觀潮

夏鼐在這次發言中正式對「夏文化」的概念作了界定，即：「夏文化」應該是指夏王朝時期夏民族的文化。

可以說，這一界定決定了相關討論的方向，其中包含了狹義史學中的政治實體、確切的時段（「夏王朝」）和具體的族屬（「夏民族」）概念，而這些恰恰都不是考古學所擅長解決的問題，甚至是無法解決的問題。

此後，有學者明確表示「不同意說夏文化就是夏民族的文化」（田昌五 1981），認為「從考古學文化上看，中原龍山文化、夏文化與商文化三者是先後一脈相承發展下來的。它們之間有發展階段上的差別，而不是不同的民族文化」（田昌五 1985），但更多的學者是接受或有所修正。

鄒衡的表述是：「夏文化，也就是夏王朝所屬的考古學文化。」（鄒衡 1980）《中國大百科全書考古學》「夏文化問題」條的定義是：「中國考古學以探索夏王朝時期在夏人活動地域內遺留的物質文化遺存為目標的學術課題。」（殷瑋璋 1986）

直到近年出版的《中國考古學夏商卷》，對「夏文化」的定義仍是：「『夏文化』是指夏代在其王朝統轄地域內夏族（或以夏族為主體的人群）創造的物質文化和精神文化遺存，核心內容是關於夏王朝（國家）的史蹟。」「需要說明的是，夏文化、商文化同後來的宗周文化、秦文化、楚文化一樣，是歷史時期考古學文化的名稱。它們同以典型遺址或最初發現的遺址地名命名的諸史前文化或二里頭文化、二里崗文化、小屯文化的命名原則不同，屬於考古學與歷史學整合層面上提出的命名。」（中國社會科學院考古研究所 2003）

值得注意的是，夏鼐曾明確指出「歷史時期中的『殷周文化』、『秦漢文化』，或『隋唐文化』，這裡所用的『文化』一詞與考古學上含有特定意義的『文化』，嚴格說來，是要加以區別的」（夏鼐 1959a），但在後來的具

體研究實踐中，學者們更傾向於把以族屬命名的文化看作考古學文化。

顯然，夏鼐關於「夏文化」的界定奠定了日後夏文化討論的基礎，與此同時，它的提出也就決定了這一討論的結局，回顧研究史，問題不言自明。

談及會上發表的四種意見，夏鼐認為，在河南龍山文化和二里頭文化各期遺存中，「現有的資料還不足以說明哪一個是夏文化，條件還不太夠」，即使到了一般認為夏文化問題有了實質性進展的今天，這句話仍不過時，後來的研究實踐充分地證明了這一點。但在當時，充滿探索激情的學界已聽不進這類提醒了，夏鼐自己也未能從具體的推斷中超脫出來：

> 有學者說鄭州是湯都，二里崗下層便是商朝最早的文化，可鄭州還有早於二里崗的商文化遺存。有共同點，又有差別，這裡很複雜。可以繼續研究。

「鄭州還有早於二里崗的商文化遺存」的認知，是以二里頭文化晚期屬於商文化的假說為前提的。如前所述，夏鼐自1950年代以來一直堅持這樣的觀點。實際上，這已經進入了未知的領域。

最後，夏鼐在會議的總結中作了樂觀的預測：

> 雖然這次會上沒有能夠作出結論，但可以肯定，離做結論的日期是一天比一天近了。

縱觀數十年的論戰，二里頭文化究竟屬夏屬商仍在爭議中，主流觀點搖來擺去，無法認為取得了實質性的進展。這些論題，可以認為都是在無從驗證的假說的層面上進行的，已超出了考古學所能解決問題的範圍。

四

1979年，夏鼐在綜述三十年來的中國考古學時（夏鼐 1979）總結道：

中國考古學中，在新石器時代和文明燦爛的安陽殷代文化之間，從前是有一大段的空白。這 30 年間的新發現，逐漸填補了這空白。但是中國第一個王朝夏朝（相傳它的年代是西元前 21 至前 16 世紀）在考古學上還是不能證實。

有人認為我們已找到夏代遺址，包括兩處夏代都城遺址，就考古學的證據而言，這結論未免下得過早。

1983 年 3 月，夏鼐在日本所作公開演講《中國文明的起源》（夏鼐 1985）中明確指出：

至於二里頭文化與中國歷史上的夏朝和商朝的關係，我們可以說，二里頭文化的晚期是相當於歷史傳說中的夏末商初。但是夏朝是屬於傳說中的一個比商朝為早的朝代。這是屬於歷史（狹義）的範疇。在考古學的範疇內，我們還沒有發現有確切證據把這裡的遺跡遺物和傳說中的夏朝、夏民族或夏文化連線起來。

作為一個保守的考古工作者，我認為夏文化的探索，仍是一個尚未解決的問題。

同年 5 月，夏鼐在中國考古學會第四次年會開幕式上的演說（夏鼐 2000a）中又強調：

至於夏文化，我們把題目叫做「夏文化的探索」。「探索」這一詞，表示這問題在考古學上仍是一個探索性的問題。

我們不能為了把碳十四測定數據來湊合傳說中夏朝開始於西元前 2000 年的說法而在一處採用未作年輪校正的數據，另一處又採用校正過的數據。要知道二者之間相差達 400 來年，而夏朝享國，據傳說一共只有 400 年左右。

利用文獻記載要先作考據和辨偽的工作，尤其是關於夏朝的傳說，我們沒有當時傳下來的文字記載，利用傳說更要謹慎。

這些論斷都是頗為妥當，能夠經得住時間的考驗的。其中關於「夏朝是屬於傳說中的一個比商朝為早的朝代」的看法，「在考古學的範疇內，我們還沒有發現有確切證據把這裡的遺跡遺物和傳說中的夏朝、夏民族或夏文化連線起來」的嚴謹認知，都難能可貴，在今天仍具有重要的指導意義。

要之，夏鼐在夏商文化問題上一定程度的態度搖擺，顯現了他身為學界大家所具有的冷靜頭腦和真知灼見，與置身整個20世紀後半葉總體研究取向之中的矛盾。

歷史地看，儘管有層出不窮的重要考古發現，儘管耗費了學者們的諸多心力，但剝開夏商文化問題熱鬧非凡的表層外殼，它的「基岩」部分，也即夏鼐1962年及其後對二里頭文化與夏文化關係的確切表述，卻沒有被撼動或突破。考古學層面的基本概念仍是「二里崗期商文化」、「二里頭文化」、「下七垣文化」等，超出考古學層面的「夏文化」、「先商文化」或「先周文化」等概念，都已進入了假說的領域，無法在沒有當時文字出土的情況下被驗證落實。這已是不爭的事實。

任何學科都有其局限性，而這些局限若能夠被充分地「自覺」到，才是該學科發展的有力表徵，史前至原史時代考古學的學科特點，決定了其以長時段的、歷史與文化發展程序的研究見長，而拙於對精確年代和具體族屬、朝代及歷史事件的掌握（見本書〈商文明：中國「原史」與「歷史」時代的分界點〉）。當一個議題多年來聚訟紛紜、久議不決時，就要考慮該命題的合理性、可行性或方法論上是否存在問題。深化對這類命題性質的認知，進而達致新的理念和方法論上的共識，應當是今後的一個努力方向。

觀潮

　　以聚落考古為切入點的精細的社會研究，多學科合作所展示的考古學的無窮潛力和廣闊天地，都呼喚著早期王朝時代的研究，應當先回歸考古學，應當揚長避短而不是相反。唯其如此，考古學才能最終有裨於廣義歷史程序的建構。

「新中原中心論」的學術史解析

由區系類型到一般進化論

　　關於中國文明形成過程，在近百年的探索中有過多種認知模式，僅20世紀後半葉以來，就有「中原中心說」（安志敏1959，石興邦1959）、「滿天星斗說」（蘇秉琦等1981）、「中國相互作用圈說」（張光直1989）、以中原為中心的「重瓣花朵說」或「多元一體說」（嚴文明1987）、「以中原為中心的歷史趨勢說」（趙輝2000、2006）、「新中原中心說」（張學海2002）等。

　　總體上看，這些解讀要麼強調各地史前文化成就的多元等重，要麼強調自史前時代開始的中原中心的分量。關於國家形成的路徑，只有蘇秉琦提出了中原以外起源的「北方原生型——中原次生型」的模式，由於缺乏足夠的考古學證據的支持，鮮有呼應者，各地學者往往強調本地的文明貢獻，也多難以得到學界的普遍認可。

　　與此同時，「一般進化論」的思考方法一直居於主流，趙輝在回顧20世紀考古學關於中國文明起源問題的研究歷程時指出：「當時的研究者在考慮物質文化面貌的演變時，一般會注意到和強調各地文化的不同譜系情況，是一種類似多線進化論的思考方法；在考慮史前社會發展狀況的時候，人們又往往不加區別地用同一種理論來說明各地文化的演進，並至少在相當大範圍內，把各地的社會看作是大體同步發展，就本質來說

是一般進化論的思考方法。」（趙輝 2003）這是切中肯綮的。連繫到直至今日，在海量的相關資訊被掌握的情況下，所謂一般進化論的思考方式仍居主流，恐怕其主要原因要到資料的匱乏以外去找了。

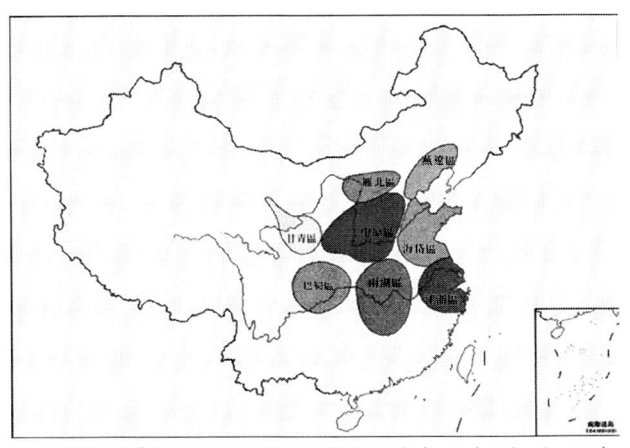

新石器時代「東亞大兩河流域」的主要文化區（嚴文明 1987）

「每個區域的新石器時代文化在文化上與社會上都愈來愈複雜、愈分歧、愈分層，終於導致這些區域中產生文明的基礎。」（張光直 1989）「限於目前田野考古發展還不充分和不平衡的狀況，各地發現的考古遺存的內容也有很大的差別。儘管如此，由於它們的年代相若，文化發展程度相近，各自反映的社會內容也是相通的。」（嚴文明 1992）類似的認知在相關研究中具有代表性，各地史前社會大體同步向文明邁進的思路，成為中國學界的基本共識。在關於中國史前文化發展、文明起源與形成過程的敘事上，宏觀的縱向斷代綜述成為主流，如「新石器時代晚期」、「銅石並用時代」等，其分量遠遠重於區域本位的動態分析。

由是，儘管普遍認可一般意義上社會發展的不平衡性，但學者們會諱言區域文化間在社會發展程序上的差距，如「銅石並用時代以來，中國大部分地區存在大致相同的社會發展趨勢，並不存在全方位的『先進』與『落後』」（韓建業 2003）。

觀潮

　　類似的表述幾乎成為中國這個多民族廣域國家歷史研究中的一種「學術正確」，遠古時期區域文化間的不平衡性和差異性則一定程度上被淡化。究其思想基礎，不能不歸因於區系類型理論的建構及深入人心。「滿天星斗說」的文明起源觀直接建立在區系類型框架的基礎上，已毋庸置疑，「相互作用圈說」應也與其有一定的關聯。「重瓣花朵說」或「多元一體說」、「以中原為中心的歷史趨勢說」和「新中原中心說」，顯然是「中原中心說」的否定之否定，都可以看作多元認知視角下的新中原中心論，多元發生論的時空與譜系基礎，當然也是區系類型理論。

中原中心究竟始於何時

　　嚴文明在論述史前文化的多元一體格局時指出，「五個文化區都緊鄰和圍繞著中原文化區，很像一個巨大的花朵，五個文化區是花瓣，而中原文化區是花心，各文化區都有自己的特色，同時又有不同程度的連繫，中原文化區更發揮著連繫各文化區的核心作用。我們看到在中原地區仰韶文化中發生的那種飾迴旋勾連紋或花瓣紋的彩陶盆幾乎傳遍了整個黃河中下游，長江中下游的同期遺存中也偶爾能見到這類產品。」(嚴文明1987)顯然，作者認為在仰韶文化興盛時期，中原區即已「發揮著連繫各文化區的核心作用」，嚴文明在綜述仰韶文化房屋建築品質、結構和聚落分化情況的基礎上，認為「如果在仰韶文化後期沒有發生貧富分化和聚落之間的分化，是不會出現上述現象的。可見仰韶文化後期同大汶口文化後期的社會發展階段是基本一致的」(嚴文明1992)，張學海更從聚落形態的角度，論證在「重瓣花朵」結構中，仰韶文化占有全國新石器文化的「花心」地位 (張學海2002)。

　　考察那些被認為是文明要素的仰韶文化後期階段的考古資料，基本上限於房屋品質、結構，聚落數量、面積及分群，以及彩陶的繁盛與地

域擴展等，從中可提取的可靠資訊恐怕基本上限於人口的膨脹和彩陶這種普世的生活日用品的製作技術和藝術水準，它反映的應是史前農耕生活的發達程度，卻少有華東地區如大汶口文化晚期那樣嚴重的貧富分化、社會分層和階級分化的資料（欒豐實 2003），趙輝論及「仰韶文化之所以成為主動的一方，同它本身強大的實力有關。據初步統計，（河南靈寶）仰韶文化廟底溝期的堆積有 70 多處，其中有三四處遺址的面積達 50 萬平方公尺左右，北陽平遺址面積更是達到 100 多萬平方公尺，其遺址數量之多、分布之密集、規模之大皆令人驚訝」（趙輝 2000），但上引諸指標似乎僅昭示其人多勢眾，而難以得出實力強大的結論。經常被提及的仰韶文化晚期秦安大地灣「原始殿堂」，雖稍具章法，但仍與更早的作為公共活動場所的「大房子」一脈相承，其他遺存乏善可陳，誠如有學者指出的那樣，雖「已有中心聚落和一般聚落的差別，但貧富分化似乎仍很有限」（韓建業 2003）。

　　從人文地理上看，仰韶文化分布的區域既超出了中原地區，中原地區也不是仰韶文化分布的中心區域，這也從一個側面說明仰韶文化時期沒有形成以中原為中心的文化態勢。

　　要之，仰韶文化因早年發現，考古工作充分，又地處中原，在研究中被抬升到了一個較高的地位，其文化與社會發展程度易被「放大」。但正如趙輝在梳理西元前 5000 – 前 3000 年的文化形勢時指出的那樣，「通常會把仰韶文化的質地細膩、器形有序、燒成溫度高而且圖案漂亮的彩陶作為這個時期陶器製造技術的代表，其實，最早出現在大溪、崧澤文化的封閉窯室和黑、灰陶燒製技術，以及利用輪製成型技術而可能達成的批次生產的意義也不能低估，玉石器製作技術在長江流域諸文化中發展得較早且快，崧澤文化和南京北陰陽營、安徽含山凌家灘遺存中的玉器便是當時的代表作。」他在綜論西元前 3000 – 前 2500 年的文化形勢

時進一步指出，與大汶口、屈家嶺——石家河文化早期、良渚等文化相比，「同期的仰韶文化卻顯得比較衰弱」，「文化面貌十分統一的情形消失」，「進入一種離析狀態」，開始「由各個地方文明對中原地區施加影響」，出現了「中原文化和周圍幾個地方文明實力對比的差距」。

儘管作者承認「在某種意義上說，當時的中原地區處在一種空虛狀態」，但還是認為「可以把這一時期視為中原文化區開始形成的時期」。由於這個「中心」並不興盛繁榮，所以周邊地帶的文化成就顯得相當醒目：「地方文明都處在中原文化區的周邊地帶，它們幾乎在相同的時間裡達到很高的發展程度」。果如是，那時有無史前文明中心？中心何在？是否早在這一階段就已「清楚地呈現出（以中原為中心的）三重結構」（趙輝 2000）？如此種種，都是需要進一步探討的問題。

在數年後的另一篇論文中，趙輝調整了自己關於中原文化區形成的推論。他指出「仰韶文化鬆散離析的態勢持續到大約西元前 3000 年左右，中原地區進入了一個各種文化重組的複雜階段」；西元前 2500－前 2000 年，「中原地區在經過廟底溝二期文化的調整之後再度崛起，形成了上述『以中原為中心的歷史趨勢』」（趙輝 2006）。可知，他把中原中心形成的時間由西元前 3000－前 2500 年下移到了此後的「中原龍山文化」時期。

但既有的考古發現表明，龍山時代晚期階段以各小流域為單位的聚落群廣泛分布於中原各地，它們多為一個中心聚落所控制，內部等級分化明顯，從而形成了一種「邦國林立」的局面。考古學文化譜系研究顯示，這些聚落群分別擁有不同的文化背景和傳統，而大量的殺殉現象、武器的增多和一系列城址的發現又表明它們之間存在著緊張的關係，衝突頻繁地發生。可以認為，這一時期在整個中原地區並沒有發現超大規模、具有跨區域影響力的中心聚落，沒有顯著的區域整合跡象；在西元前 2000 年前後的一二百年時間裡，也即在所謂的夏王朝前期，考古學上

看不到與傳世文獻相對應的「王朝氣象」,(見本書〈西元前2000年:中原大變局的考古學觀察〉)

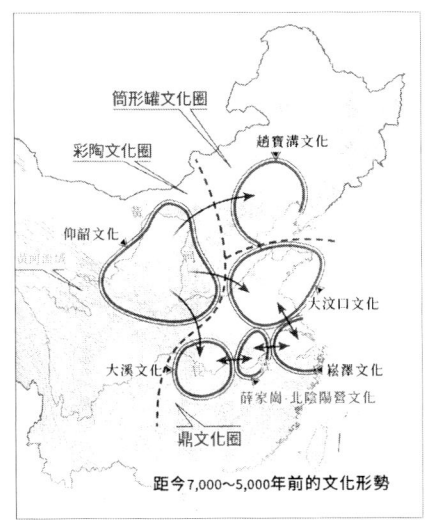

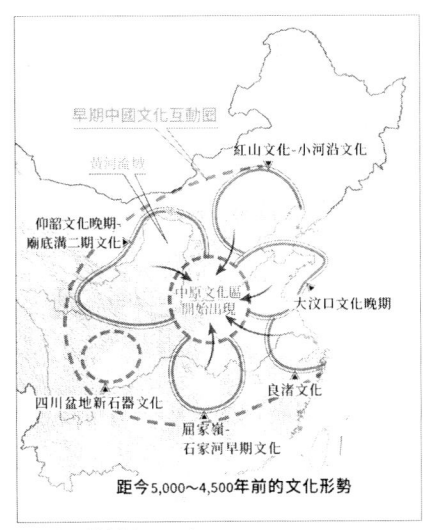

中原中心形成過程分期解析(趙輝 2006)

只是到了龍山時代末期,大河之南的嵩山一帶,才在「逐鹿中原」的躁動中逐漸顯現出區域整合的跡象,新砦集團開始嶄露頭角,顯然,它的崛起,為隨後以二里頭為先導的中原廣域王權國家的飛躍發展奠定了基礎,在地緣政治上,地處中原腹地的鄭州——洛陽地區才成為中原王朝文明的發祥地。

中原中心是如何形成的

趙輝把包括中原在內的西、北部旱作農業區文明化程序,歸納為不同於東、南部社會的一種模式,其「社會分化程度普遍較低,缺乏等級表徵系統,社會矛盾的尖銳和新的社會秩序的建立,更多體現在聚落之間和聚落群之間,社群之間的衝突和暴力似乎是其社會生活中的重要內容」,相比之下,東、南部地區「社會複雜化和社會分層化程度較高。伴

> 觀潮

隨新的社會等級秩序的建立,這些地區的社會生活中發展起一套複雜的等級表徵系統」。(趙輝 2006)

趙輝對文明化程序兩大模式的歸納,與吉德煒「由物見人」、觸及智力思想的東、西劃分(吉德煒1993),在作為研究對象的時空和人群上都是一致的。吉德煒在令人信服的比較中「十分強調東部居民的思想和社會組織」,最終提出「東部沿海文化因素在後來中原青銅時代文明中是第一位的」論斷,相比之下,趙輝的表述似乎更代表了中國學者各區域共同進步而風格不同的慣常思路。

吉德煒和趙輝的論述給人的感覺是都偏於條塊劃分的「靜態」,但可以肯定他們都給予區域間的文化交流以極大的關注,吉德煒敏銳地注意到「到了西元前4千紀至3千紀,東部沿海的文化因素開始侵入中國北部和西北部」,趙輝在這一問題上也花了相當的筆墨,他對中原地區演變脈絡的掌握相當準確。不過,趙輝往往把中原的社會變化與外部影響分開來說。

譬如關於西元前3000年左右開始的文化重組,他分析道,「起源於晉南地區的廟底溝二期文化快速覆蓋了豫西的洛陽平原,並對鄭州以及嵩山以南乃至渭河上游的廣大地區產生了廣泛影響。」接著,他單獨提及外來影響,「與此同時,東方的大汶口文化和南方的屈家嶺——石家河文化也相繼影響到中原地區。」在歸納中原社會的特徵時,他用考古資料詳述了這一地區「社會環境經常性地動盪不安」,而後論及「周圍地區文化因素的大量出現,是廟底溝二期以來中原地區的又一令人矚目的文化現象」,「在中原地區,來源或背景不同的各種勢力之間的衝突和重組也許是經常發生的事情,而這進一步加劇了中原地區的動盪不安」。

問題在於,屬於前述西部文化系統(或模式),長期以來缺乏貴族文化,可謂「窮過渡」的中原地區,何以自西元前3000年以來,尤其是西

元前2500年以來,會發生如此劇烈的「文化重組」?為什麼外來因素僅僅是「與此同時」滲入的,而不是這些變化的重要契機甚至就是要因?

趙輝在上引文中指出,「在激烈競爭的環境中,在資源相對貧乏的基礎上,原來平等、平均的氏族社會被如此這般地改造成了『準文明』的形態,或者乾脆就是文明。」顯然,厚葬、殉人、棺槨、發達的玉(石)器和精製彩繪陶器等中原不見或罕有,顯現社會成員高度等級分化的器用制度和觀念,來自於中原東、南方先行一步的文明實體。更有學者認為,正是這些外來文明因素的「改造」,使得本土的仰韶文化退出歷史舞臺,「其他文化系統,尤其是江漢地區與海岱地區文化的影響和滲透促使中原文化在一定程度上改變了發展程序和方向,使長達2,000多年的仰韶文化走向結束」,而「大汶口文化和屈家嶺文化對仰韶晚期的影響促成了廟底溝二期文化的形成」。芮城清涼寺等若干地點,甚至「應當是伴隨著一定規模的人群遷入移動」(魏興濤 2012)。

又有學者提出三模式說,在大體相當於吉德煒、趙輝所論東、西文化系統(或模式)的「東方模式」和「北方模式」以外,增設了「一個介於二者之間的『中原模式』」(韓建業 2003),這是很有見地的。中原融合兩大文化系統(模式)之長,在雜交中催生出高度的文明(許宏 2009),這已成為學界的共識,那麼,後起的「中原模式」本屬西(北)部板塊,它出現的契機是什麼?抽出了其中蘊含的東(南)方因素,它還有什麼?在「中原龍山文化」中,陶寺往往被看作特例,其實它具有相當的代表性:「陶寺類型絕非晉南廟底溝二期類型的自然發展,而是東方文化西漸的產物」(韓建業 2003),它與中原地區其他同時代文化相比,只不過是「東方化」的程度更甚而已。

當然,我們不能忽略青銅的出現,以嵩山為中心的黃河中下游的貴族階層優先用青銅這種貴金屬製造出了用於祭祀的禮器和近戰兵器,從

觀潮

而開啟了中國青銅時代的先聲。

何以中原？群雄逐鹿之處，方為中原。沒有華東文化的西進、歐亞大陸青銅潮的東漸和東、西文化系統兩大板塊的碰撞，就沒有所謂的中原中心。在中原中心出現前，華東區域土著邦國先行一步，來自西北的文化影響則逐漸增強；隨著逐鹿中原、東西碰撞帶來的大整合（廟底溝二期——中原龍山文化，約西元前 2600 – 前 1800 年），以二里頭為先導的廣域王權國家得以崛起，中原中心也才最終形成。

至於這一推論的細節展開，要待諸另文了。

「夏」遺存認知推定的學史綜理

目下，關於考古學上「夏文化」的討論探索如火如荼，相關認知莫衷一是。本文擬從學術史的角度對考古學領域「夏文化」探索的經緯稍作梳理，以期有助於相關問題討論的深入進行，僅大致按成果公布的早晚，從信念史、概念史、推定史和稱呼史四個角度展開回顧。

一　信念史

真正將地下出土文字資料與傳世文獻相結合進行整合研究的，首推王國維先生。1917 年，王國維在其著名論文〈殷卜辭中所見先公先王考〉及〈殷卜辭中所見先公先王續考〉中，對安陽殷墟出土的甲骨文進行釋讀研究，初步論證了《史記殷本紀》所載商王世系表基本可靠、商王朝的事蹟為信史（王國維 1959），在 1925 年成書的《古史新證》中，他又將兩文的觀點系統化，撰成〈殷之先公先王〉一章，詳細考訂了殷商先公先王的世系以及商先王的世數。在成功釋讀甲骨文，證明商王世系的基本可靠之後，王國維本人即頗為樂觀地推論道，「由殷周世系之確實，因之推想夏

后氏世系之確實，此又當然之事也。」(王國維 1994)這一由此之可信得出彼之可信的推論方式得到廣泛的認可，成為國內學術界的基本共識，也是在考古學上進行夏文化探索和夏商分界研究的前提之所在。

此後，類似表述習見於民國時期以來學者的著述中，如傅斯年在《性命古訓辨證》一書中推論道：「夏后氏一代之必然存在，其文化必頗高，而為殷人所承之諸系文化最要一脈，則可就殷商文化之高度而推知之。」(傅斯年 2006)郭沫若也斷言：「殷、周之前中國當得有先住民族存在，此先住民族當得是夏民族。」(郭沫若 1982)徐旭生 1950 年代主持對傳說中「夏墟」的考古調查，也是出於如此信念：「據古代傳說，商代以前有一個夏代。近十年來雖說一部分的疑古派學者對於夏禹個人的人格問題發出若干疑問，可是對於夏代的存在問題並沒有人懷疑過。」(徐旭生 1959)李學勤則認為：「根據周代文獻和銅鼎題銘，商代以前肯定有夏代存在，殷代祀商先王或自上甲，或自大乙，也暗示著大乙（湯）代夏之事。」(李學勤 1958)

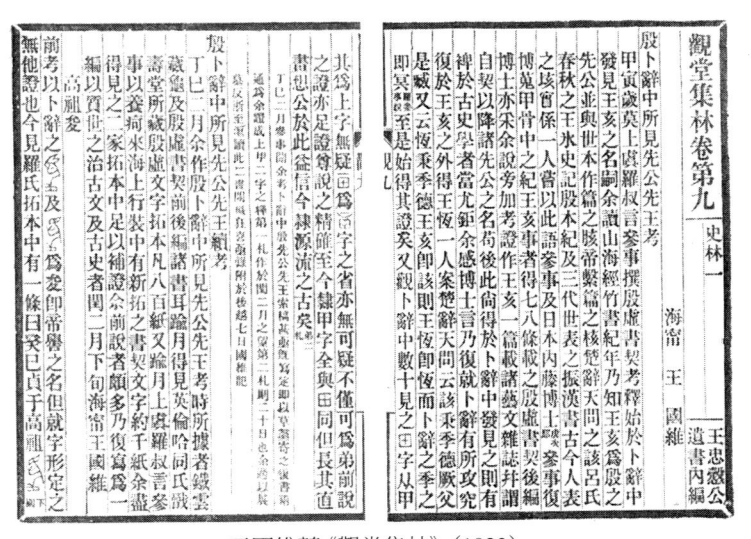

王國維著《觀堂集林》(1923)

觀潮

　　這種樂觀態度一直延續下來，充溢於 20 世紀後半葉的各種討論中，且更多地寄望於新的考古發現來落實，類似觀點頗具代表性：「自從安陽殷墟發掘以來，商殷的歷史不但為考古發現所證實，而且得到了很大的豐富，從而使人們相信夏代的歷史也完全有可能透過考古工作取得同樣的成果。河南鄭州等地商殷早期文化的發現，更加堅定了考古工作者對於探求夏文化和追溯商文化起源的信心」，「可以預期在不久的將來，一定能夠得出科學的結論」（中國科學院考古研究所 1961）。1970 年代末至 80 年代被認為是「中國考古學的黃金時代」（中國社會科學院考古研究所 1984b）。進入這一階段，整個學科對解決僅憑文獻史學不能確證的夏文化及夏商分界問題更是充滿自信，這也反映在當時的論述中：「目前在考古學上還不能確切判定哪些是夏代的遺跡和遺物，這個中國古代史上的重要問題，隨著中國考古學的發展，總是可以解決的。」（北京大學歷史系考古教研室商周組 1979）「1983 年新發現的偃師商城遺址肯定其為湯都西亳似無可疑。早商都城遺址的確定，必將極大地促進夏文化問題的進一步解決，不久的將來一定能夠取得大家公認的正確結論。」（中國社會科學院考古研究所 1984a）「探索夏代文化的工作還在進行之中，隨著新數據的不斷出現和討論的進一步深入，相信這個課題必將獲得圓滿的答案。」（殷瑋璋 1984）這種對夏文化探索的信心與共識，顯然已偏離了殷墟晚商王朝得以確認的根本前提，即地下文字資料與古典文獻的互證（見本書〈方法論視角下的夏商分界研究〉）。

　　本世紀初問世的整合性著作《中國考古學夏商卷》的緒論部分對此有更為確切的表述：「既然商代歷史和《史記殷本紀》中的商王世系已為安陽殷墟發掘和甲骨文所證實，人們就有理由相信《史記夏本紀》中夏代世系也非虛構。事實上，這已成為王國維以來熟諳中國歷史、文化的國學研究者的共同信念。」（中國社會科學院考古研究所 2003）誠如有學者指出的那

樣，「從考古學上探討夏文化，並不是像有人所希望的那樣，用考古發現去驗證有無夏王朝，驗證『疑古』學者的觀點是否正確，而是從一開始，就是在基本上肯定古代文獻典籍關於夏代歷史的記載為信史的前提下去進行的。不相信歷史上有個夏王朝，拋開古代文獻中關於夏代歷史的有關記載，考古學上的夏文化探索，便根本無從說起。」(杜金鵬 1998)

二　概念史

　　文獻記載中的夏王朝與已確立的考古學文化之間的對應關係，成為數十年來學界孜孜以求的探索焦點，與之相應的方法論問題也一直在困擾著學界(許宏 2004a、見本書〈方法論視角下的夏商分界研究〉)。從考古學的角度探索晚期文獻中的夏王朝或夏代的遺存，催生了「夏文化」的概念。圍繞「夏文化」的內涵外延，其是否屬考古學文化範疇的概念，學界展開了熱烈的討論。

　　鄒衡的重磅論文《試論夏文化》，初稿於 1960 年，1977 年完成第四稿，1980 年才正式刊行。在該文中，作者給出了關於夏文化的確切定義：「夏文化，也就是夏王朝所屬的考古學文化。」(鄒衡 1980)《中國大百科全書考古學》「夏文化問題」一條中的表述是：「（夏文化問題，是）中國考古學以探索夏王朝時期在夏人活動地域內遺留的物質文化遺存為目標的學術課題。」(殷瑋璋 1986)《中國考古學夏商卷》則定義為：「『夏文化』是指夏代在其王朝統轄地域內夏族（或以夏族為主體的人群）創造的物質文化和精神文化遺存，核心內容是關於夏王朝（國家）的史蹟。需要說明的是，夏文化、商文化同後來的宗周文化、秦文化、楚文化一樣，是歷史時期考古學文化的名稱，它們同以典型遺址或最初發現的遺址地名命名的諸史前文化或二里頭文化、二里崗文化、小屯文化的命名原則不同，屬於考古學與歷史學整合層面上提出的命名。」(中國社會科學院考古研究所 2003)

顯然，以物質遺存為標識的考古學文化，與以社會心理認同為主要特徵的族的共同體，屬於兩個不同的範疇，這種認同會在物質層面有一定的反映，但在複雜的人類社會，精神與物質層面的不吻合往往存在甚至會成為常態。因此，將考古學文化與族的共同體畫上等號的做法存在著認知上的問題。（見本書〈高度與情結——夏鼐關於夏商文化問題的思想軌跡〉）但在具有豐富的文獻資源和證史傳統的中國學界，這樣的原則在具體貫徹於研究實踐時，卻往往是難於掌握的，夏鼐本人就曾有意無意地使用或認可了以「夏」、「殷商」等族名命名的「文化」（詳後）。

三　推定史

（一）1930–1950年代，仰韶或龍山為夏

1920年代安特生發現仰韶文化遺存不久，將考古遺存與傳世文獻所載相比附的相關推論就開始問世，徐中舒是最早將仰韶文化與夏民族連繫在一起的學者。他在《再論小屯與仰韶》一文中論述道：「《中華遠古之文化》曾論及河南仰韶村的所在此文化遺址，在歷史方面有許多記載，都足以證明為夏代都邑。」「傳說方面夏代已有陶業，今仰韶遺器中陶器極為豐富，而圜器之壺在這些陶器中亦屬不少，這也足以與仰韶遺物相印證。」他最後總結道：「在本文中僅得依據中國史上虞夏民族分布的區域，斷定仰韶為虞夏民族的遺跡。這本不是健全的方法，但我們也不妨認為一種有理解的新的提議。」（徐中舒1931）此後，若干學者撰文附議，認為徐中舒所論「絕非臆必之辭」，「夏、殷兩代之文化，即此三數彩陶殘片，不難推測其嬗遞之跡」（丁山1935）。「傳說中之堯舜禹時代的安邑附近，亦即西陰村仰韶遺址附近，已有諸夏的分布」，「澠池縣曾發現仰韶遺址兩處，而在傳說中澠池縣有夏後皋之墓，此間在春秋時即有夏的

傳說，足證仰韶村所發現之史前遺物，屬於夏族」(翦伯贊 1947)。

范文瀾在《中國通史簡編》中，則從尚黑和建築城邑等方面比附，認為山東城子崖遺址所在的「東部地區有比較發展的龍山文化，與傳說似相符合」，進而從龍山文化遺物，推想了「夏朝後半期的社會情況」(范文瀾 1947、1953)。吳恩裕也認可「夏文化是新石器時代末期的黑陶文化」(吳恩裕 1956)，對此，趙光賢隨即從年代、地域和地下資料與傳說相印證三個方面，指出吳文的觀點缺乏根據，「因此吳文所說夏文化如何是靠不住的」(趙光賢 1957)。趙文指出，「吳先生根據夏后氏尚黑的傳說，就認黑陶文化是夏文化，那麼根據同樣邏輯，周人尚赤，何嘗不可說彩陶和紅陶文化是周文化呢？大概吳先生亦認為這樣附會不可信，因而不做這樣的推論，那麼為什麼卻獨於黑陶和夏文化拉在一起呢！」這大體上折射出了1930－1950年代夏文化推論比附上的認知程度。

(二) 1950年代，二里頭為商或夏

1953年，河南登封玉村首次發現了二里頭文化遺存，發掘者初步意識到其「與二里崗遺址，似屬於兩個文化系統」，但未對其歷史屬性做出判斷，僅提及「應列入中國歷史中的哪一階段，頗值研究」。1956年，鄭州洛達廟遺址又發現了同類遺存，發掘簡報直接冠之以「商代遺址」的標題，認為其與「龍山文化遺物接近，但仍屬於商代文化範疇」，並「有其獨立的特徵」。

但已有學者做了另外的推測，認為「目前在鄭州我們可能發現了夏代的文化遺址」，包括「洛達廟期」在內的文化層，「它們更接近龍山文化，而有其特異點」，「早於二里崗下期，最可能是夏代的」(李學勤 1958)，還有一些學者提示，「洛達廟層」是探索夏文化值得注意的線索或對象 (安志敏 1959，石興邦 1959)。

觀潮

　　1959 年，著名古史學家徐旭生在率隊踏查「夏墟」的過程中發現了二里頭遺址，認為二里頭遺址的遺物「與鄭州洛達廟、洛陽東干溝的遺物性質相類似，大約屬於商代早期」，他又根據古代文獻中西亳在偃師的記述，認為二里頭遺址「在當時實為一大都會，為商湯都城的可能性不小」。尋「夏墟」指認為「商湯都城」，且這一推定看法在此後的近 20 年時間裡成為學界的共識。由此顯現出類似推論的不確定性，頗具興味。

　　這類遺存先是被稱為「洛達廟類型文化」（中國科學院考古研究所 1961），後因二里頭遺址的文化內涵較洛達廟遺址更為豐富和典型，又改稱為「二里頭類型文化」和「二里頭文化」（夏鼐 1962、1977）。

（三）1960 – 1970 年代，中原龍山至二里頭早期為夏

　　進入 1960 年代，猜測性分析在持續進行。開始有了對「夏」跨不同的考古學文化和同一個考古學文化分屬於夏、商王朝的推論。如，「河南龍山文化」，與「有關夏代社會的傳說頗為接近。至於洛達廟類型的文化遺存在年代上可能與夏代晚期相當。因此，上述的兩種文化在探索夏文化中是值得注意的」（中國科學院考古研究所 1961）。夏鼐則分析道，「根據文獻上記下來的傳說，二里頭可能為商滅夏後第一個帝王成湯的都城西亳。如果晚期是商湯時代的遺存，那麼較早的中期（或包括早期）遺存便應屬於商代先公先王時代的商文化，因為三者文化性質是連續發展、前後相承的。如果事實上夏、商二文化並不像文獻上所表示的那樣屬於兩種不同的文化，那麼這裡中期和早期便有屬於夏文化的可能了。」（夏鼐 1964）從中可見夏鼐的審慎和留有餘地。

　　但在隨後的夏商時期考古發現與研究中，夏鼐關於在文化命名上要慎用族名的叮囑並沒有被很好地貫徹，即便是懷有上述清醒認知的夏鼐，在主政考古所時，還是認可考古所的發掘簡報中對二里頭宮室建築

給予明確的朝代定性。

由於二里頭文化三期始建的二里頭遺址 1 號宮殿建築被推定為商代早期，且在偏於樂觀的認知氛圍中，這一推定幾成定論，在此基礎上又形成了二里頭文化早期甚至更早的龍山文化屬於夏文化的推論，如「從考古發掘和古文獻相對照，充分證明偃師二里頭是商代早期的重要遺址」(李民等 1975)，「二里頭三期為商代早期，所以二里頭一期自然屬於夏的時期了。王灣三期、二里頭一期均相當於夏代」(佟柱臣 1975)。

1977 年，更多的碳素測年數據被公布，夏鼐認為其中四個數據中的「三個數據成一系列，包括二里頭文化的一期至四期，年代約自西元前 1900 至 1600 年」。因「可能是有誤差」而剔除了屬於三期「但測定年代反較上層（四期）的為晚」的一個數據 (夏鼐 1977)。值得注意的是，這個數據恰是被上述二里頭 1 號宮殿簡報作為最有力的證據來證明三期「相當於商代早期」的，前述認為二里頭屬於商代早期的學者，又隨之調整推論看法，認為「（西元前 1900 至 1600 年）這個年代同依據歷史文獻記載所推算出現的夏王朝中、晚期的年代基本上是相符合的」，「二里頭遺址應該確定為夏代的重要文化遺址」(李民 1979)。

(四) 1970 年代末始，二里頭或中原龍山至二里頭為夏

1977 年，在河南登封告成遺址發掘現場會上，鄒衡經多年研究，提出了他關於夏文化的論斷：「從年代、地理、文化特徵、文化來源以及社會發展階段五個方面進行全面考察，可以肯定地說，二里頭文化就是夏王朝所屬的考古學文化，即夏文化。」(鄒衡 1978a) 在 1980 年出版的《夏商周考古論文集》中，他對這一觀點加以系統闡發，形成了「二里頭文化一至四期為夏文化」的論斷 (鄒衡 1980)。

這一論斷質疑 1959 年徐旭生率隊踏查「夏墟」提出的、在十幾年間

成為學界主流認知的「二里頭商都說」,遂成為眾矢之的,由此展開了曠日持久的關於夏文化問題的大論戰。相同的考古資料,相近的觀察視角和認知推定方法,不同學者卻得出了全然不同的結論。從考古遺存推定夏商王朝分界,就有二里頭文化一、二期之間,二、三期之間,三、四期之間,四期早、晚段之間和二里頭文化與二里崗文化之間等多種提法,聚訟紛紜,莫衷一是。至於夏文化的年代上限,最初是鄒衡提出的始於二里頭文化一期說占上風,後來又有了「修正版」的共識:「目前學術界探索夏文化的主要對象是二里頭文化和河南龍山文化晚期」,「二里頭文化可能只是夏代中晚期的夏文化,而早期夏文化則要在河南龍山文化晚期中尋找」(夏商周斷代工程專家組 2000)。

但與此同時,堅持二里頭都邑的主體(二期以後)或後期(三期以後)為商,或提示不能排除其屬於早商的可能性的意見依然存在(鄭光 1985,張雪蓮等 2005,朱乃誠 2013,殷瑋璋等 2014,許宏 2015a,畢經緯 2018,李鋒 2018),形成諸說並存的局面。

二里頭 1 號宮殿基址復原方案一(因推定為商而復原為重簷)

二里頭 1 號宮殿基址復原方案二（因推定為夏而復原為單簷）

有學者在回顧夏文化探索工作時，曾有這樣一段表述：「從另一個角度觀察，在系統資料尚未發表的情況下能寫出這麼多文章，提出那麼多觀點，不能不說是個有趣的現象。」(張立東等 2001)是的，在自 1959 年二里頭遺址發現與開始挖掘，至 1999 年《偃師二里頭（1959 年 – 1978 年考古發掘報告）》正式出版的 40 年間，關於二里頭遺址考古發現的第一手資料，最初僅發表了數篇簡報，後來陸續發表了十餘篇，與之形成鮮明對比的是，推定看法卻層出不窮，「共識」或「主流意見」則一直處於搖擺之中，且這一狀況還將持續下去，這類推論與前述 1950 – 1970 年代的認知思路並無本質差別，故不贅述。

(五) 其他考古學文化為夏

在學界將傳說中的「夏文化」聚焦於中原地區新石器時代文化晚期至二里頭文化的同時，還有學者指認另外一些考古學文化為「夏文化」或其先行文化，形成不同的聲音。試舉要如下，杜在忠認為「夏王朝早期活動的中心應在東部黃河下游一帶」(杜在忠 1985)；沈長雲堅持「夏前期夏族活動於古河濟之間，禹及夏後相所都之城在古河濟地區的中心濮陽」的論點 (沈長雲 1997、2007)；劉宗迪也認為「古書中記載的夏墟不在河東，而

在魯西」(劉宗迪 2020)；胡悅謙認為夏后氏當「原居江淮之間的塗山至南巢地區」(胡悅謙 1987)；安徽蚌埠禹會村更被認為與「禹會諸侯」的歷史事件相吻合，甚至「一錘定音」地「得到落實」(中國社會科學院古代文明研究中心等 2014)；陳剩勇則認為「夏文化萌生於中國史前時代的東南文化圈；夏族的原居地在長江下游地區，而不是傳統史家所說的黃河流域，中國歷史上第一個王朝夏朝崛起於東南地區」(陳剩勇 1994)。

姬乃軍則主張西北地區尤其是陝北黃土高原是夏文化的發祥地(姬乃軍 1999、2004)。與其提出相近推論的還有易華，他認為「如果真有夏民族，最有可能形成於黃河上游大夏河地區」；近年又提出「如果二里頭遺址是夏朝末都，石峁遺址就是首都」(易華 2015、2017)。至於禹興四川與夏文化西興東漸說，更是時常被提起(譚繼和 1998)。

山西襄汾陶寺遺址的發現與挖掘，都是圍繞探索晉西南「夏墟」與夏文化的學術任務來進行的。1980 年代，在陶寺遺址發掘取得重大收穫之際，發掘者提示「在探索夏文化的課題中，陶寺遺址和陶寺類型龍山文化應列為重要研究對象之一」(高煒等 1985)。馮時則一直堅持山西襄汾陶寺為夏都：「陶寺文化扁壺上的朱書文字應釋為『文邑』，意即夏邑。『文邑』的名稱得於禹名禹都陽城，啟興夏邑，而陶寺早晚期文化的面貌正清晰地展現了這個劃時代的歷史變革，它代表著由啟所開創的中國歷史上第一個家天下的奴隸制國家約在陶寺文化晚期正式誕生，其時適值西元前 21 世紀，與傳統認為的夏紀年吻合。」(馮時 2008)

四　稱呼史

最後再簡單羅列一下 1950 年代大規模考古工作展開後，考古學界出版品中「夏」遺存概念從無到有並不斷放大落實的過程，總括起來，這一過程可以分為三個階段。

（一）平易謹慎期

1950－1970 年代的考古教材講義和出版品，在書名和目錄中尚沒有出現「夏」的字樣。如 1954 年北京大學歷史系考古專業《殷周考古》講義（油印本），和 1956 年的《商周考古》講義（油印本）。在隨後出版的中國科學院考古研究所編《考古學基礎——中國科學院考古研究所工作人員業務學習教材》（中國科學院考古研究所 1958）中，斷代考古分目下「石器時代考古」之後，是「商周考古」。1960 年，北京大學歷史系考古專業編印了鉛印本講義《商周——青銅時代》。中國科學院考古研究所組織編寫的考古書籍中，在「奴隸社會」一大章下列「商殷」和「西周春秋」分目，（中國科學院考古研究所 1961）1979 年，北京大學歷史系考古教研室商周組編寫的教材，名為《商周考古》（北京大學歷史系考古教研室商周組 1979），其中第一章為「二里頭文化」，文中述及二里頭文化「為解決夏文化問題提供了可尋的線索」，第二章為「商代」。

（二）收放拉鋸期

1980 年，鄒衡的學術專著《夏商周考古學論文集》（鄒衡 1980）正式出版，其中包括長篇論文《試論夏文化》，這部力作奠定了他在學界的崇高地位，其學術觀點也給予學界以深刻的影響，李民的《夏代文化》（李民 1980）一書也於同年出版。

但夏鼐領銜的中國社會科學院考古研究所卻顯得相對謹慎，在其集體編撰的整合之作中，與「新石器時代」並列的大章題目是「商周時代」，其下第一節是「商殷時期」，再下則設「關於夏代文化的探索」和「偃師二里頭的早商遺址」等分目，1984 年，中國考古學會編輯的《中國考古學年鑑》正式出版，而中國考古學會的秘書處設在中國社會科學院考古研究所。第一、二本（1984、1985 年度）的《考古學研究》欄目下，

設「商周考古」條，1984年度述評文內還有「夏文化探索和早商文化研究」的分目(中國考古學會 1984、1985)。

1985年，河南省考古學會等編輯的《夏文化論文選集》、中國先秦史學會編輯的《夏史論叢》先後出版，後者包含若干篇考古學上探索夏文化的論文(河南省考古學會等 1985，中國先秦史學會 1985)。

1986年，夏鼐領銜主編的《中國大百科全書考古學》出版，在「商周考古」總目下設「夏文化問題」和「二里頭文化」等條，其下為「商代遺址」分項。

(三) 主流敲定期

1988年出版的《中國考古學年鑑 (1986)》(中國考古學會 1988)，《考古學研究》欄目下開始設「夏商周時期考古」分目，執筆者為北京大學李伯謙教授。同年，鄭傑祥的《夏史初探》(鄭傑祥 1988)一書出版。

此後，有關「夏」遺存考古的論著開始大量面世。如《夏商文明研究》、《夏文化研究論集》、《中國青銅器全集第一卷：夏、商 (一)》、《夏商周考古學論文集》之續集和再續集、《夏商周斷代工程1996–2000年階段成果報告 (簡本)》、《虞夏時期的中原》、《夏商文化論集》、《夏商考古》、《夏商周青銅文明探研》、《夏文化論集》、《中國考古學夏商卷》、《夏商周考古學研究》、《早期夏文化與先商文化研究論文集》、《夏商周考古學》、《夏商周考古探研》、《鼎宅禹跡：夏代信史的考古學重建》(張之恆等 1995，洛陽市第二文物工作隊 1995，中國先秦史學會等 1996，《中國青銅器全集》編輯委員會 1996，鄒衡 1998、2011，夏商周斷代工程專家組 2000，董琦 2000，陳旭 2000、2001，李先登 2001，鄭傑祥 2002，中國社會科學院考古研究所 2003，杜金鵬 2007，北京大學震旦古代文明研究中心等 2012，井中偉等 2013、2020，劉緒 2014，孫慶偉 2018)等。

饒有興味的是，本來在夏文化的認定上偏於持重的中國社會科學院考古研究所，於1990年代將原來的「商周考古研究室」改稱「夏商周考古研究室」(中國社會科學院考古研究所1990、2000)；而在1980年代初即提出「夏文化」議題的北京大學考古專業（包括後來的考古學系和考古文博學院），「新石器（時代）商周考古教研室」的名稱卻幾乎沒有變化地延續至今(北京大學考古學系1998、2015)。

要之，自1930年代始，隨著考古工作的展開，考古與上古史學界先是對號入座式地簡單比附「夏」遺存。進入1960年代，又因徐旭生的推測而認同二里頭文化的主體為商王朝的遺存，形成「主流觀點」；此後又不斷形成不同的「共識」，先是以鄒衡的「二里頭全為夏文化」的觀點為中心，後又有以夏商周斷代工程「中原龍山文化晚期至二里頭文化為夏文化」的觀點為中心的「共識」。應當指出的是，這類所謂「主流觀點」或「共識」的取得，都不是建立在獲得決定性證據（即有像甲骨文那樣的內證性文字資料出土）的基礎之上的，持不同論點者多將今人依據傳世文獻而提出的推論和假說當作討論的主要證據，鑑於在證據層面和方法論上缺乏里程碑似的轉捩點，故可以預見，這樣的論爭還將持續下去。

冷觀三星堆

繼1986年首次發現三星堆遺址兩個填滿寶藏的器物坑後，近年，考古工作者又在兩個坑之間發現了密集分布的另外六個器物坑，一時在學界和公眾中引發轟動。俗稱「方艙」的密閉式考古工作室和考古工作者全副武裝的防護服，構成了疫情時代特有的一道亮麗的考古風景線。在慨嘆當年的「燈下黑」，遺憾於如此寶藏沒能早日面世的同時，大家又不約而同地懷有慶幸與欣慰：科技使考古插上了翅膀。只有在當下，才會有

如此高規格的條件，讓考古人得以「精耕細作」，最大限度地做好文物保護工作，更多地攫取其中的歷史資訊。

關於三星堆，有太多的話題可以說。這裡，我們只採擷其中若干的問題點，一窺其間已知或仍然未知的奧祕。

從多元到一體的軌跡

要先幫大家梳理一下三星堆文明出現的大的歷史背景，在中國上古史和考古學領域，研究對象因年代相隔久遠、資料支離破碎而顯得撲朔迷離，研究結論也就具有極大的不確定性，既不能證真也不能證偽者所在多有，學者在諸多問題上聚訟紛紜、莫衷一是。如果說這其中還有可被形容為「最大公約數」的認知，那就應該只有中國文明形成與發展過程的「多元一體」論了，如果我們認可華夏文明是從多元走向一體的，那麼，整個中國古代文明史，就可以分為三個大的階段。

第一個大的階段相當於考古學上的新石器時代晚期，年代則大致在西元前 3300 年至前 1700 年之間。這一階段最大的特徵就是無中心的多元，也即沒有所謂的中心或核心文化可言。在廣袤的東亞大陸，分布著眾多先後進入社會複雜化甚至早期國家階段的區域性文明，如環太湖地區的良渚文化、長江中游的屈家嶺——石家河文化、海岱地區的大汶口——龍山文化、晉南地區的陶寺文化、陝北地區的石峁文化等。那是個「滿天星斗」的時代，考古學家一般稱其為「古國時代」或「邦國時代」。分布於成都平原，作為三星堆文化前身的寶墩文化，也是這些星斗中的一分子。

三星堆 2 號坑發掘現場（1986）

三星堆 3 號坑發掘現場（2021）

　　第二個大的階段約當考古學上的青銅時代，年代相當於西元前 1700 年－前 500 年之間，也即以二里頭文化為先導的中原夏商周王朝時期（下限至春秋時期），這一階段最大的特徵是有中心的多元，中原雖然出現了廣域王權國家，也即史書上記載的三代王朝，有點中央之城、中央之邦的感覺，但無論最早的二里頭文明、二里崗文明，還是殷墟文明和西周文明，都還只是國上之國，相當於「盟主」的地位吧。考古學家一般將這個時代稱為「王國時代」。進入殷墟時代，原來一枝獨秀的中原青銅文明鑄造複雜禮容器的技術「洩密」，這類高科技方法被若干區域的土著方

觀潮

國部族所掌握，東亞大陸的國際局勢自此為之改觀。舉其要者，譬如關中、漢中、江西、兩湖、四川地區的青銅文化等，都相對獨立，異彩紛呈，儘管中原王朝的崛起因「月明」而顯得「星稀」，可稱為「月明星稀」的時代，但總體上看，「滿天星斗」的大局面依然存在。成都平原的三星堆文化，當然就是其中最耀眼的一顆星。

第三個大的階段，約當考古學上鐵器時代的成熟期，先是戰國時代的兼併戰爭，然後以秦王朝的統一為先導，東亞大陸進入了中央集權的、郡縣制的「帝國時代」。只有到了此時，華夏族群在社會組織上才開始一統化，原來異彩紛呈的各地土著文化逐漸退出歷史舞臺，融入帝國的洪流之中。這一時代，可以用「皓月凌空」來形容，雖然各地文化還具有一定的地方特色，但由於政治上的大一統，星月爭豔的時代也就大致終結了。

半月形傳播帶與中國弧

「半月形文化傳播帶」的概念，出自中國著名考古學家、科幻小說作家、四川大學教授童恩正（1935－1997）的筆下，他指出，從東北大興安嶺、內蒙古的陰山山脈、寧夏的賀蘭山脈、青海的祁連山脈，到四川西部通向雲南西北部的橫斷山脈，這一北一南兩列山脈及其鄰近的高地，在地理上如同一雙有力的臂膀，屏障著中國的腹心地區——黃河中下游和長江中下游肥沃的平原和盆地；在文化上，這一地帶則自有淵源，特色顯著，構成了古代華夏文明的邊緣地帶。

他用生態環境相似從而導致文化傳播來解釋這一地帶出現的各種文化相似現象。指出這一邊地半月形文化傳播帶的位置，恰好從兩面環繞了黃河中游的黃土高原，其主要地貌為山地或高原，平均海拔 1,000～3,500 公尺。此外，太陽的平均年度輻射值大致相近，此地帶的年平均

溫度相當接近，農作物及木本植物的生長期接近，降水量大致位於年降水量 400 公釐及 600 公釐兩條等雨量線之間，是一種基本上由高原灌叢與草原組成的地帶。這條傳播帶上分布著漢藏語系、阿爾泰語系的各族群，面向歐亞草原的宏闊空間，是中國與中亞、西亞、歐洲文化交流的前沿陣地。

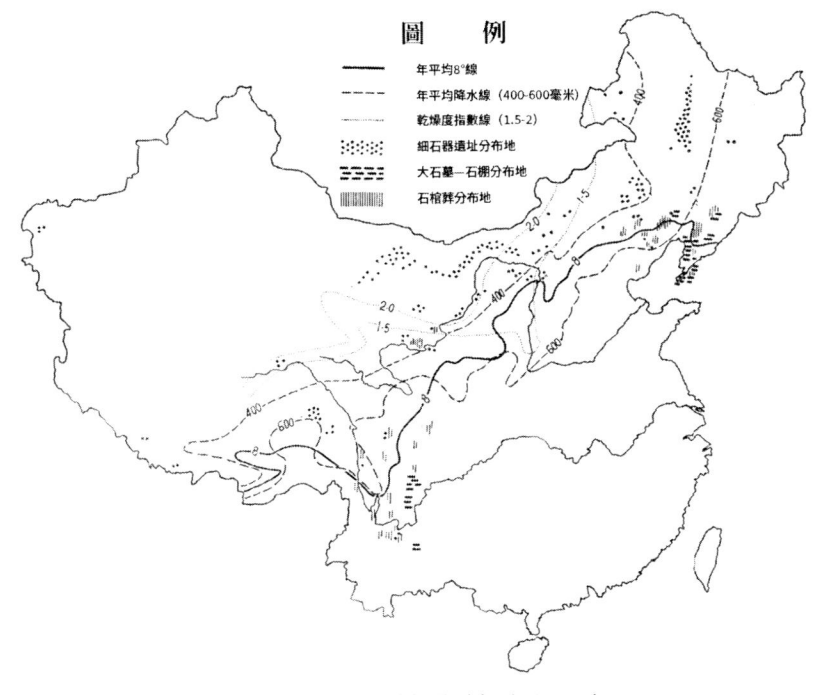

邊地半月形文化傳播帶（童恩正 1987）

英國藝術史學家和考古學家、牛津大學教授傑西卡・羅森爵士（Dame Jessica Rawson），正是在童恩正教授的半月形文化傳播帶的基礎上，提出了一個特殊的人文地理學概念，她稱之為美麗的「中國弧」，她認為，古代中國的版圖可以從自然和文化的角度分為三個區域：一是東南的中原地帶；二是西北方的草原地帶；三是在這兩個氣候、經濟、文化頗為不同的地理區域中間的那個彎彎的像半月形的區域，就是「中國弧」。

觀潮

傑西卡・羅森的「中國弧」概念

羅森教授認為，在「中國弧」的西側，中國古代文化發展的步伐和整個歐亞大陸中心地區同步；在「中國弧」的東側，古代中國則是另一種獨特的面貌，與歐亞草原的發展步伐並不一致。而正是這個美麗的「中國弧」，成為東西方交流的紐帶和橋梁。「中國弧」是理解歐亞歷史長時段效應的一把鑰匙，是一個「超穩定結構」。更有學者指出，半月形文化帶的形成顯然與青銅時代全球化的出現有很大關係，可以說，邊地半月形文化傳播帶和「中國弧」，就是我們從歐亞大陸文明史的視角解讀早期中國的一個重要的切入點。

考古學觀察到的現象是，西來的權杖文化和中原地區以鼎、爵為代表的禮器文化都見於半月形地帶或「中國弧」區域，但權杖基本沒能進入這一地帶所圈圍的東亞大陸腹心地區，而鼎、爵等中原王朝文明的禮器，則沒能突破這個半月形地帶或「中國弧」。而既出現了金質權杖，又有中原風格的禮容器出土的三星堆遺址和金沙遺址，恰好就位於這個半月形文化傳播帶或「中國弧」上。

■ 三星堆文化年代之惑

圍繞三星堆大發現引發的種種糾葛、困惑，大都源自對相關概念及其年代的混淆、誤讀乃至誤解，學者有意無意地混著說，大眾囫圇吞棗地混著聽，導致迷霧重重、混沌不清。

首先要區分的是三星堆遺址與三星堆文化。

三星堆遺址，指的是坐落於成都平原北部的一處新石器時代至青銅時代的遺址，這處遺址最為興盛時段的遺存，考古學家稱之為「三星堆文化」，考古學文化指的是一定的時空範圍內，面貌相似、經常共出的一群物的組合，這裡的物包括「不動產」的遺跡如城牆、房屋、墓葬等，也包括「動產」的銅器、玉器、陶器等各類遺物，甚至還有遺痕，如工具的痕跡。三星堆遺址上還有早於三星堆文化、屬於新石器時代的「寶墩文化」遺存，和晚於它的、屬於青銅時代的「十二橋文化」遺存，再舉二里頭遺址的例子，二里頭遺址最早的遺存約當仰韶時代晚期，後面還有龍山時代的遺存，然後才是作為遺存主體的、延續約 200 年的二里頭文化，後面還有相當於商代和漢代的遺存。

發掘者把三星堆遺址分為四大期，其中遺址第一期一般認為應屬於寶墩文化，遺址第二期和第三期屬於三星堆文化，第四期則屬於十二橋文化，三星堆遺址雖然發現得早，但由於田野考古工作持續開展，考古資料的公布偏於滯後，到目前為止尚未出版正式的考古報告，且沒有及時地將最早的一期遺存從三星堆文化中區分出來，1990 年代，成都市的考古工作者根據成都平原上新津縣寶墩遺址及其他同時期的城址群及相關文化遺存的發現，首先提出了早於三星堆文化的「寶墩文化」的命名，並得到了學界的認可，但三星堆的發掘者為遺址的第一期文化另起名為「三星堆一期文化」，因與其後的「三星堆文化」容易混淆，所以一般很少

觀潮

有學者認同響應。但畢竟已一物二名，所以在行文中要麼是「寶墩文化（三星堆一期文化）」，要麼是「三星堆一期文化（寶墩文化）」，正如我們現在在三星堆遺址博物館的陳列中看到的那樣。這種同一個考古學文化被不同地域、不同研究機構的學者各自起名的情況，在中國考古學史上所在多有，在學界內部已頗易引起混亂，初學者和大眾聽起來更是一頭霧水，摸不著頭緒，這是我們考古圈應當反思的。

然後我們再看看三星堆遺址上這幾個考古學文化的年代，關於考古學文化的年代，有兩個概念要搞清楚，一個是相對年代，一個是絕對年代。絕對年代指的是透過碳-14、熱釋光、光釋光等科技手段測定的年代數據；相對年代指的是考古學家根據考古地層學和考古類型學等方法排定的文化遺存的相對年代序列，現有的測年方式還達不到精確到某年的水準，也會因各種因素而出現誤差，所以給出的絕對年代還只是一個相對確切的時間段，所以說絕對年代具有一定的相對性，與此同時，相對年代由於建立在經年試錯的基礎上，考古學家摸索到了文化遺存內在的演化序列，因此又具有一定的絕對性。

說到三星堆文化的相對年代，早於它的有寶墩文化，而寶墩文化屬於新石器時代晚期，而晚於它的十二橋文化，約當西周至春秋時期。這樣，三星堆文化的大致時間範圍就被卡定在不早於新石器時代晚期，不晚於西周時期這個時段內，由於早年學術界認為新石器時代的下限在距今4,000年前後，所以既往的說法是，三星堆文化的年代大致在距今4,000年～3,000年之間。

■「外來品」敲定年代上限

隨著時間的推移，考古學家在努力做進一步的年代細化工作，他們首先在三星堆文化早期遺存中，發現了一種特殊的陶器，這種器物被稱

為「盉」，屬於酒器。它有三個空腔的袋狀足，支撐著細瘦的腰身，上部封口，原應有蓋，最大特徵是有一個管狀的流口便於倒酒。不同地域的人都因地制宜地使用著不同的器物，因而器物本身就顯現出不同於他地其他人群的文化DNA，在三星堆文化眾多當地土著因素的器物中，細高的陶盉這類器物就顯得鶴立雞群。熟悉先秦考古的朋友一眼就會認出，這類陶盉的祖型一定是中原地區的二里頭文化，陶盉是二里頭文化的典型器，那麼，為什麼不會是相反，也就是三星堆文化的陶盉是「源」而二里頭文化是「流」呢？這是由於考古學家在中原地區已經掌握了這類器物從新石器時代到二里頭時代發生演變的清晰脈絡，也即「出身」清楚，證明它是源自中原及其左近地區的，而在成都平原，這類器物是突然出現的「外來戶」，找不到源頭。

由是，我們可以說，陶盉、陶觚、陶豆、陶壺等二里頭文化及其他文化因素的滲入，不同文化因素的結合，導致本土的寶墩文化開始變容，最終形成了更具多元色彩的三星堆文化。那麼，從年代探索的角度看，二里頭文化的陶盉可以成為破解撲朔迷離的三星堆文化年代的一把鑰匙。

在二里頭文化中，這類高體、管狀流、瘦三足的盉，見於該文化的早期，確切地說是二里頭文化第二期。而眾所周知，作為中國古代文明腹心地區的中原是中國田野考古工作開展得最為充分的一個地區，近年來科技突破瓶頸，夏商周斷代工程和中華文明探源工程，其著重點都在中原地區。相應地，這裡考古學文化的測年工作做得也最系統、更精確。目前，經系列測年給出的二里頭文化最新的年代框架是西元前1750–前1520年。圈內人都知道相比20年前夏商周斷代工程給出的數據，越測越晚、越測越短，是人們對二里頭文化及相關考古學文化最新年代數據的共同感受，這是測年技術水準提高，縮小「包圍圈」，排除了更早

可能性的結果。在這種情況下，如果中原地區的測年數據在更新，而周邊地區的測年數據仍然選用既往測定的單個數據的話，那就有爺爺輩和孫兒輩顛倒的可能。

據上述，出土帶有二里頭文化二期風格陶盉的三星堆文化的上限，就不能早於二里頭文化二期。這是容易理解的，我們說相對年代具有一定的絕對性，在這個問題的分析中即可顯見，二里頭文化二期的絕對年代，最新測定在西元前1680－前1610年之間，地處西南的三星堆與中原腹地的二里頭山水阻隔，且相似的文化因素最大可能是透過其他人群「接力」式地傳播過去的，而非短時間的直接長途輸入，所以，學者認為這類傳播應有個時間差。四川當地的學者即推測，出現二里頭文化因素的三星堆文化的出現時間，大致約當二里頭文化晚期甚至末期，也即西元前1600－前1500年之間。盉、觚等陶器以外，三星堆文化中還出土有玉石牙璋和銅牌飾等二里頭文化風格的器物，有的學者認為這些器物的年代甚至可晚到隨後的二里崗文化時期（約西元前1500－前1300年，一般認為屬商代前期），這就是文化傳播過程中的「時空差」。

但面對這樣的最新測年數據和研究成果，有學者在同意三星堆文化與二里頭文化大致同時或稍晚的前提下，仍說三星堆文化的年代上限可以早到西元前2000年。這就有點不可思議了。人類對其出生地和生活地都有情結，是可以理解的，文化本位主義的想法具有普遍性，每個國家在繪製出版地圖時，都會下意識地把本國放在居中的位置，就是一個例子，上文提到考古學家各自以所在區域的地名命名考古學文化，對於本區域文化遺存的年代，也有盡可能上推其出現時間、誇大其存在意義的傾向。

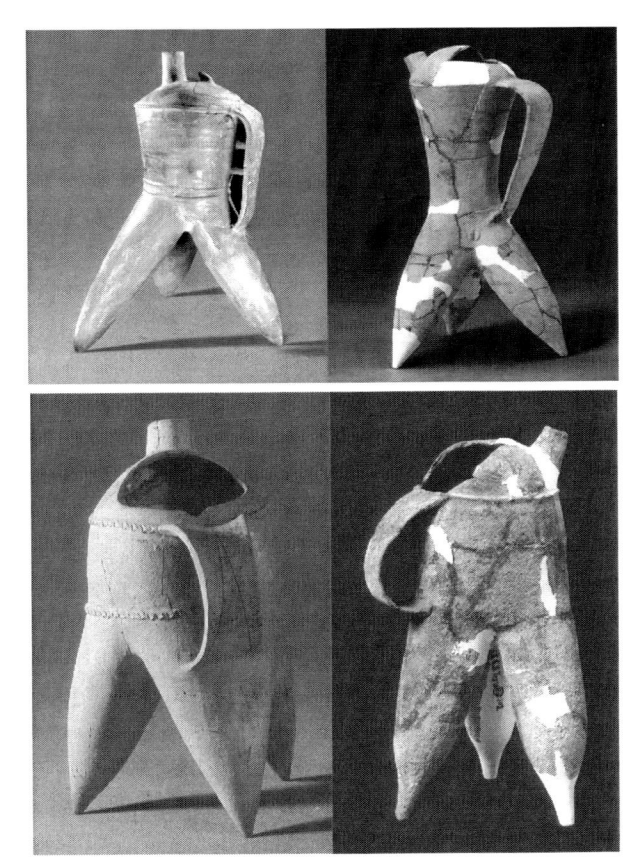

二里頭遺址出土陶盉(左上、左下)、三星堆遺址出土陶盉(右上、右下)

　　與此相關的是，如前所述，三星堆遺址上曾經存在的三個不同的考古學文化經歷了起伏興衰的過程，但在有些學者的口中，三星堆文化的概念被淡化，代之而起的是強調三星堆遺址一至四期的文化遺存都很豐富，文化上是傳承延續的，時間跨度超過兩千年，甚至「是中國唯一延續了兩千年的先秦古都城遺址」,「即使放眼世界，也可能都是很罕見的」。這就有點誇大了。這樣的情感投入，是我們在嚴肅的學術研究中應該自警自惕的，建構認同與求真逐理，一直是致力於學術上尋根問祖的本土學者和文化人需要嚴肅思考和對待的問題。

觀潮

■ 器物坑與青銅時代

上面我們說到三星堆文化的上限和早期遺存，而據現有資料看，那時的三星堆文化除了具有外來因素的二里頭文化風格的銅牌飾，青銅器物乏善可陳，所以我們說那時的二里頭文化已率先進入青銅時代，但三星堆文化早期吸收的只是些皮毛，二里頭文化精密的青銅冶鑄技術還沒有被引進，成都平原在三星堆文化早期還沒有進入青銅時代，也即，青銅用品在人們的物質與精神生活中還沒有發揮重要的作用，在三星堆文化的幾個器物坑出現之前，成都平原還處於新石器時代，這是我們學界沒有交代清楚、而大眾容易混淆的一個概念。

具體說來，大眾往往把三星堆文化的起始年代和三星堆文化晚期才突然出現的高度發達的青銅文明混為一談。即便是著名大報，在日前報導三星堆器物坑的最新發現時，還在說「這些祭祀坑的年代，被確定為西元前 4000 年至 3200 年之間」。這顯然是不對的。首先是記者誤將「距今」的年代，寫成了「西元前」，但如上文我們訂正的那樣，即便是距今 4,000 年，那也是三星堆文化的上限，而且是按照某些學者的說法，堅持不用二里頭文化最新的測年數據來限定三星堆文化的上限，屬於舊說；即便是寫距今 3,600 年，那也是目前對三星堆文化上限的最新了解，而不是器物坑的年代。器物坑的年代，要晚到距今 3,200～3,000 年前後，相當於中原地區的殷墟時代或略晚，可見相關年代問題認知和傳播上的混亂程度。

朋友們想必已經注意到了我在上文中用的是「器物坑」一詞，而媒體和最早的考古發掘報告用的是「祭祀坑」。目前，關於這幾個器物坑的性質學界還在討論中，這些坑用於祭祀只是可能性之一，即便與祭祀有關，這些坑也不一定是第一現場，而可能是祭祀儀式後的埋藏坑，所

以，我們在看法上持審慎的態度，暫時稱其為「器物坑」，顯然，這是偏於平易和相對客觀的一種說法。

三星堆遺址出土銅尊（左）、金面罩人頭像（中）、縱目面具（右）

1986年7－8月間，在相隔不到一個月的時間裡，兩個器物坑被偶然發現，一時震驚學界和大眾，關於這兩個器物坑的年代，各類推斷看法層出不窮，最早的看法是相當於殷墟文化第一期（約距今3,300年），中間經殷墟後期、殷末周初到西周後期，最晚的看法是相當於春秋中期（約距今2,600年），前後相差700餘年。但絕大部分學者還是同意雖然這兩個器物坑的年代略有早晚，但都在殷墟文化早期和晚期的範疇內。最新發現的器物坑內含碳標本的測年，可晚到殷末周初的距今3,100年前後。

三星堆遺址1號坑（1986）、2號坑（1986）、3號坑（2021）

觀潮

　　這幾個器物坑裡的青銅神像、人像、神樹、容器和各類金、玉等祭祀用器以及象牙等遺物，應該都是出自「神廟」類的祭祀場所的，最新發現的一座坑中就出土了被燒毀的建築殘塊，透過鑽探和挖掘，可知這八個坑附近，是先用燒壞了的建築垃圾——紅燒土夯墊了一層，平整出了一個場地，然後再在上面挖坑，埋下這些器物的，但具體的祭祀程序和祭祀內容等則無從確切掌握。

三星堆與金沙關係之謎

　　上面說到三星堆遺址第二期，屬於三星堆文化早期，它大體上相當於中原地區的二里頭文化晚期至二里崗文化時期；而三星堆遺址第三期，屬於三星堆文化晚期，只是到了這個階段，幾個器物坑代表的三星堆青銅文明才正式問世，且非常突兀，它與僅接受了二里頭文化些微影響的三星堆文化早期遺存形成了鮮明的對比，以至於有的學者認為應該把這一階段從三星堆文化中剝離出去，另稱為「月亮灣文化」，這是一支處於新石器時代末期、三星堆青銅文明崛起前夜的考古學文化。

　　如果說三星堆器物坑所代表的青銅文明與所謂的三星堆文化早期之間存在斷裂，那麼與其形成鮮明對比的是，幾個器物坑與後來崛起於成都一帶的金沙文明（十二橋文化）反而顯現出了密切的關聯，以至給予人「剪不斷理還亂」的感覺，換言之，三星堆人和金沙人是一群人嗎？如果不是，是金沙人摧毀了三星堆而另立新都於成都，還是三星堆人因某種原因將其都邑從廣漢「策略轉移」到了40多公里外的成都？種種推想，學者們都提出過。

　　話說考古學文化的命名，多是憑發現當時考古學家的認知甚至感覺，所以隨機性很大。當時命名為兩個考古學文化的，不一定就是兩個人群的遺存，比如山東地區的大汶口文化和龍山文化，一般認為就是一

個人類群團前後相繼的兩個階段。中原地區的二里崗文化和殷墟文化，一般認為都是商文化的遺存，甚至更早的二里頭文化，也有人認為應是最早的商文化。鑑於此，三星堆文化和後續的十二橋文化（金沙）並不一定就是兩群人的文化遺存。

關於三星堆文化（二里頭時代至殷墟時代）和十二橋文化（殷墟時代晚期至春秋時代）關係問題，早年即有學者將三星堆文化的下限下延，囊括了十二橋文化，近年更有學者提出了「三星堆——金沙文化」的概念，認為三星堆文化與十二橋文化並無太多實質性差異。如果再考慮到金沙遺址祭祀區與三星堆器物坑出土遺物的共性，以及它們所反映的相同的價值體系等，不妨將這兩種文化理解為同一個文化傳統的早晚兩個發展階段，這次六個坑的發現似乎進一步驗證了這些推斷。這八個器物坑的年代略有早晚，但都限於從殷墟到西周的過渡階段前後，三星堆和金沙的此消彼長階段。故有學者推斷，二者的興替，或與商周更替這一大的歷史事件有關，但到了成都平原，至多應該屬於餘震了吧。

我們面臨著太多的謎團。我常願提及的一個「不倒翁理論」是：在上古史和考古學領域，到目前為止，我們還排除不了任何假說所代表的可能性。

古蜀情結中的三星堆闡釋

在目前專家和大眾的話語系統中，三星堆文化屬於早期古蜀文明，似乎已成定論；有的學者甚至把早期巴蜀文化上推到新石器時代晚期。但細究起來，其中問題多多。

首先是，關於「蜀」族群的記載儘管見於殷墟和周原的甲骨卜辭，傳世文獻中也有周武王伐紂時蜀人參與協同作戰的記載，但早期蜀文化是否發源於四川，尚存異議，有學者就提出四川盆地北方的漢中甚至關

觀潮

中地區的某些文化遺存，為尋找早期蜀文化提供了重要線索，在三星堆——金沙文化中尚未發現當時的文書資料可以互證的情況下，這支人群的遺存是否可以直接被冠以「蜀文化」的徽號，並不是可以遽然定論的。

其次，如前所述，三星堆文化和金沙文化遺存之間，顯現出大致相同的價值體系；而與此形成鮮明對比的是，它們與後來戰國時期的蜀文化卻有著顯著的差別。

據研究，三星堆——金沙文化的墓葬隨葬品較少，也少見木棺之類的葬具，沒有發現大墓，可見這個族群沒有厚葬的習俗，不用青銅器、金器和象牙等社會財富來隨葬。但在成都平原，至遲到了春秋晚期，墓葬開始發生巨大變化，出現了規模大、隨葬品種類和數量豐富，明顯有別於其他墓葬的大型墓，多見富於地方特色的船棺葬和合葬墓，船棺形體巨大，隨葬品中出現銅容器，隨葬兵器的習俗也很盛行，墓葬中湧現出大量域外文化因素，隨葬銅器包括本地銅器和域外風格銅器。已發現的大墓都單獨分布而不屬於某個墓地，這些都表明墓葬已經有了顯著的等級差別。可以說，三星堆——金沙文化的祭祀坑表明在當時的社會中，神權占據了主導地位，而社會財富主要用於宗教活動，相比之下，個人財富、地位的象徵，以及與此相關的喪葬活動處於次要地位，如果說三星堆——金沙文化在精神世界屬於「祭祀文化」，那麼它顯然迥異於東周時期受華夏文化影響而出現的「墓葬文化」，而眾所周知，後者才是已被確認了的蜀文化。到了戰國時期，成都平原才進入了周文化影響所及的早期「中國」或曰「華夏」的範圍。

金沙遺址出土青銅立人（左）、金面具（右上）、玉琮（右下）

這個大的變遷的契機，大概與中原文化和楚文化由長江中游西進入川有關，這導致了成都平原文化和社會形態發生了一次大的變革。這一時期的墓葬中有大量楚式和中原式的青銅器，戰國晚期還有秦式器物。域外風格的銅器有的可能由當地仿製，有些就是直接從四川以外傳入的。應當指出的是，傳入成都平原並深刻影響了當地文化與社會的，並不限於器物和技術，更重要的是思想觀念，新的觀念強化了墓葬及隨葬品對於體現個人地位和身分的重要性，墓葬因此而分級，青銅製品的主要功能由祭祀用品轉變為喪葬用品，對於某一區域的文化來說，這種思想觀念上的變化，最終反映的是社會財富的占有方式和統治權力表現形式的變化，這才是「傷筋動骨」的鉅變。而從這些上推所謂的「蜀文化」，能夠輕易得出一脈相承、源遠流長的結論嗎？

觀潮

盜墓題材作品與外星文明

坦率地說，這是我頗不情願談的話題。

我也懷有文學夢，也曾是個文學青少年，現在，也正想從田野考古學家轉身為沙發考古學家（或稱書齋考古學家），甚至成為作家。當然，限於職業背景，只能是非虛構作家。因而，我對為大眾提供精神食糧的作家懷有敬意。隨著時代的變遷，純文學作品逐漸淡出我們一般人的生活，成為考古人的我更沒有讀過那些風行一時的盜墓類題材的小說，大概也是出自一種「精神潔癖」吧。儘管常被問及，但小說中描述的那些真的跟我們的志業完全不搭邊。

日前，某大媒體在三星堆大發現直播節目中邀請了盜墓題材小說的作家進行訪談，一時激起很大的輿情，我在網上看過這位作家訪談的文稿，當主持人問他對當天自己上了熱搜是什麼心情時，他的回答是「很惶恐啊，因為這麼嚴肅的一個場合，我覺得也不能太娛樂化，我覺得這種事情跟我們寫小說的關係不大，我們應該在直播前老老實實地看這個，那麼偉大的一個考古成果」。他還表示，「對於一個寫懸疑小說的人來說的話，現實，真的遠遠大於小說本身，現實是最偉大的。我就期盼著現實的謎團，可以在今年揭祕」，說實在的，感覺他的態度是謙恭的，應答是得體的。

大家都傾向於問題出在邀請方，由於這樣的邀約，該作家出現在了錯誤的時間和錯誤的地點。身為考古人，我那天也接受了同一節目的邀請而連線做了關於三星堆相關問題的訪談，考古人和盜墓題材懸疑小說作者在一個重大考古發現的直播中相繼連線，的確給人一種違和感，畢竟，虛擬的文學作品和學術研究成果是全然的兩碼事，眾所周知，考古是嚴肅的科學研究工作，我們也一直極力向大眾闡明，考古跟盜墓具有

本質的差別,對於有素養的文化人來說,這是不言自明的。我的同行委屈地抱怨此種做法,說我們的多年努力很可能由於這一「同臺」而付之東流。身為考古人,我仍希望喧囂過後,經歷此事的朋友都能增強對逝去歷史的溫情與敬意,從而懷有區分正邪的嚴肅史觀,如果不避矯情的話,當然也希望給我們所從事的求真逐理的考古工作以基本的尊重。

剛讀到一篇由大學文博考古專業教師指導學生做的〈盜墓類影視劇的轉向和社會影響調查分析〉報告。調查結果顯示,盜墓題材影視劇在 2015 年後發生轉向,將盜墓這一過程中的探險和盜墓賊的「智慧英勇」作為主要賣點,追求娛樂性、刺激的觀感,不僅很難對觀眾進行正確的價值觀引導,考古工作也因為這類影視作品的走紅而被汙名化。此外,盜墓題材影視劇透過改換主角身分、汙名化考古工作者以達到上映賣座的目的,不僅換湯不換藥,還向觀眾提供了更加反面的引導,大眾對文物和遺跡的保護產生錯誤認知。當混雜「考古」、「文物」背景的角色透過盜墓場景不斷出現在螢幕,會造成大眾潛意識中對考古工作者的反感和行為上的排斥,考古的處境分外尷尬。這樣,我們就能理解盜墓題材小說作者在主流媒體報導的考古直播室中出鏡並宣傳即將上映的盜墓題材的影視劇,何以會引發被戲稱為「玻璃心」的一線考古工作者的集體憤怒了。

至於三星堆有沒有可能來自外星文明的問題,是我們圈的同事最懶得回答的問題,大家看三星堆某些青銅器的造型感到怪異,那是由於我們的視野狹窄,考古發現中還存在著諸多待解之謎,我們不知道的遠比知道的多得多,這很正常。但到目前為止,還沒有什麼發現超出了我們既有的認知範疇。至於外星文明的說法,那是異想天開,與我們的考古研究無關。

說到我們看到三星堆青銅文明所感到的「訝異」,我常想起臺灣著名

學者王明珂先生的話，他說「我們對一篇文獻、一批考古發掘資料，或一個田野考古報告人的口述，感到訝異、好笑不理解，或這些資料間有些相左、斷裂時，這顯示我們的知識理性與外在現象之間，或現象與現象之間，有一段差距」。他提示我們，學者常常把自己的經驗與知識當作理所當然，對自己的認知之外的客觀存在感到訝異，這不正說明我們的認知與常識往往存在誤差嗎？我們對三星堆的發現所顯現出的訝異，就是最好的例證。以前的中原王朝漢字霸權，其中的記載往往是中原本位的，對周邊地區所謂「非我族類」的人群、對不符合所謂邏輯與正統的歷史進行選擇性的書寫與遺忘，王明珂先生的點撥應該能令我們清醒許多。

1986 年發現的那兩座器物坑，就讓考古學家圍繞著它們寫了近千篇學術論文和幾十部書，最新發現的這六座坑，讓我們知道它們還只是殘缺的一部分，許多問題要重新考慮。我常說，考古學是一門殘酷的學問，它在時時地完善、糾正甚至顛覆我們既有的認知。隨著這批發掘資料的全面公布，又一個研究熱潮即將掀起。我們不應寄望於一兩次「芝麻開門」式的大發現，就能夠解決多年來懸而未決的歷史問題，悲觀點說，我們永遠也不可能獲知當時的真相，但仍然要懷著最大限度迫近歷史真實的執著。

糾葛與癥結：三星堆文化上限問題的學史觀察

一個遺址可以且往往包含多個考古學文化的堆積，而遺址分期與考古學文化的分期是應該做嚴格區分的。這是 1950 年代關於考古學文化定名討論以來（夏鼐 1959a），考古學界的共識和常識。「遺址的分期，探討的是不同考古學文化在同一遺址內堆積的先後問題，考古學文化的分

期,是指一考古學文化所經歷的歷史的相對年代的劃分」(張忠培1986)。但在相當長的時間裡,圍繞三星堆遺址及其所包含的考古學文化的認知卻存在著相當的模糊性。早在20多年前,即有學者指出,「近十多年來,學者們對『三星堆文化』與『三星堆遺址』兩個完全不同的概念糾纏不清,因而滯誤了對三星堆文化及其相關文化的研究,使得四川先秦考古學文化的年代序列處在一片迷霧之中。」(王毅等1999)梳理學術史,感覺直到近年,圍繞三星堆遺址與三星堆文化,這一問題仍「處在一片迷霧之中」,而三星堆遺址先秦時代遺存分屬於多個考古學文化、三星堆文化始於三星堆遺址第二期的共識來之不易。

一 遺址與文化分期的混淆

在1987年發表的三星堆遺址首篇發掘簡報(1980 – 1981年度)中,發掘者就指出在已辨識出的三期文化中,「第一期和第二期文化遺物的特徵變化較大,判然有別,其間又有明顯的間隙層,故我們認為第一期與第二期文化的年代相去較遠,而第二期與第三期遺物的特徵差異不甚大,並有不少承襲因素,可能兩期文化的年代緊相銜接」。該簡報最後雖提出「三星堆文化」的概念,但並未對其內涵給出確切的界定;且文中又有「三星堆遺址文化」的看法,語意含混。

此後,參與發掘的學者的論文中所謂「廣漢文化」和「三星堆文化」,最初指的都是包含三星堆遺址一期遺存在內的先秦時代文化遺存的全部,所以「三星堆遺址文化」的概念被屢屢提及(陳顯丹1987、1988、1989),當時學者引用轉述發掘簡報時也都是將遺址的四期看作一個整體「可分為四期,以其獨特的文化面貌被稱為『三星堆文化』」(林向1989b)。1987年簡報中本來推定「第一期和第二期文化遺物的特徵變化較大,判然有別,其間又有明顯的間隙層,故我們認為第一期與第二期文化的年

代相去較遠」，但在後來參與發掘的學者論文中則有了「從時代來講，從新石器時代晚期至西周，兩千年時間的延續從未間斷過」(陳顯丹1989)的看法。直到近年，仍有類似的表述：「(三星堆遺址)一至四期的堆積在地層上是連續的，文化上是傳承延續的。從在一個遺址上集以上幾者為一身，人類古文明在一個遺址上長時間地演繹了一個完整的過程這個意義上來說，也是中國唯一的標本。她還是中國唯一延續了兩千年的先秦古都城遺址。」(高大倫等2016)

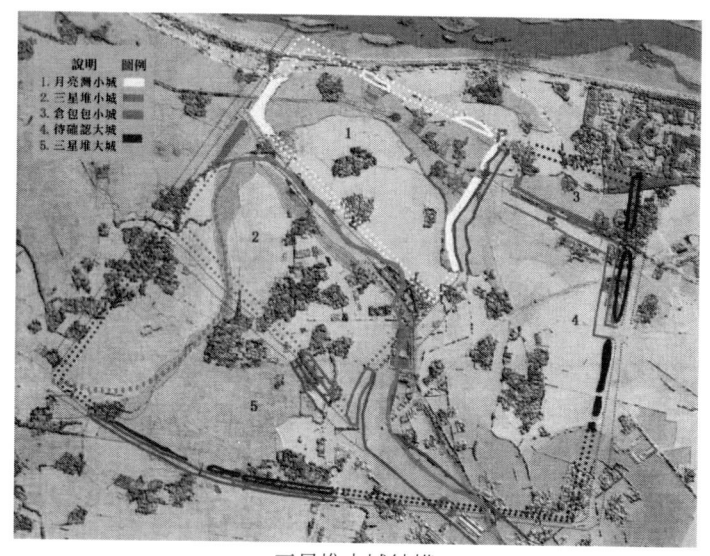

三星堆古城結構

據1980–1981年發掘簡報，遺址第一期地層中木炭標本的碳素測年數據為距今4,075±100年，樹輪校正為距今4,500±150年。幾乎與此同時，發掘者又給出了三星堆遺址一期遺存更早的年代上限和時間跨度：「這個遺址群的時代，上限到新石器時代晚期，下限約在西周早期(即距今4,800年至3,000年左右)」(陳德安等1987)；遺址第一期的「時代大致在新石器時代晚期(距今4,740～4,070年)」(陳顯丹1989)。隨之，學術界開始引用這一數據，如曾參與發掘的四川大學林向教授在當時發表的

論文中述及「（三星堆）第一期出土物為新石器晚期的東西，碳十四測定距今約 4,800 年左右」(林向 1987)，2010 年的自選集中又刪除了這一數據(林向 2010)，隨後他又有「（第一期）屬於龍山時代的文化面貌，經碳十四測定年代約在距今 4,700～4,500 年間」的說法(林向 1989b)。無論如何，這一說法畢竟拉開了三星堆遺址第一期和第二期之間的時間差，而與 1987 年簡報中「第一期與第二期文化的年代相去較遠」的推斷相吻合。

上引簡報和發掘者披露的碳素測年的基礎數據，應都源自中國社會科學院考古研究所和北京大學兩家碳-14 實驗室的「放射性碳素測定年代報告」，但此後發掘者和研究者給出的年代數據卻五花八門，讓人無所適從。後文中述及孫華教授做了系統梳理，知學者們在研究結論中選擇性地採用未經樹輪校正和經樹輪校正兩種數據，而上文中的極端數值距今 4,800 年，從未見於基礎數據。查三星堆遺址第一期遺存三個數據中最早的一個，樹輪校正年代是距今 4,665±135 年，如將這一最早數值再加上可能的搖擺幅度的最大值，即 4,665+135 年，居然正好是距今 4,800 年。三星堆遺址第一期的最高年代上限值，就是這麼被推定出來的。取早不取晚，盡可能提早年代上限，一度成為三星堆遺址與三星堆文化探索的學術價值取向。距今 4,600～4,500 年，被四捨五入為 4,700、4,800 年，甚至一度推早到 5,000 年（該文述及「據發掘者陳德安見告：經他進一步研究分析後，把《簡報》上的分期斷代略加修改，即把整個文化層分為四期，第一期為新石器時代晚期，屬於龍山文化晚期，距今 4,200～5,000 年」）(王家祐等 1993)，令人啞然。

二 與「蜀」文化的比附

如果說中國先秦考古研究的一個較顯著的特點，是對考古遺存做狹義史學範疇的推定，那麼具體到四川地區，則是在新發現的遺存與「蜀」

之間做對號入座式的推定，在這一背景下，考古學範疇的「三星堆文化」在還沒有被明確辨析出來的情況下，就被「早期(巴)蜀文化」、「早蜀文化」等文獻學與考古學整合層面的概念所替代和遮罩，以後世文獻所載族名命名考古學文化蔚然成風。

譬如，1980年代後期的論文中多有類似的論述，「四川近年考古工作的重要進展之一是將盆地中部一批新石器時代末期到青銅時代的遺址，從原來統稱的『四川新石器文化』中逐步分離出來，發現了『早期巴蜀文化』這一獨立的地方性古代文化面貌」，「大體上可以排出從新石器晚期開始，經過商周，直到春秋時期的兩千年間川西古代巴蜀文化發展的序列，根據考古學文化以首次發現發掘的典型遺址命名的慣例，可以將這類文化定名為『三星堆文化』，它包括新石器末期的『早期巴蜀文化』，和青銅時代前期(殷商西周時期)的『中期巴蜀文化』，連續構成了一個古代文化整體發展的歷史過程」(趙殿增1989)；「早蜀文化，是指西周以前的早期蜀文化，《華陽國志蜀志》記載蜀『歷夏、商、周。』筆者根據近幾年對廣漢三星堆遺址歷次發掘所獲得的大量實物數據分析，認為《蜀志》所載應為信史，地下的實物史料充分證實了川西平原在西周以前存在著一支古老的地方類型文化，並在四千年左右已進入了文明社會」(陳顯丹1989)。

從上引論述中，可以清楚地看到兩個認知傾向，一是考古學層面的「三星堆文化」被淡化，一般認為可以用「早期(巴)蜀文化」來替代；二是其意指「三星堆文化」或「早期巴蜀文化」、「早蜀文化」，都是包含三星堆遺址第一期遺存所代表的距今四千多年的新石器晚期文化的。

在這一語境下，還是有學者略微強調了三星堆遺址一期遺存的獨特性，如林向在綜述四川的考古發現與研究時，在「新石器時代與原始文化遺存」下，列「成都平原的三星堆一期文化」一項，指出三星堆遺址

「早期蜀文化地層疊壓下的第一期文化，其面貌原始，與蜀文化大相逕庭。其中的圈足豆、夾砂褐陶等顯然為後來的蜀文化所繼承，不過中間肯定有缺環」；在「巴蜀時期的考古發現」中，列「廣漢月亮灣——三星堆遺址的發掘」一項，認為「以三星堆遺址第二、三、四期為代表的早期蜀文化作為一種獨立的考古學文化其特徵是顯著的」(林向1989a)，四川大學宋治民教授也較早提及屬於「新石器時代晚期至夏代初年」的三星堆遺址一期遺存，「可以看出它和早期蜀文化有一定的淵源關係，同時它們之間的區別也很清楚，因之它們不屬蜀文化的範疇，稱之為蜀文化的前身，可能更合乎實際情況。」(宋治民1990) 1993年出版的《三星堆文化》一書「三星堆文化的分期」一節中，引用的是相關學者關於三星堆遺址四期的劃分，分別稱為「遺址一期文化」、「遺址二期文化」、「遺址三期文化」和「遺址四期文化」(屈小強等1993)，作者也認為遺址第一期遺存所代表的人群可單獨劃出：「第一期文化的新石器時代晚期先民為四川盆地內的土著居民；進入古國時期後的第二至三期文化先民屬同一民族，他們分別與傳說中古蜀國的第一至第三代蜀國統治部落蠶叢、柏灌、魚鳧有關」。

這種以文獻記載中的族名來命名考古學文化的研究取向，雖具更多推想的成分，但從中仍可窺見作者對基礎資料的聚類分析傾向。

三　三星堆遺址一期的剝離

「一期文化與二、三、四期文化有較大的差別，但也存在一定的承襲關係。」(陳德安1991) 發掘者儘管意識到三星堆遺址一期與其後各期文化遺存的顯著差異，但仍不肯將其從三星堆文化中剝離出來，而是做了如是區分：「為了區別三星堆遺址一期與二至四期兩種性質和文化面貌均不相同的遺存，我們把屬於一期（龍山時期，可能含有二里頭時期）的遺存叫做『下文化層』，把屬於二至四期（商至西周早期）的遺存叫做『上文化

層』」（四川省文物考古研究所三星堆工作站等 1993）。眾所周知，以文化層為大的分期單位的做法，習見於 1950 年代，如鄭州商城「二里崗下層」和「二里崗上層」文化期的劃分。此後即為考古學界所揚棄。

在研討與切磋中，開始有學者從學理的層面反思相關問題，如宋治民即指出，「三星堆文化是以發現早、內涵豐富為依據提出的，將三星堆遺址和與其文化內涵相同的遺址命名為三星堆文化本無不可，但現在的問題是，三星堆遺址從一期到四期是否使用同一個文化命名。根據發掘報告和有關資料，三星堆一期和二期是『判然有別』，一般認為以（三星堆二期）這一群器物為特徵的才屬三星堆遺址的代表性器物。顯然三星堆一期和二期及二期以後各期的陶器是各有特徵的兩群，如果以三星堆文化命名第二期及其以後的各期文化，又不能包括第一期文化。籠統地用三星堆文化命名來概括這四期，似不夠科學。當然如果用三星堆文化命名其二、三、四期也是可以的，但必須清楚的（地）加以說明其不包括第一期。」（宋治民 1993）

對三星堆遺址分期問題做系統闡發分析的，是北京大學孫華教授。他指出，「《廣漢三星堆遺址》報告將 1980–1981 年三星堆Ⅲ區的地層合併為具有分期意義的三組文化層，對於這三組文化層之間的關係，報告將它們當作了同一層次，並列處理為三期。然而（屬於第一、二期的地層）它們的差別正如報告所說，是十分巨大的。不僅應當有年代上的缺環，還應當有文化內涵的不同。」而同一期各文化層之間的差異程度遠遠小於各期之間的差異程度，「就只宜以期下的『段』來加以表述，不宜用並列的『期』來進行分割。」（孫華 1993）

他在細緻的地層學與類型學作業的基礎上，「將三星堆遺址第二期細分為三段，第三期細分為二段，這些期段加上第一期的不再能細分的一段，三星堆遺址可以大致劃分為三期六段」，並推論「三星堆遺址似乎

應當以第三期最為繁盛,所以該期遺存分布面廣、堆積深厚、發掘所獲也最多;而在這以後,即到了三星堆第三期時,三星堆遺址就逐漸衰落了」。而「三星堆遺址三期各自的年代範圍應當是:第一期為龍山時代晚期至二里頭文化時代初期,第二期為二里頭文化時代晚期至二里崗文化時期(下限可至殷墟第一期前段),第三期為殷墟文化時期第一期(後段)至第三期,前後跨越了龍山時代、夏代及商代三個時代」。

述及絕對年代,孫華指出,「一般說來,經過樹輪校正的碳年代數據應是比較準確的,三星堆遺址的碳測年數據普遍偏早,未經樹輪校正的年代反而更接近於我們從其他資料所推斷的年代,這種現象是值得注意的。」鑑於此,未經樹輪校正的遺址第一期的年代距今 4,200(±80)至 4,075(±100)年左右,第二期的年代距今 3,700±100 年至 3,555±80 年前後,應是合適的。

至於三星堆遺址三期遺存的文化性質,孫華指出,「它們的文化內涵既有連繫,又有相當大的差別,它們相互間的連繫表現在相鄰兩期遺存間都可以找到一種或幾種具有前後演變關係的典型陶器;而它們相互間的差異則表現在它們各自都有自己一組特徵明顯的器物群。因此,三星堆遺址的三期遺存,實際上應當視為同一文化系統下的三種不同的考古學文化。」鑑於與三星堆遺址第一期相類的遺存在成都平原其他遺址尚無發現,他建議將這類遺存命名為「邊堆山文化」(以四川北部的綿陽邊堆山遺址為典型遺址),以便與可命名為「三星堆文化」的三星堆遺址第二期遺存區別開來,這就明確地將三星堆遺址第一期遺存從「三星堆文化」中剝離開來。

稍後,北京大學李伯謙教授亦撰文指出,「不僅一個遺址內各層堆積因時間早晚不同、包含物特徵不同通常屬於不同性質的文化,即使各層堆積年代前後銜接、文化內涵有繼承發展關係也不一定就是一個考古學

文化，這還要看其文化特徵發生了怎麼樣的變化。」依此，「（三星堆遺址）下層遺存與上層遺存之間文化面貌差別很大，生產力水準懸殊，社會發展階段也不相同，即使個別因素有前後承襲關係，也不宜將其視為一個考古學文化」，就三星堆文化而言，「第一期為新石器時代遺存應予排除」(李伯謙1997)，中國國家博物館李維明研究館員與其持相近的意見，認為「可以一、二期分界將其區分為兩種不同性質的文化」(李維明2003)。

三星堆遺址第一、二期遺存出土遺物的一個重要差異，是自第二期起開始出現具有二里頭文化風格的盉、豆等陶器和璋、戈、圭等玉器。這一現象逐步為學界所重視：「三星堆文化一、二期之間的顯著差異，也表明當時當地發生了一次重大變革，二里頭文化因素也正是在三星堆二期時出現於成都平原」，「三星堆二期文化很可能是在夏末商初時，由遷入成都地區的夏遺民，與當地土著居民相結合所創造的一種新型文化遺存」(杜金鵬1995)。此後，關於二里頭文化的年代等問題，隨著研究的深入而有新的認知，由二里頭文化因素出現於成都平原的時段入手，也可以深化我們對三星堆文化形成年代與契機等問題的認知（詳後）。

有學者提議應將三星堆文化早期（以月亮灣等地所見玉器、銅牌飾為代表）從以兩個祭祀坑為代表的三星堆文化中剝離出來，單獨析分出大致相當於二里頭文化期的「月亮灣文化」(鄧淑蘋2014)。另有學者認為「由於擁有幾乎完全相同的知識體系和價值體系，三星堆文化和十二橋文化實為一個考古學文化」，而「『三星堆──金沙文化』或從遺址第三期（相當於二里崗上層至殷墟早期）(四川省文物考古研究所1999)的某個時段開始」(施勁松2020)。如是，則三星堆文化的上限都早不到二里頭文化時期。關於這一問題，筆者擬另文探討。

■ 四　寶墩文化的提出與受阻

　　1995 年起，四川省成都市文物考古隊等單位在新津寶墩、成都溫江魚鳧城、成都郫都古城、都江堰芒城、崇州雙河等遺址調查發掘，證實成都平原首次發現了相當於中原地區龍山時代、距今四五千年的古城址群。發掘調查者認為，「它們的時代早晚雖略有差別，而其文化的總體面貌卻是較為一致的；它們互有一組貫穿始終而又區別於其他考古學文化而獨具特徵的器物群，當屬同一考古學文化遺存；並與三星堆文化的發展脈絡也清晰可見；它們之中又以新津寶墩遺址的面積最大，文化內涵最豐富、最具代表性。因此，我們認為將這一古城址群的考古學文化命名為『寶墩文化』是合適的。」

　　發掘調查者將寶墩文化分為四期七段，而既往被劃歸三星堆遺址第一期的三星堆地點偏下的堆積和月亮灣地點的相關堆積所出遺物，「均是寶墩文化期的特徵」，「推測三星堆遺址原分的一期，年代跨度較長，還可分期」。依據寶墩遺址和三星堆遺址一期遺存的相關碳-14 測年數據，他們「將該文化的年代上限推定在距今 4,500 年左右。關於其年代下限，可以根據該文化末期正好與三星堆文化銜接的情況，那麼三星堆文化的年代上限正好是寶墩文化的下限，而三星堆文化的年代上限有眾多的碳-14 年代依據，一般認為在距今 3,700 年左右，可以作為寶墩文化的下限，這樣我們就把寶墩文化的年代範圍大致推定在距今 4,500 年～3,700 年之間，前後發展約 800 年左右」（江章華等 1997）。

　　在成都市的學者及時披露最新考古發現，並在系統梳理考古資料的基礎上正式提出「寶墩文化」的命名之後，大部分學者很快認可了這一命名。即便曾提出過「三星堆一期文化」的林向教授，也旋即贊同並使用了「寶墩文化」的概念，儘管在「蜀」文化的話語系統下，作者還是認為「我

觀潮

們可因它們在發展的階段上的不同而分別命名，其實兩者之間一脈相承並非出現另一種什麼新文化」(林向 1998)。

三星堆遺址的發掘者在述及三星堆遺址各期遺存的性質時，說法雖有所變化，但仍未對遺址分期和文化分期予以明確的區分：「現已基本查明，三星堆遺址包含著兩種文化面貌不盡相同，且又有前後承繼關係的遺存：一種是三星堆早期遺存，或稱三星堆遺址一期文化，其相對年代大約在中原地區的龍山時代；另一種是三星堆晚期遺存，即三星堆二至四期文化，或叫三星堆遺址上層文化，其相對年代大致在夏至商末周初或更晚。」而「在成都平原還發現了相當於三星堆一期的遺址這些遺存已被命名為『寶墩文化』」，下文在述及「三星堆文化的一般特徵」時，又包含了「三星堆早期遺存」(陳德安 1998)。

更有直接否定寶墩文化命名的聲音，如「成都寶墩諸遺存與廣漢三星堆遺存應屬同一文化，它們之間，特別是寶墩遺存的第三期並不存在向三星堆遺存第一期發展的關係」，「就寶墩文化作為一種全新的、有別於任何一種考古學文化的新文化命名是值得商榷的，它應歸屬三星堆文化寶墩期（或類型）」，「三星堆文化從距今 5,000 年至 3,000 年之間的發展變化是明確而連續的」(陳顯丹等 2002)。

此後，三星堆遺址的發掘者及其所屬機構的學者仍堅持「三星堆一期文化（寶墩文化）」、「三星堆四期文化（十二橋文化）」的提法 (萬嬌等 2013，冉宏林等 2014)。加括號以示二者就是一碼事，也是無奈之舉。或有括號內外名稱互換者，如「寶墩文化（三星堆一期文化）」的表述 (趙殿增等 2001)，已傾向於認可寶墩文化的看法。高大倫研究員說得更直白：「4,500～4,000 年前這個時間段，成都平原兩支著名的考古學文化，一是廣漢三星堆遺址的一期文化，再是新津的寶墩文化（兩者實為一個文化，三星堆一期遺存最豐富，寶墩資料整理、公布最早）。」(高大倫 2015)

「一個文化」被分為「兩支」，各稱其名，這對於一般研究者和大眾來說，頗感困惑。如「廟底溝二期文化」、「王灣三期文化」之類遺址名加期別的命名方法，在學術史上被證明並非理想命名後，一般已不被學術界所認可。

值得注意的是，近年又有「在文化命名上，岷江沖積扇的遺存被命名為『寶墩文化』，而沱江沖積扇上的三星堆一期直呼『三星堆一期文化』」的說法，但作者同時又承認「兩者之間文化面貌基本一致」(陳德安 2019)。是的，三星堆遺址距離岷江沖積扇上最近的寶墩文化城址——成都郫都古城直線距離只有 30 公里，兩個沖積扇之間也沒有地理上大的阻隔，因而，三星堆遺址一期遺存與大體同時的寶墩文化其他遺址，不應是不同的文化類型。

五　始年仍被提前的困惑

最令人困惑的是三星堆文化的起始年代，如前所述，相關學者選擇性地使用經過或未經樹輪校正的碳素測年數據，導致推定年代上歧見紛出，莫衷一是，誠如孫華指出的那樣，「在四川地區，不少先秦時期的遺址和墓葬的碳測年數據都有偏早的現象，對於這些現象作出恰當的解釋，目前條件還不具備，還有待於更多的碳測年數據的公布，在四川地區碳測年數據的統計分析規律尚未掌握以前，我們還是以透過與中原地區已知年代因素的器物類比所推斷的三星堆遺址各期的年代為準，這想來是不會有什麼問題的。」(孫華 1993)

前文述及多有學者注意到陶盉等二里頭文化因素是在三星堆遺址第二期時出現於成都平原的，在碳素測年和當地考古學文化分期研究不足以解決文化遺存絕對年代的情況下，這是卡定三星堆文化起始年代的一個重要的比較標準。而眾所周知，據最新的測年研究，二里頭文化的始

觀潮

年在西元前 1750 年前後（張雪蓮等 2007，仇士華 2015），鑑於三星堆文化最早的遺存中即包含二里頭文化第二期風格的陶器，可知三星堆文化形成的時間絕不早於此。考慮到文化傳播的時空差，始於三星堆遺址第二期的三星堆文化早期，至多相當於二里頭文化晚期至二里崗文化期（陳德安等 2015），依上引二里頭文化最新的測年數據，則不應早於西元前 1600 年前後。

在這一大的學術背景下，三星堆遺址的發掘者及其所屬機構的學者，仍將三星堆文化的始年上推到距今 4,000 年甚至 4,100 年（萬嬌等 2013，高大倫等 2016）。依近年最新的測年數據，二里頭文化的年代約當西元前 1750－前 1520 年（仇士華 2015），即便依 20 多年前結項的夏商周斷代工程的測年意見，也是在西元前 1880－前 1521 年之間（夏商周斷代工程專家組 2000），即相當於「二里頭文化時期」，絕對年代又在距今 4,100～3,600 年之間（下表）（高大倫等 2016），不知何據。同一學者對同一文化遺存（三星堆一期文化或寶墩文化）始年的推斷，在相繼發表的論文中也有不同的表述，時差則達 300 年（由距今 4,500 年提到 4,800 年），亦不知何據。

至於表格所列屬於三星堆遺址第一期、面積超過 500 平方公尺的青關山土臺及其上的大型柱洞式建築，尚未得到最新刊布資料的支持：「由於 F1（即青關山 1 號建築基址）的層位關係不太理想，一方面疊壓或打破 F1 的遺存，要麼數量極少，要麼年代均晚至漢代或以後，另一方面 F1 疊壓的遺存因為需要保護 F1 而未發掘，故 F1 的年代上限和下限均無法準確界定。」（四川省文物考古研究院 2020）

三星堆遺址各期重要遺存表

遺址	分期	絕對年代	相對年代	分布面積	重要遺存
三星堆	一	4800~4100 BP	新石器時代晚期	5平方公里	青關山夯土臺（面積超過500平方米），大型柱洞式建築（目前成都平原僅寶墩古城、郫縣古城有發現，但二者均無大型人工夯土臺）、仁勝墓地（部分隨葬玉器、象牙）
	二	4100~3600 BP	二里頭文化時期	3.5平方公里	月亮灣小城（西城牆北段、青關山城牆、真武宮城牆、月亮灣城牆、周長約3,000公尺，面積約47萬平方公尺），青關山人工土臺，面積約1.6萬平方公尺，月亮灣臺地，倉包包祭祀坑（銅牌飾、銅瑗等）、月亮灣器物坑（玉石列璧）

遺址	分期	絕對年代	相對年代	分布面積	重要遺存
三星堆	三	3600~3200 BP	商	3.5 平方公里	三星堆外城圈（東城牆、西城牆、南城牆、北城牆，周長約 7,000 公尺，面積 3 平方公里），倉包包小城（北城牆東段、東城牆北段、倉包包城牆、李家院子城牆，周長 1,400 公尺，面積約 9 萬平方公尺），青關山人工土臺及 F2
三星堆	四	3200~2600 BP	西周	3.5 平方公里	三星堆一、二號祭祀坑，青關山土臺及 F1、F3，青關山 H105、西城牆北段拐角四期補築城牆，遺址外圍較多同時期遺址（已經調查的鴨子河上游即有 17 處小型遺址）

採自高大倫等 2016 年文。

人文社會科學領域的任何學術認知，都應是以學者個人為本位而非研究者所屬機構秉持同一觀點的，如夏商文化討論中著名的「西亳說」和「鄭亳說」，都是某位學者個人的觀點，而不能認為是中國社會科學院考古研究所和北京大學兩個學術機構間的論爭，但在對三星堆文化的學術史考察中，的確可看出學術認知在學者所處機構和地域間的差異。總體而言，三星堆遺址的發掘者及其所屬機構的學者，在相當長的時間裡沒有將遺址分期與考古學文化分期區分開來，且多數學者傾向於大幅上推

三星堆文化的起始年代；而四川大學等其他單位的學者在資料刊布之初即已注意到二者間的差異並有所提示；成都市相關單位的學者提出「寶墩文化」的命名，進一步卡定了三星堆文化的上限，其早年推定的三星堆文化的始年，也近於最新的認知，真正提出三星堆遺址第二期為三星堆文化之始的，則是四川以外的學者。如是學史現象，饒有趣味。

三星堆遺址青關山 1 號建築基址

觀潮

附錄

注釋

（以作者名漢語拼音和刊布時間排序）

安金槐：《試論鄭州商代城址 —— 隞都》,《文物》1961 年第 4、5 期。

安志敏：《試論黃河流域新石器時代文化》,《考古》1959 年第 10 期。安志敏：《中國早期銅器的幾個問題》,《考古學報》1981 年第 3 期。

安志敏：《考古學文化》,《中國大百科全書考古學》,中國大百科全書出版社,1986 年。

安志敏：《關於牛河梁遺址的重新認識 —— 非單一的文化遺存以及「文明的曙光」之商榷》,《考古與文物》2003 年第 1 期。

白雲翔等整理：《中國文明起源座談紀要》,《考古》1989 年第 12 期。白雲翔：《中國的早期銅器與青銅器的起源》,《東南文化》2002 年第 5 期。

北京大學歷史系考古教研室商周組：《商周考古》,文物出版社,1979 年。

北京大學考古系等石家河考古隊：《石家河遺址群調查報告》,《南方民族考古》第 5 輯,1993 年。

北京大學考古學系：《北京大學考古學系四十五年 (1952 – 1997)》,1998 年。

北京大學考古文博學院等：《登封王城崗考古發現與研究 (2002 – 2005)》,大象出版社,2007 年。

北京大學：《國家科技支撐計畫專案「中華文明探源工程（二）」——3500 bc～1500 bc 中國文明形成與早期發展階段的考古學文化譜系年代研究》，中國考古網，2011 年 11 月 24 日。

「北京大學考古文博學院」官網歷史沿革，2015 年 10 月。

畢經緯：《「中期質變」視野下的夏代考古學文化》，《歷史研究》2018 年第 1 期。

冰白：《從龍山晚期的中原態勢看二里頭文化的形成——兼談早期夏文化的幾個問題》，《中國考古學的跨世紀反思》，商務印書館（香港）有限公司，1999 年。陳德安等：《上古巴蜀文明的重大發現——三星堆遺址與「三星堆文化」》，《文史雜誌》，1987 年第 1 期。

陳德安：《三星堆遺址》，《四川文物》1991 年第 1 期。

陳德安：《三星堆遺址的發現與研究》，《中華文化論壇》1998 年第 2 期。

陳德安等：《三星堆遺址商代城址的調查與認識》，《夏商周方國文明國際學術研討會論文集（2014 中國廣漢）》，科學出版社，2015 年。

陳德安：《三星堆古城再認識》，《三星堆研究》第 5 輯，巴蜀書社，2019 年。陳戈等：《齊家文化應屬青銅時代——兼談中國青銅時代的開始及其相關的一些問題》，《考古與文物》1990 年第 3 期。

陳國科等：《西城驛遺址二期遺存文化性質淺析》，《早期絲綢之路暨早期秦文化國際學術研討會論文集》，文物出版社，2014 年。

陳國科等：《張掖西城驛遺址出土銅器的初步研究》，《考古與文物》2015 年第 2 期。

陳國梁：《二里頭文化銅器研究》，《中國早期青銅文化——二里頭文化專題研究》，科學出版社，2008 年。

陳國慶等:《大連地區早期青銅時代考古文化》,《青果集》,知識出版社,1993 年。

陳國慶:《燕遼區新石器時代考古學文化研究 —— 兼論與周鄰地區考古學文化的互動關係》,科學出版社,2019 年。

陳平:《夏家店下層文化研究綜述》,《北京文物與考古》第 5 輯,北京燕山出版社,2002 年。

陳剩勇:《中國第一王朝的崛起 —— 中華文明和國家起源之謎破譯》,湖南出版社,1994 年。

陳顯丹:《略談廣漢文化有關問題 —— 兼論廣漢文化與夏文化的關係》,《史前研究》1987 年第 4 期。

陳顯丹:《論廣漢三星堆遺址的性質》,《四川文物》1988 年第 4 期。

陳顯丹:《廣漢三星堆遺址發掘概況、初步分期 —— 兼論「早蜀文化」的特徵及其發展》,《南方民族考古》第 2 輯,四川科學技術出版社,1989 年。

陳顯丹等:《論三星堆文化與寶墩文化之關係》,《四川文物》2002 年第 4 期。陳小三:《河西走廊及其鄰近地區早期青銅時代遺存研究》,吉林大學博士學位論文,2012 年。

陳星燦:《中國史前考古學史研究(1895 – 1949)》,生活讀書新知三聯書店,1997 年。

陳星燦:《從一元到多元:中國文明起源研究的心路歷程》,《中原文物》2002 年第 2 期。

陳星燦等:《中國文明腹地的社會複雜化程式 —— 伊洛河地區的聚落形態研究》,《考古學報》2003 年第 2 期。

陳星燦：《考古發掘與歷史復原》，《南方文物》2006 年第 3 期。

Christopher Hawkes, Archaeological Theory And Method : Some Suggestions From The Old World. American Anthropologist, 56（1954）.

大貫靜夫：《〈中國文物地図集河南分冊〉を読む——嵩山をめぐる遺跡群の動態》，《住の考古學》，同成社（東京），1997 年。

丹尼爾著，黃其煦譯：《考古學一百五十年》，文物出版社，1987 年。

鄧淑蘋：《萬邦玉帛——夏王朝的文化底蘊》，《夏商都邑與文化》（二），中國社會科學出版社，2014 年。

Dictionnaire DeLa Prehistoire, 1988, Directeur DeLa Publication Andre Le-Roi-Gourham, Presses Universitaire De France, Paris. 轉引自劉文鎖，1998 年。

丁山：《由三代都邑論其民族文化》，《中央研究院歷史語言研究所集刊》第 5 本第 1 分，1935 年。

董鴻聞等：《漢長安城遺址測繪研究獲得的新信息》，《考古與文物》2000 年第 5 期。

董琦：《虞夏時期的中原》，科學出版社，2000 年。

杜金鵬：《封頂盉研究》，《考古學報》1992 年第 1 期。

杜金鵬：《三星堆文化與二里頭文化的關係及相關問題》，《四川文物》1995 年第 1 期。

杜金鵬：《良渚神祇與祭壇》，《考古》1997 年第 2 期。

杜金鵬：《試論夏文化探索》，《劉敦願先生紀念文集》，山東大學出版社，1998 年。

杜金鵬：《偃師二里頭遺址一號宮殿基址再認識》，《安金槐先生紀念文集》，大象出版社，2005 年。

杜金鵬：《新密古城寨龍山文化大型建築基址研究》，《華夏考古》2010 年第 1 期。

杜在忠：《關於夏代早期活動的初步探析》，《夏史論叢》，齊魯書社，1985 年。

杜正勝：《從考古數據論中原國家的起源及其早期的發展》，《中央研究院歷史語言研究所集刊》第 58 本第 1 分，1987 年。

段鵬琦：《漢魏洛陽城的幾個問題》，《中國考古學研究》，文物出版社，1986 年。

恩格斯：《家庭、私有制和國家的起源》，《馬克思恩格斯選集》第 4 卷，人民出版社，1972 年。

范文瀾：《中國通史簡編》，新知書店，1947 年。

范文瀾：《中國通史簡編（修訂本）》第 1 編，人民出版社，1953 年。

方輝等：《淺談嶽石文化的來源及族屬問題》，《中國考古學會第九次年會論文集》，文物出版社，1997 年。

方燕明：《夏代前期城址的考古學觀察》，《新果集》，科學出版社，2009 年。

馮時：《「文邑」考》，《考古學報》2008 年第 3 期。

傅斯年：《性命古訓辨證》，廣西師範大學出版社，2006 年。

傅憲國：《試論中國新石器時代的石鉞》，《考古》1985 年第 9 期。

岡村秀典：《夏王朝──王權誕生の考古學》，講談社（東京），2003 年。

岡村秀典：《中國文明：農業と禮制の考古學》，京都大學學術出版會，2008年。

岡村秀典：《中國初期國家形成的考古學研究：陶器研究的新視角序》，復旦大學出版社，2019年。

高大倫：《成都平原古文明的活力之源》，《夏商周方國文明國際學術研討會論文集（2014中國廣漢）》，科學出版社，2015年。

高大倫等：《三星堆遺址古文明的長度寬度和高度》，《四川文物》2016年第6期。

高廣仁等：《史前陶鬹初論》，《考古學報》1981年第4期。

高廣仁等：《海岱文化對中華古文明形成的貢獻》，《山東龍山文化研究文集》，齊魯書社，1992年。

高江濤：《二里頭遺址出土青銅鼎及相關問題探討》，《夏商都邑與文化（二）》，中國社會科學出版社，2014年。

高煒等：《關於陶寺墓地的幾個問題》，《考古》1983年第6期。

高煒等：《陶寺遺址的發掘與夏文化的探索》，《中國考古學會第四次年會論文集》，文物出版社，1985年。

高煒：《龍山時代的禮制》，《慶祝蘇秉琦考古五十五年論文集》，文物出版社，1989年。

高煒：《中原龍山文化葬制研究》，《中國考古學論叢》，科學出版社，1993年。

高煒：《晉西南與中國古代文明的形成》，《汾河灣——丁村文化與晉文化考古學術研討會文集》，山西大學聯合出版社，1996年。

高煒：《陶寺，一個永遠的話題》，《襄汾陶寺遺址研究》，科學出版社，2007年。

Glyn Daniel, A Short History Of Archaeology, Thames And Hudson, Ltd. London, 1981.

宮本一夫：《二里頭文化青銅彝器的演變及意義》，《二里頭遺址與二里頭文化研究》，科學出版社，2006年。

宮崎市定：《中國における聚落形態の変遷について》，《大谷史學》第6號，1957年。

郭大順：《西遼河流域青銅文化研究的新進展》，《中國考古學會第四次年會論文集》，文物出版社，1985年。

郭大順：《豐下遺址陶器分期再認識》，《文物與考古論集》，文物出版社，1986年。

郭大順：《赤峰地區早期冶銅考古隨想》，《內蒙古文物考古文集》第1輯，中國大百科全書出版社，1994年。

郭沫若：《夏禹的問題》，《郭沫若全集歷史編1》，人民出版社，1982年。

郭妍利：《商代青銅兵器研究》，社會科學文獻出版社，2014年。

韓國河等：《論秦漢都城規劃基本模式的形成》，《陳直先生紀念文集》，西北大學出版社，1992年。

韓建業等：《王灣三期文化研究》，《考古學報》1997年第1期。

韓建業：《略論中國銅石並用時代社會發展的一般趨勢和不同模式》，《古代文明》第2卷，文物出版社，2003年。

韓建業：《中國西北地區先秦時期的自然環境與文化發展》，文物出版社，2008年。

韓建業：《裴李崗文化的遷徙影響與早期中國文化圈的雛形》，《中原文物》2009年第2期。

韓建業：《廟底溝時代與「早期中國」》，《考古》2012年第3期。（A）

韓建業：《略論中國的「青銅時代革命」》，《西域研究》2012年第3期。（B）

韓汝玢：《近年來冶金考古的一些新進展》，《中國冶金史論文集》，北京科技大學，1993年。

河南省考古學會等：《夏文化論文選集》，中州古籍出版社，1985年。

河南省文物研究所：《河南考古四十年（1952 – 1992）》，河南人民出版社，1994年。

河南省文物考古研究所：《鄭州商城（1953 – 1985年考古發掘報告）》，文物出版社，2001年。

何駑：《陶寺文化譜系研究綜論》，《古代文明》第3卷，文物出版社，2004年。

何平：《文化與文明史比較研究》，山東大學出版社，2009年。

黑龍江省文物考古研究所：《考古黑龍江》，文物出版社，2011年。

侯外廬：《中國古典社會史論》，五十年代出版社（重慶），1943年。

胡悅謙：《試談夏文化的起源》，《華夏文明》第1輯，北京大學出版社，1987年。

黃石林等：《偃師商城的發現及其意義》，《光明日報》1984年4月4日。

吉德煒著，陳星燦譯：《考古學與思想狀態——中國的建立》，《華夏考古》1993年第1期。

籍和平：《從雙庵遺址的發掘看陝西龍山文化的有關問題》，《史前研究》1986年第1、2期合刊。

姬乃軍：《關於夏文化發祥地的思考》，《考古與文物》1999年第1期。

姬乃軍：《關於夏文化發祥地的再思考》，《考古與文物》2004 年第 3 期。

翦伯贊：《諸夏的分布與鼎鬲文化》，《中國史論集》，文鳳書局，1947 年。

蔣曉春：《中國青銅時代起始時間考》，《考古》2010 年第 6 期。

江章華等：《成都平原的早期古城址群——寶墩文化初論》，《中華文化論壇》1997 年第 4 期。

焦天龍：《西方考古學文化概念的演變》，《南方文物》2008 年第 3 期。

井中偉：《水手營子青銅連柄戈的年代與屬性》，《邊疆考古研究》第 7 輯，科學出版社，2008 年。

井中偉：《早期中國青銅戈戟研究》，科學出版社，2011 年。

井中偉等：《夏商周考古學》，科學出版社，2013 年。[後續成果] 井中偉等：《夏商周考古學（第 2 版）》，科學出版社，2020 年。

K. C. Chang, The Archaeology Of Ancient？China, Yale University Press：New Ha-Ven, 1986（Fourth Edition）.

《考古與文物》編輯部：《羅泰（Lothar Von Falkenhausen）教授訪談》，《考古與文物》2012 年第 1 期。

郎樹德等：《試論大地灣仰韶晚期遺存》，《文物》1983 年第 11 期。

李伯謙：《論文化因素分析方法》，《中國文物報》1988 年 11 月 4 日。

李伯謙：《中國青銅文化的發展階段與分割槽系統》，《華夏考古》1990 年第 2 期。（A）

李伯謙：《論夏家店下層文化》，《紀念北京大學考古專業三十週年論文集》，文物出版社，1990 年。（B）

李伯謙：《對三星堆文化若干問題的認識》，《考古學研究（三）》，科學出版社，1997 年。

李伯謙：《中國青銅文化結構體系研究前言》，科學出版社，1998年。

李朝遠：《關於二里頭文化的青銅斝》，《二里頭遺址與二里頭文化研究》，科學出版社，2006年。

李峰：《西周的政體：中國早期的官僚制度與國家》，生活讀書新知三聯書店，2010年。

李宏飛：《關於中國廣域王權國家形成年代的思考》，《三代考古》（四），科學出版社，2011年。

李濟：《安陽發掘與中國古史問題》，《中央研究院歷史語言研究所集刊》第40本，1968年。

李濟著，蘇秀菊等譯：《安陽——殷商古都發現、發掘、復原記》，中國社會科學出版社，1990年。

李濟：《河南考古之最近發見》，《李濟文集》卷5，上海人民出版社，2006年。

李經漢：《試論夏家店下層文化的分期和類型》，《中國考古學會第一次年會論文集》，文物出版社，1980年。

李令福：《秦都咸陽若干問題的探索》，《中國歷史地理論叢》1998年增刊。

李萌：《三代宮室和宮城研究》，中國社會科學院研究生院碩士學位論文，2009年。

李民等：《從偃師二里頭文化遺址看中國古代國家的形成和發展》，《鄭州大學學報（哲學社會科學版）》1975年第4期。

李民：《簡論夏代國家的形成——從二里頭遺址看夏代國家的出現》，《歷史教學》1979年第11期。

李民：《夏代文化》，中華書局，1980年。

李民：《堯舜時代與陶寺遺址》，《史前研究》1985 年第 4 期。

李水城：《中國西部地區史前考古的幾點思考 ——〈師趙村與西山坪〉讀後》，《中國文物報》2001 年 9 月 7 日。

李水城：《西北與中原早期冶銅業的區域特徵及互動作用》，《考古學報》2005 年第 3 期。

李水城：《「過渡類型」遺存與西城驛文化》，《早期絲綢之路暨早期秦文化國際學術研討會論文集》，文物出版社，2014 年。

李維明：《試析三星堆遺址》，《四川文物》2003 年第 5 期。

李先登：《試論中國古代青銅器的起源》，《史學月刊》1984 年第 1 期。

李孝聰：《下鞍進房 —— 馬背上的民族與中國都城規劃管理》，《文匯報》2017 年 5 月 19 日。

李學勤：《近年考古發現與中國早期奴隸制社會》，《新建設》1958 年第 8 期。

李學勤等：《中國古史尋證》，上海科技教育出版社，2002 年。

李學勤：《西周文明論集序》，朝華出版社，2004 年。

李延祥等：《牛河梁冶銅爐壁殘片研究》，《文物》1999 年第 12 期。

李延祥等：《遼西地區早期冶銅技術》，《廣西民族學院學報（自然科學版）》2004 年第 2 期。

李伊萍：《黑龍江東部地區青銅時代遺存初識》，《邊疆考古研究》第 2 輯，科學出版社，2004 年。

李志鵬：《二里頭文化墓葬研究》，《中國早期青銅文化 —— 二里頭文化專題研究》，科學出版社，2008 年。

李最雄：《中國古代建築史上的奇蹟》，《考古》1985 年第 8 期。

梁雲：《成周與王城考辨》，《考古與文物》2002年第5期。

梁雲：《戰國都城形態的東西差別》，《中國歷史地理論叢》2006年第4輯。

[後續成果] 梁雲：《戰國時代的東西差別——考古學的視野》，文物出版社，2008年。

林向：《蜀酒探原——巴蜀的「薩滿式文化」研究之一》，《南方民族考古》第1輯，四川科學技術出版社，1987年。

林向：《新中國成立以來四川的考古發現與研究》，《四川省社會科學手冊 考古學科》，四川省社會科學院出版社，1989年，(A)

林向：《三星堆遺址與殷商的西土——兼釋殷墟卜辭中的「蜀」的地理位置》，《四川文物》，增刊《廣漢三星堆遺址研究專輯》，1989年。(B)

林向：《蜀與夏——從考古新發現看蜀與夏的關係》，《中華文化論壇》，1998年第4期。

林向：《童心求真集：林向考古文物選集》，科學出版社，2010年。

劉富良等：《西周早期的成周與王城》，《安金槐先生紀念文集》，大象出版社，2005年。

劉國祥：《西遼河流域新石器時代至早期青銅時代考古學文化概論》，《遼寧師範大學學報（社會科學版）》2006年第1期。

劉莉著，星燦譯：《龍山文化的酋邦與聚落形態》，《華夏考古》1998年第1期。

劉莉等：《中國早期國家的形成——從二里頭和二里崗時期的中心和邊緣之間的關係談起》，《古代文明》第1卷，文物出版社，2002年。

劉莉著，陳星燦等譯：《中國新石器時代：邁向早期國家之路》，文物出版社，2007年。

劉莉：《中國早期國家政治格局的變化》，《多元視域 —— 商王朝與中國早期文明研究》，科學出版社，2009 年。

Lothar Von Falkenhausen, Zou Heng（1926 – 2005）. Artibus Asiae 66 (2006). 劉啟益：《「隞都」質疑》，《文物》1961 年第 10 期。

劉慶柱：《漢長安城布局結構辨析 —— 與楊寬先生商榷》，《考古》1987 年第 10 期。

劉慶柱等：《漢長安城》，文物出版社，2003 年。

劉慶柱：《中國古代都城考古學史述論》，《考古學集刊》第 16 集，科學出版社，2006 年。

劉慶柱：《秦咸陽城遺址考古發現的回顧及其研究的再思考》，《里耶古城秦簡與秦文化研究》，科學出版社，2009 年。

劉文鎖：《論史前、原史及歷史時期的概念》，《華夏考古》1998 年第 3 期。

劉緒：《2004 年度夏商周考古重大發現點評》，《古代文明研究通訊》第 26 期，2005 年。

劉運勇：《再論西漢長安布局及形成原因》，《考古》1992 年第 7 期。劉宗迪：《三星在天：夏墟地理與傳說考辨》，《文史哲》2020 年第 6 期。

陸建方：《良渚文化墓葬研究》，《東方文明之光 —— 良渚文化發現 60 週年紀念文集》，海南國際新聞出版中心，1996 年。

欒豐實：《良渚文化的分期與年代》，《中原文物》1992 年第 3 期。

欒豐實：《大汶口文化的分期和類型》《海岱龍山文化的分期和類型》，《海岱地區考古研究》，山東大學出版社，1997 年。

欒豐實：《大汶口文化的社會發展程式研究》，《古代文明》第 2 卷，文物出版社，2003 年。

欒豐實：《序》，《東方考古》第 1 集，科學出版社，2004 年。

欒豐實：《關於海岱地區史前城址的幾個問題》，《東方考古》第 3 集，科學出版社，2006 年。

呂琪昌：《從史前陶鬹與商代銅斝的關係探討夏、商文化的分際》，《華夏考古》1999 年第 1 期。

馬得志：《唐代長安與洛陽》，《考古》1982 年第 6 期。

馬良民：《試論戰國都城的變化》，《山東大學學報（哲學社會科學版）》1988 年第 3 期。

彭曦：《西周都城無城郭？——西周考古中的一個未解之謎》，《考古與文物》，增刊《先秦考古》，2002 年。

錢耀鵬：《中國史前城址與文明起源研究》，西北大學出版社，2001 年。

錢耀鵬：《中國原史時代論綱》，《文博》2002 年第 2 期。

錢耀鵬等：《甘肅臨潭磨溝齊家文化墓地發掘及主要收穫》，《西北大學學報（哲學社會科學版）》2009 年第 5 期。

丘剛：《北宋東京三城的營建和發展》，《中原文物》1990 年第 4 期。

仇士華等：《有關所謂「夏文化」的碳十四年代測定的初步報告》，《考古》1983 年第 10 期。

仇士華：《14C 測年與中國考古年代學研究》，中國社會科學出版社，2015 年。

屈小強等主編：《三星堆文化》，四川人民出版社，1993 年。

冉宏林等：《淺析成都平原先秦時期城址特徵的變遷》，《四川文物》2014 年第 3 期。

任式楠：《中國史前銅器綜論》，《中國史前考古學研究》，三秦出版社，2003年。

邵望平：《銅鬹的啟示》，《文物》1980年第2期。

邵望平：《〈禹貢〉九州的考古學研究 —— 兼說中國古代文明的多源性》，《九州學刊》（香港）總第5期，1987年。

沈長雲：《禹都陽城即濮陽說》，《中國史研究》1997年第2期。

沈長雲：《夏族興起於古河濟之間的考古學考察》，《歷史研究》2007年第6期。

施勁松：《論「三星堆 —— 金沙文化」》，《考古與文物》2020年第5期。

石興邦：《黃河流域原始社會考古研究上的若干問題》，《考古》1959年第10期。

石興邦：「青銅時代」條，《中國大百科全書考古學》，中國大百科全書出版社，1986年。

石興邦：《我很贊成文明探源的研究工作》，《中國社會科學院古代文明研究中心通訊》2001年第1期。

史一棋：《考古實證：中華文明五千年！》，《人民日報》2018年5月29日。

四川省文物考古研究所三星堆工作站等：《四川廣漢、什邡商周遺址調查報告》，《南方民族考古》第5輯，四川科學技術出版社，1993年。

四川省文物考古研究所：《三星堆祭祀坑》，文物出版社，1999年。

宋玉彬：《圖們江流域青銅時代的幾個問題》，《北方文物》2002年第4期。

宋治民：《早期蜀文化分期的再探討》，《考古》1990年第5期。

宋治民：《論三星堆遺址及相關問題》，《三星堆與巴蜀文化》，巴蜀書社，1993年。

宿白:《隋唐長安城與洛陽城》,《考古》1978年第6期。(A)

宿白:《北魏洛陽城與北邙陵墓——鮮卑遺跡輯錄之三》,《文物》1978年第7期。(B)

蘇秉琦等:《關於考古學文化的區系類型問題》,《文物》1981年第5期。

蘇秉琦:《華人龍的傳人中國人——考古尋根記》,遼寧大學出版社,1994年。(A)

蘇秉琦主編:《中國通史第二卷:遠古時代》,上海人民出版社,1994年。(B)

蘇秉琦:《中國文明起源新探》,生活讀書新知三聯書店,1999年。

孫華:《試論廣漢三星堆遺址的分期》,《南方民族考古》第5輯,四川科學技術出版社,1993年。

孫華:《商文化研究的若干問題》,《三代文明研究(一)》,科學出版社,1999年。

孫華:《中國青銅文化體系的幾個問題》,《考古學研究》(五),科學出版社,2003年。

孫淑雲等:《甘肅早期銅器的發現與冶煉、製造技術的研究》,《文物》1997年第7期。

譚繼和:《禹文化西興東漸簡論》,《四川文物》1998年第6期。

唐際根:《中國考古學研究的國際化趨勢》,《中國文物報》1998年6月17日。

唐蘭:《中國有六千多年的文明史——論大汶口文化是少昊文化》,《大公報在港復刊30週年紀念文集》,香港大公報出版,1978年。

唐蘭:《論大汶口文化中的陶溫器》,《故宮博物院院刊》1979年第2期。

唐蘭：《中國奴隸制社會的上限遠在五、六千年前 —— 論新發現的大汶口文化與其陶器文字》，《大汶口文化討論文集》，齊魯書社，1981 年。

唐曉峰：《城市紀念性小議》，《人文地理隨筆》，生活讀書新知三聯書店，2005 年。

滕銘予：《中國早期銅器有關問題的再探討》，《北方文物》1989 年第 2 期。

田昌五：《夏文化探索》，《文物》1981 年第 5 期。

田昌五：《談偃師商城的一些問題》，《全國商史學術討論會論文集》，殷都學刊編輯部，1985 年。

田旭東：《二十世紀中國古史研究主要思潮概論》，中華書局，2003 年。

童恩正：《試論中國從東北至西南的邊地半月形文化傳播帶》，《文物與考古論集》，文物出版社，1986 年。

佟柱臣：《從二里頭類型文化試談中國的國家起源問題》，《文物》1975 年第 6 期。

萬嬌等：《桂圓橋遺址與成都平原新石器文化發展脈絡》，《文物》2013 年第 9 期。[後續成果] 萬嬌：《從三星堆遺址看成都平原文明程式》，科學出版社，2020 年。

萬嬌：《從三星堆遺址看成都平原文明程式》，科學出版社，2020 年。

Wang Haicheng, China's First Empire? Interpreting The Material Record Of The Erli-Gang Expansion. Art And Archaeology Of The Erligang Civilization, Ed. Kyle Steinke With Dora C. Y. Ching. P. Y. And Kinmay W. Tang Center For East Asian Art, Department Of Art And Archaeology, Princeton University，2014.

汪寧生：《中國考古發現中的「大房子」》，《考古學報》1983 年第 3 期。

王承禮等：《東北考古的主要收穫》，《東北考古與歷史（叢刊）》第 1 輯，文物出版社，1982 年。

王成生：《遼寧出土銅戈及相關問題的研究》，《遼寧考古文集》，遼寧民族出版社，2003 年。

王國維：《殷卜辭中所見先公先王考》《殷卜辭中所見先公先王續考》，《觀堂集林》卷 9，中華書局，1959 年。

王國維：《古史新證 —— 王國維最後的講義》，清華大學出版社，1994 年。

王輝：《甘青地區新石器 —— 青銅時代考古學文化的譜系與格局》，《考古學研究（九）》，文物出版社，2012 年。

王家祐等：《關於三星堆文化的兩個問題》，《三星堆與巴蜀文化》，巴蜀書社，1993 年。

王立新：《從嵩山南北的文化整合看夏王朝的出現》，《二里頭遺址與二里頭文化研究》，科學出版社，2006 年。

王立新：《也談文化形成的滯後性 —— 以早商文化和二里頭文化的形成為例》，《考古》2009 年第 12 期。

王巍：《良渚文化玉琮芻議》，《考古》1986 年第 11 期。

王巍等：《夏商周考古學論要》，《三代考古》（二），科學出版社，2006 年。

王學理：《秦都咸陽》，陝西人民出版社，1985 年。

王毅等：《三星堆文化研究》，《四川文物》1999 年第 3 期。王仲殊：《漢代考古學概說》，中華書局，1984 年。

王子今：《西漢長安居民的生存空間》，《人文雜誌》2007 年第 2 期。

魏興濤：《中原龍山城址的年代與興廢原因探討》，《華夏考古》2010 年第 1 期。

魏興濤：《中原與東方及東南——試從清涼寺墓地探討外來因素在中原地區早期社會複雜化過程中的作用》，《中國考古學會第十四次年會論文集》，文物出版社，2012年。

吳恩裕：《中國國家起源的問題》，《新建設》1956年第7期。

吳曉筠：《中國的「原史時代」》，《華夏考古》2005年第1期。

夏鼐：《關於考古學上文化的定名問題》，《考古》1959年第4期。（A）

夏鼐：《建國十年來的中國考古新發現》，《考古》1959年第10期。（B）

夏鼐：《新中國的考古學》，《紅旗》1962年第17期；《考古》1962年第9期。

夏鼐：《中國近五年來的考古新收穫》，《考古》1964年第10期。

夏鼐：《碳-14測定年代和中國史前考古學》，《考古》1977年第4期。

夏鼐：《談談探討夏文化的幾個問題——在「登封告成遺址發掘現場會」閉幕式上的講話》，《河南文博通訊》1978年第1期。

夏鼐：《三十年來的中國考古學》，《考古》1979年第5期。

夏鼐：《中國文明的起源》，文物出版社，1985年。

夏鼐等：《考古學》，《中國大百科全書考古學》，中國大百科全書出版社，1986年。

夏鼐：《在中國考古學會第四次年會開幕式上的講話》，《夏鼐文集》，社會科學文獻出版社，2000年。（A）

夏鼐：《再論考古學上文化的定名問題》，《夏鼐文集》，社會科學文獻出版社，2000年，（B）

夏商周斷代工程專家組：《夏商周斷代工程1996－2000年階段成果報告（簡本）》，世界圖書出版公司，2000年。

謝維揚：《中國早期國家》，浙江人民出版社，1995年。

徐光冀：《曹魏鄴城的平面復原研究》,《中國考古學論叢》,科學出版社,1993年。

徐光冀等：《遼西區古文化（新石器至青銅時代）綜論》,《蘇秉琦與當代中國考古學》,科學出版社,2001年。

許宏：《曲阜魯國故城をめぐる諸問題について》,《東洋學報》（東京）第77卷1、2號,1995年。

許宏：《先秦城市考古學研究》,北京燕山出版社,2000年。

許宏：《略論二里頭時代》,《2004年安陽殷商文明國際學術研討會論文集》,社會科學文獻出版社,2004年。（A）

許宏：《二里頭遺址發掘和研究的回顧與思考》,《考古》2004年第11期。（B）

許宏等：《二里頭遺址聚落形態的初步考察》,《考古》2004年第11期。

許宏：《21世紀初中國考古學的新發現及其學術意義》,《燕京學報》新18期,北京大學出版社,2005年。

許宏等：《關於二里頭遺址的省思》,《文物》2008年第1期。

許宏：《最早的中國》,科學出版社,2009年。[後續成果] 許宏：《最早的中國：二里頭文明的崛起》,生活讀書新知三聯書店,2021年。

許宏等：《二里頭遺址文化分期再檢討 —— 以出土銅、玉禮器的墓葬為中心》,《南方文物》2010年第3期。

許宏：《關於社會複雜化階段考古學文化的斷想》,《三代考古》（四）,科學出版社,2011年。

許宏：《二里頭文化聚落動態掃描》,《早期夏文化與先商文化研究論文集》,科學出版社,2012年。

許宏：《從「商周考古」到「夏商周考古學」—— 由兩本考古教材串聯起的學術史》，《中國文物報》2013 年 9 月 13 日。

許宏：《何以中國：西元前 2000 年的中原圖景》，生活讀書新知三聯書店，2014、2016 年。（A）

許宏：《「夏王朝」考古：學術史新動向新思考》，《夏商都邑與文化》（二），中國社會科學出版社，2014 年。（B）

許宏：《關於二里頭為早商都邑的假說》，《南方文物》2015 年第 3 期。（A）

許宏：《二里頭：中國早期國家形成中的一個關鍵點》，《中原文化研究》2015 年第 4 期。（B）

許宏：《大都無城 —— 中國古都的動態解讀》，生活讀書新知三聯書店，2016 年。（A）

許宏：《二里頭 M3 及隨葬綠松石龍形器的考古背景分析》，《古代文明》第 10 卷，上海古籍出版社，2016 年。（B）

許宏：《先秦城邑考古》，金城出版社、西苑出版社，2017 年。

許宏：《關於石峁遺存年代等問題的學術史觀察》，《中原文物》2019 年第 1 期。

徐建華：《大連地區新石器時代文化和青銅時代文化斷代劃分》，《遼海文物學刊》1994 年第 1 期。

徐良高：《中國民族文化源新探》，社會科學文獻出版社，1999 年。

徐良高：《中國三代時期的文化大傳統與小傳統 —— 以神人像類文物所反映的長江流域早期宗教信仰傳統為例》，《考古》2014 年第 9 期。

徐蘋芳：《唐代兩京的政治、經濟和文化生活》，《考古》1982 年第 6 期。

徐蘋芳：《古代北京的都市計畫》，《環境變遷研究》第1輯，海洋出版社，1984年。

徐蘋芳：《元大都在中國古代都城史上的地位》，《北京社會科學》1988年第1期。

徐蘋芳：《中國古代城市考古與古史研究》，《中國歷史考古學論叢》，允晨文化實業股份有限公司（臺北），1995年。

徐衛民：《秦都城研究》，陝西人民教育出版社，2000年。

徐旭生：《1959年夏豫西調查「夏墟」的初步報告》，《考古》1959年第11期。

徐昭峰：《成周與王城考略》，《考古》2007年第11期。

徐中舒：《再論小屯與仰韶》，《安陽發掘報告》第3期，中央研究院歷史語言研究所，1931年。

嚴文明：《龍山文化和龍山時代》，《文物》1981年第6期。嚴文明：《論中國的銅石並用時代》，《史前研究》1984年第1期。

嚴文明：《中國史前文化的統一性和多樣性》，《文物》1987年第3期。

嚴文明：《略論中國文明的起源》，《文物》1992年第1期。

嚴文明：《龍山時代考古新發現的思考》，《紀念城子崖遺址發掘60週年國際學術討論會文集》，齊魯書社，1993年。

嚴文明：《文明起源研究的回顧與思考》，《文物》1999年第10期。

楊鴻勳：《宮殿考古通論》，紫禁城出版社，2001年。

楊虎：《遼西地區新石器——銅石並用時代考古文化序列與分期》，《文物》1994年第5期。

楊寬：《西漢長安布局結構的探討》，《文博》1984年創刊號。

楊寬：《中國古代都城制度史研究》，上海古籍出版社，1993 年。

楊錫璋等：《殷代青銅禮器的分期與組合》，《殷墟青銅器》，文物出版社，1985 年。

葉萬松等：《西周雒邑城址考》，《華夏考古》1991 年第 2 期。

葉萬松等：《偃師二里頭遺址獸紋銅牌考識》，《考古與文物》2001 年第 5 期。

易華：《從齊家到二里頭：夏文化探索》，《夏商都邑與文化》（一），中國社會科學出版社，2014 年。

易華：《齊家華夏說》，甘肅人民出版社，2015 年。

易華：《從玉帛古國到干戈王「國」》，《甘肅社會科學》2017 年第 6 期。

殷瑋璋：《關於夏代文化的探索》，《新中國的考古發現和研究》，文物出版社，1984 年。

殷瑋璋：《夏文化問題》，《中國大百科全書考古學》，中國大百科全書出版社，1986 年。

殷瑋璋等：《在反思中前行 —— 為「夏商都邑暨偃師商城發現 30 年學術研討會」而作》，《南方文物》2014 年第 1 期。

俞偉超：《楚文化的研究與文化因素的分析》，《楚文化研究論集》第 1 集，荊楚書社，1987 年。

俞偉超：《龍山文化與良渚文化衰變的奧祕 —— 致「紀念城子崖遺址發掘六十週年國際學術討論會」的賀信》，《文物天地》1992 年第 3 期。

餘西雲：《西陰文化：中國文明的濫觴》，科學出版社，2006 年。

袁廣闊：《關於孟莊龍山城址毀因的思考》，《考古》2001 年第 3 期。

袁廣闊等：《早商城市文明的形成與發展》，科學出版社，2017 年。

嶽洪彬等：《殷墟都邑布局研究中的幾個問題》，《三代考古》（四），科學出版社，2011年。

張弛：《龍山——二里頭——中國史前文化格局的改變與青銅時代全球化的形成》，《文物》2017年第6期。

張光直：《中國青銅時代》，生活讀書新知三聯書店，1983年。

張光直：《談「琮」及其在中國古史上的意義》，《考古學專題六講》，文物出版社，1986年。

張光直：《中國相互作用圈與文明的形成》，《慶祝蘇秉琦考古五十五年論文集》，文物出版社，1989年。

張光直：《連續與破裂：一個文明起源新說的草稿》，《中國青銅時代（二集）》，生活讀書新知三聯書店，1990年。

張光直著，張良仁等譯：《商文明前言》，遼寧教育出版社，2002年。（A）

張光直著，印群譯：《古代中國考古學》，遼寧教育出版社，2002年。（B）

張國碩：《夏商時代都城制度研究》，河南人民出版社，2001年。

張海：《西元前4000至前1500年中原腹地的文化演講與社會複雜化》，北京大學博士研究生學位論文，2007年。[後續成果] 張海：《中原核心區文明起源研究》，上海古籍出版社，2021年。

張海等：《史前青銅冶鑄業與中原早期國家形成的關係》，《中原文物》2013年第1期。

張家口考古隊：《蔚縣夏、商時期考古的主要收穫》，《考古與文物》1984年第1期。

張江凱等：《新石器時代考古》，文物出版社，2004年。

張立東等編：《手鏟釋天書——與夏文化探索者的對話》，大象出版社，2001年。

張明華:《良渚玉戚研究》,《考古》1989年第7期。張學海:《新中原中心論》,《中原文物》2002年第3期。

張雪蓮等:《鄭州商城和偃師商城的碳十四年代分析》,《中原文物》2005年第1期。

張雪蓮等:《新砦——二里頭——二里崗文化考古年代序列的建立與完善》,《考古》2007年第8期。

張忠培:《研究考古學文化需要探索的幾個問題》,《文物與考古論集》,文物出版社,1986年。

張忠培:《齊家文化研究》,《考古學報》1987年第1、2期。

張忠培:《良渚文化的年代和其所處社會階段——五千年前中國進入文明的一個例證》,《文物》1995年第5期。

張忠培:《關於中國考古學的過去、現在與未來的思考》,《中國考古學:走近歷史真實之道》,科學出版社,1999年。

張忠培等:《客省莊與三里橋文化的單把鬲及其相關問題》,《宿白先生八秩華誕紀念文集》,文物出版社,2002年。

張忠培:《中國東北地區夏至戰國時期的考古學文化研究序》,科學出版社,2009年。

趙賓福:《圖們江流域的青銅時代文化研究》,《考古》2008年第6期。

趙賓福:《中國東北地區夏至戰國時期的考古學文化研究》,科學出版社,2009年。(A)

趙賓福:《古城類型:嫩江流域商代晚期遺存辨識——兼談嫩江流域陶鬲的起源與演變》,《新果集——慶祝林澐先生七十華誕論文集》,科學出版社,2009年。(B)

趙賓福：《東北青銅時代考古學文化譜系格局的研究》，《邊疆考古研究》第 12 輯，科學出版社，2012 年。

趙賓福等：《吉林省地下文化遺產的考古發現與研究》，科學出版社，2017 年。

趙春青：《新密新砦城址與夏啟之居》，《中原文物》2004 年第 3 期。

趙春青：《關於新砦期與二里頭一期的若干問題》，《二里頭遺址與二里頭文化研究》，科學出版社，2006 年。

趙殿增：《近年巴蜀文化考古綜述》，《四川文物》，增刊《廣漢三星堆遺址研究專輯》，1989 年。

趙殿增等：《一個充滿活力的學科生長點——蘇秉琦先生指導下的三星堆考古》，《蘇秉琦與當代中國考古學》，科學出版社，2001 年。

趙光賢：《論黑陶文化非夏代文化》，《光明日報》1957 年 1 月 17 日。

趙海濤：《二里頭遺址二里頭文化四期晚段遺存探析》，《南方文物》2016 年第 4 期。

趙輝：《良渚文化的若干特殊性——論一處中國史前文明的衰落原因》，《良渚文化研究》，科學出版社，1999 年。

趙輝：《以中原為中心的歷史趨勢的形成》，《文物》2000 年第 1 期。

趙輝等：《中國新石器時代城址的發現與研究》，《古代文明》第 1 卷，文物出版社，2002 年。

趙輝：《考古學關於中國文明起源問題的研究》，《古代文明》第 2 卷，文物出版社，2003 年。

趙輝：《中國的史前基礎——再論以中原為中心的歷史趨勢》，《文物》2006 年第 8 期。

趙輝:《良渚的國家形態》,《中國文化遺產》2017 年第 3 期。

趙輝:《中國新石器時代考古的過去與現在 —— 在武漢大學「珞珈講壇」上的演講》,《江漢考古》2018 年第 1 期。

趙輝:《當今考古學的陶器研究》,《江漢考古》2019 年第 1 期。

趙芝荃:《關於二里頭文化類型與分期的問題》,《中國考古學研究（二集）》,科學出版社,1986 年。（A）

趙芝荃:《試論二里頭文化的源流》,《考古學報》1986 年第 1 期。（B）

鄭光:《試論二里頭商代早期文化》,《中國考古學會第四次年會論文集》,文物出版社,1985 年。

鄭光:《試論偃師商城即盤庚之亳殷》,《故宮學術季刊》(臺北) 第 8 卷第 4 期,1991 年。

鄭傑祥:《夏史初探》,中州古籍出版社,1988 年。

中國考古學會編:《中國考古學年鑑 (1984–1986)》,文物出版社,1984、1985、1988 年。

中國科學院考古研究所:《考古學基礎》,科學出版社,1958 年。

中國科學院考古研究所:《新中國的考古收穫》,文物出版社,1961 年。

中國社會科學院考古研究所:《新中國的考古發現和研究》,文物出版社,1984 年。（A）

中國社會科學院考古研究所:《中國考古學的黃金時代》,《考古》1984 年第 10 期。（B）

中國社會科學院考古研究所:《中國社會科學院考古研究所 (1950–1990)》,1990 年。

中國社會科學院考古研究所：《中國社會科學院考古研究所概覽（1950–2000）》，2000年。

中國社會科學院考古研究所：《中國考古學夏商卷》，中國社會科學出版社，2003年。

中國社會科學院考古研究所等：《中國文明起源研究要覽》，文物出版社，2003年。

中國社會科學院考古研究所：《中國考古學秦漢卷》，中國社會科學出版社，2010年。

中國社會科學院考古研究所：《二里頭（1999–2006）》，文物出版社，2014年。

中國社會科學院考古研究所：《二里頭考古六十年》，中國社會科學出版社，2019年。

中國社會科學院古代文明研究中心等：《禹會村遺址研究》，科學出版社，2014年。

中國社會科學院考古研究所二里頭工作隊：《河南洛陽盆地2001–2003年考古調查簡報》，《考古》2005年第5期。[後續成果]中國社會科學院考古研究所等：《洛陽盆地中東部先秦時期遺址：1997–2007年區域系統調查報告》，科學出版社，2019年。

中國先秦史學會編：《夏史論叢》，齊魯書社，1985年。

中國玉器全集編輯委員會編：《中國玉器全集1原始社會》，河北美術出版社，1993年。

周昆叔等：《論嵩山文化圈》，《中原文物》2005年第1期。

周星：《黃河流域的史前住宅形式及其發展》，《中國原始文化論集》，文物出版社，1989年。

朱鳳瀚：《中國青銅器綜論》，上海古籍出版社，2009 年。

朱乃誠：《時代巔峰冰山一角──夏時期玉器一瞥》，《玉魂國魄：玉器玉文化夏代中國文明展》，浙江古籍出版社，2013 年。

朱永剛：《東北青銅文化的發展階段與文化區系》，《考古學報》1998 年第 2 期。

朱永剛等：《吉林省青銅時代考古發現與區系研究》，《邊疆考古研究》第 17 輯，科學出版社，2015 年。

鄒衡：《試論鄭州新發現的殷商文化遺址》，《考古學報》1956 年第 3 期。

鄒衡：《關於探索夏文化的途徑》，《河南文博通訊》1978 年第 1 期。（A）

鄒衡：《鄭州商城即湯都亳說》，《文物》1978 年第 2 期，（B）

鄒衡：《夏商周考古學論文集》，文物出版社，1980 年。鄒衡：《夏文化論集序言》，文物出版社，2002 年。

本書所引主要考古資料存目

（按時代編排，其下以遺址所在行政區劃的首字母為序）

■ 仰韶時代

敖漢西臺

楊虎：《敖漢旗西臺新石器時代及青銅時代遺址》，《中國考古學年鑑（1988）》，文物出版社，1989 年。

楊虎等：《內蒙古敖漢旗紅山文化西臺類型遺址簡述》，《北方文物》2010 年第 3 期。

敖漢興隆窪

中國社會科學院考古研究所內蒙古工作隊：《內蒙古敖漢旗興隆窪聚落遺址1992年發掘簡報》，《考古》1997年第1期。

東鄉林家

甘肅省文物工作隊等：《甘肅東鄉林家遺址發掘報告》，《考古學集刊》第4集，中國社會科學出版社，1984年。

含山凌家灘

安徽省文物考古研究所：《安徽含山凌家灘新石器時代墓地發掘簡報》，《文物》1989年第4期。

安徽省文物考古研究所等：《安徽含山縣凌家灘遺址第三次發掘簡報》，《考古》1999年第11期。

安徽省文物考古研究所：《凌家灘玉器》，文物出版社，2000年。

喀左東山嘴

郭大順等：《遼寧省喀左縣東山嘴紅山文化建築群址發掘簡報》，《文物》1984年第11期。

臨潼姜寨

西安半坡博物館等：《姜寨——新石器時代遺址發掘報告》，文物出版社，1988年。

靈寶西坡

中國社會科學院考古研究所河南一隊等：《河南靈寶市西坡遺址試掘簡報》，《考古》2001年第11期。

河南省文物考古研究所等：《河南靈寶西坡遺址 105 號仰韶文化房址》，《文物》2003 年第 8 期。

李新偉等：《河南靈寶市西坡遺址發現一座仰韶文化中期特大房址》，《考古》2005 年第 3 期。

中國社會科學院考古研究所等：《靈寶西坡墓地》，文物出版社，2010 年。

中國社會科學院考古研究所河南一隊等：《河南靈寶市西坡遺址南壕溝發掘簡報》，《考古》2016 年第 5 期。

凌源牛河梁

遼寧省文物考古研究所：《牛河梁紅山文化遺址發掘報告（1983 – 2003 年度）》，文物出版社，2012 年。

洛陽王灣

北京大學考古文博學院：《洛陽王灣 —— 田野考古發掘報告》，北京大學出版社，2002 年。

秦安大地灣

甘肅省文物考古研究所：《秦安大地灣：新石器時代遺址發掘報告》，文物出版社，2006 年。

泰安大汶口

山東省文物管理處等：《大汶口 —— 新石器時代墓葬發掘報告》，文物出版社，1974 年。

山東省文物考古研究所：《大汶口續集 —— 大汶口遺址第二、三次發掘報告》，科學出版社，1997 年。

西安半坡

中國科學院考古研究所等：《西安半坡——原始氏族公社聚落遺址》，文物出版社，1963年。

夏縣西陰村

李濟等：《西陰村史前的遺存》，清華學校研究院叢書第三種，1927年。

李濟：《山西南部汾河流域考古調查》，《考古》1983年第8期；原載美國《史密森研究院各科論文集刊》第78卷第7期，1927年。

鄭州西山

國家文物局考古領隊培訓班：《鄭州西山仰韶時代城址的發掘》，《文物》1999年第7期。

諸城呈子

昌濰地區文物管理組等：《山東諸城呈子遺址發掘報告》，《考古學報》1980年第3期。

龍山時代

成都寶墩文化城址群

成都市文物考古工作隊等：《四川新津縣寶墩遺址調查與試掘》，《考古》1997年第1期。

成都市文物考古工作隊等：《四川省溫江縣魚鳧村遺址調查與試掘》，《文物》1998年第12期。

成都市文物考古工作隊等：《四川省郫縣古城遺址調查與試掘》，《文物》1999年第1期。

成都市文物考古工作隊等：《四川都江堰市芒城遺址調查與試掘》，《考古》1999年第7期。

登封王城崗

河南省文物研究所等：《登封王城崗與陽城》，文物出版社，1992年。

北京大學考古文博學院等：《登封王城崗考古發現與研究（2002 – 2005）》，大象出版社，2007年。

鞏義花地嘴

鄭州市文物考古研究所等：《河南鞏義市花地嘴遺址「新砦期」遺存》，《考古》2005年第6期。

杭州良渚

浙江省文物考古研究所等：《良渚考古八十年》，文物出版社，2016年。

浙江省文物考古研究所：《良渚古城綜合研究報告》，文物出版社，2019年。

浙江省文物考古研究所：《良渚王國》，文物出版社，2019年。

臨朐西朱封

中國社會科學院考古研究所等：《臨朐西朱封 —— 山東龍山文化墓葬的發掘與研究》，文物出版社，2018年。

泗水尹家城

山東大學歷史系考古專業教研室：《泗水尹家城》，文物出版社，1990 年。

襄汾陶寺

解希恭主編：《襄汾陶寺遺址研究》，科學出版社，2007 年。

中國社會科學院考古研究所等：《襄汾陶寺——1978–1985 年發掘報告》，文物出版社，2015 年。

中國社會科學院考古研究所山西隊等：《山西襄汾陶寺城址 2002 年發掘報告》，《考古學報》2005 年第 3 期。

中國社會科學院考古研究所山西隊等：《山西襄汾縣陶寺城址發現陶寺文化中期大型夯土建築基址》，《考古》2008 年第 3 期。

新密古城寨

河南省文物考古研究所等：《河南新密市古城寨龍山文化城址發掘簡報》，《華夏考古》2002 年第 2 期。

新密新砦

北京大學震旦古代文明研究中心等：《新密新砦——1999–2000 年田野考古發掘報告》，文物出版社，2008 年。

中國社會科學院考古研究所河南新砦隊等：《河南新密市新砦遺址淺穴式大型建築基址的發掘》，《考古》2009 年第 2 期。

禹州瓦店

河南省文物考古研究所：《禹州瓦店》，世界圖書出版公司，2004 年。

鄒縣野店

山東省博物館等：《鄒縣野店》，文物出版社，1989 年。

■ 二里頭 —— 殷墟時代

安陽殷墟

李濟著，蘇秀菊等譯：《安陽 —— 殷商古都發現、發掘、復原記》，中國社會科學出版社，1990 年。

中國社會科學院考古研究所：《殷墟的發現與研究》，科學出版社，1994 年。

殷墟編輯委員會編：《殷墟》，文物出版社，2001 年。

中國社會科學院考古研究所安陽工作隊等：《河南安陽市洹北商城遺址 2005 – 2007 年勘察簡報》，《考古》2010 年第 1 期。

敖漢旗大甸子

中國社會科學院考古研究所：《大甸子 —— 夏家店下層文化遺址與墓地發掘報告》，科學出版社，1996 年。

大連大嘴子

大連市文物考古研究所：《大嘴子 —— 青銅時代遺址 1987 年發掘報告》，大連出版社，2000 年。

登封玉村

韓維周等：《河南登封縣玉村古文化遺址概況》，《文物參考數據》1954 年第 6 期。

廣漢三星堆

四川省文物管理委員會等：《廣漢三星堆遺址》，《考古學報》1987年第2期。

四川省文物考古研究所：《三星堆祭祀坑》，文物出版社，1999年。

四川省文物考古研究院：《四川廣漢市三星堆遺址青關山一號建築基址的發掘》，《四川文物》2020年第5期。

洛陽二里頭

中國社會科學院考古研究所：《偃師二里頭（1959年–1978年考古發掘報告）》，中國大百科全書出版社，1999年。

杜金鵬等主編：《偃師二里頭遺址研究》，科學出版社，2005年。

中國社會科學院考古研究所：《二里頭（1999–2006）》，文物出版社，2014年。

中國社會科學院考古研究所編著，許宏等主編：《二里頭考古六十年》，中國社會科學出版社，2019年。

洛陽偃師商城

杜金鵬等主編：《偃師商城遺址研究》，科學出版社，2004年。

中國社會科學院考古研究所：《偃師商城（第一卷）》，科學出版社，2013年。

武漢盤龍城

湖北省文物考古研究所：《盤龍城——1963–1994年考古發掘報告》，文物出版社，2001年。

伊金霍洛旗朱開溝

內蒙古自治區文物考古研究所等：《朱開溝 —— 青銅時代早期遺址發掘報告》，文物出版社，2000 年。

彰武平安堡

遼寧省文物考古研究所等：《遼寧彰武平安堡遺址》，《考古學報》1992 年第 4 期。

肇源白金寶

黑龍江省文物考古研究所等：《肇源白金寶 —— 嫩江下游一處青銅時代遺址的揭示》，科學出版社，2009 年。

肇源小拉哈

黑龍江省文物考古研究所等：《黑龍江肇源縣小拉哈遺址發掘報告》，《考古學報》1998 年第 1 期。

鄭州洛達廟

河南省文化局文物工作第一隊：《鄭州洛達廟商代遺址試掘簡報》，《文物參考數據》1957 年第 10 期。

鄭州商城

河南省文物考古研究所：《鄭州商城（1953 – 1985 年考古發掘報告）》，文物出版社，2001 年。

劉彥鋒等：《鄭州商城布局及外廓城牆走向新探》，《鄭州大學學報（哲學社會科學版）》2010 年第 3 期。

鄭州小雙橋

河南省文物考古研究所：《鄭州小雙橋—— 1990 – 2000 年考古發掘報告》，科學出版社，2012 年。

■ 兩周時代

侯馬晉都新田

山西省考古研究所侯馬工作站編：《晉都新田》，山西人民出版社，1996 年。

臨淄齊都

山東省文物考古研究所：《臨淄齊故城》，文物出版社，2013 年。

岐山 —— 扶風周原

周原考古隊：《陝西岐山鳳雛村西周建築基址發掘簡報》，《文物》1979 年第 10 期。

徐天進：《西周王朝的發祥之地 —— 周原 —— 周原考古綜述》，《考古學研究》(五)，科學出版社，2003 年。

西安豐鎬

中國社會科學院考古研究所等：《豐鎬考古八十年》，科學出版社，2016 年。

咸陽秦都

王學理：《咸陽帝都記》，三秦出版社，1999 年。陝西省考古研究所：《秦都咸陽考古報告》，科學出版社，2004 年。

本書所收論文出處

「連續」中的「斷裂」——關於中國文明與早期國家形成過程的思考

《文物》2001 年第 2 期

從仰韶到齊家——東亞大陸早期用銅遺存的新觀察

《2015 中國廣河齊家文化與華夏文明國際研討會論文集》，文物出版社，2016 年

禮制遺存與禮樂文化的起源

《古代文明》第 3 卷，文物出版社，2004 年

西元前 2000 年：中原大變局的考古學觀察

《東方考古》第 9 集，科學出版社，2012 年

前中國時代與「中國」的初興

《讀書》2016 年第 4 期

二里頭與中原中心的形成

《歷史研究》2020 年第 5 期

二里頭都邑的兩次禮制大變革

《南方文物》2020 年第 2 期

宮室建築與中原國家文明的形成

《三代考古》（五），科學出版社，2013 年

中國古都的恆與變——以早期城郭布局為中心

《中國古都の恆と變：古代の城郭配置を中心として》，
《東方學》第139期，（日本）東方學會，2020年

三代文明與青銅時代考古——以概念和時空流變為中心

《南方文物》2014年第1期

商文明：中國「原史」與「歷史」時代的分界點

《東方考古》第4集，科學出版社，2008年

方法論視角下的夏商分界研究

《三代考古》（三），科學出版社，2009年

論「青銅時代」概念的時空適用性——以中國東北地區為例

《聚才攬粹著新篇：孟凡人先生八秩華誕頌壽文集》，科學出版社，
2019年

精細化分析：早期國家形成研究的有效途徑——從秦小麗教授新著說起

《南方文物》2022年第4期

高度與情結——夏鼐關於夏商文化問題的思想軌跡

《南方文物》2010年第2期

「新中原中心論」的學術史解析

《無限悠悠遠古情——佟柱臣先生紀念文集》，科學出版社，2014年

「夏」遺存認知推定的學史綜理

《南方文物》2021年第5期

冷觀三星堆

《智族Gq》2021年5月號

糾葛與癥結：三星堆文化上限問題的學史觀察

《三代考古》(九)，科學出版社，2021年

附錄

後記

本書收錄的 19 篇文章,大體可顯現我在早期中國這個領域的耕耘收穫和思考所得,它們寫就於新世紀以來的 20 年間(2001－2021),而一半以上是 5 年來的新作,從中也可窺見本人探索的心路歷程。

我曾說過自己的研究,不可能超出「早期中國」的範疇了,既有作品《最早的中國》、《何以中國》、《大都無城》、《東亞青銅潮》四冊,合為「解讀早期中國」叢書,我把自己的研究領域歸納為「三早」,即關於中國早期城市、早期國家和早期文明的考古學研究。其中關於中國古代城市的研究,已結集為《踏墟尋城》,又因另有關於二里頭考古的自選集也將面世,故關於二里頭遺址與二里頭文化研究的文章,本書只收錄了最新的兩篇。如是,對「早期中國」從微觀到宏觀的一個總體認知,就大致體現於本書中了。所謂溯源中國,也就是追溯早期中國及其緣起的脈絡。

全書分為「尋蹤」、「論理」、「觀潮」三大板塊。顧名思義,「尋蹤」,是對早期中國蹤跡的考古學探尋;「論理」,是從理論和方法論層面對相關現象及其研究正規化的思辨;「觀潮」,則聚焦於學術史的觀察、梳理與思考。

其中若干篇的寫作時間較早,但尚無因時間推移而需改動結論的。只是學界對各相關考古學文化年代框架的認知在過去 20 年間又深化了許多,為最大限度地保持原文面貌,編輯過程中未做較大的修訂加注,特在文前增列〈本書涉及的主要考古學文化的年代與分布〉一表,讀者可據此掌握目前對相關考古學文化及其年代的最新認知。

鑑於原文對考古資料的出處注釋較多且多有重複,而當時所引多為

後記

簡報甚至簡要資訊，目前則有不少正式的報告或簡報出版刊布，故在本書正文後單列〈本書所引主要考古資料存目〉，按遺址統一標注最新的原始資料出處，盡可能列示整合性著作，以便讀者利用，文內則不另一一注明，而只標注研究性論著，部分行文和注釋做了簡化處理。注釋中若干發表有後續成果的，在該出處後注明，便於讀者朋友掌握該項研究的最新動向。

本書編輯過程中得到復旦大學秦小麗教授、山東大學王芬教授、四川省文物考古研究院雷雨研究員、我的同事趙海濤副研究員、陳國梁副研究員以及隊友趙靜玉女士等的幫助，在此謹致由衷的謝忱。

許宏

溯源中華，史前文化的斷裂與重構：

銅石並用異議 ✕ 中原中心形成 ✕ 原始歷史分界 ✕ 夏文化遺存推定……從仰韶到青銅時期，中國早期文明的重構

作　　　者：許宏

發　行　人：黃振庭
出　版　者：崧燁文化事業有限公司
發　行　者：崧燁文化事業有限公司
E - m a i l：sonbookservice@gmail.com
粉　絲　頁：https://www.facebook.com/sonbookss/
網　　　址：https://sonbook.net/
地　　　址：台北市中正區重慶南路一段61號8樓
8F., No.61, Sec. 1, Chongqing S. Rd., Zhongzheng Dist., Taipei City 100, Taiwan

電　　　話：(02)2370-3310
傳　　　真：(02)2388-1990
印　　　刷：京峯數位服務有限公司
律師顧問：廣華律師事務所 張珮琦律師

-版權聲明

本書版權為河南文藝出版社所有授權崧燁文化事業有限公司獨家發行繁體字版電子書及紙本書。若有其他相關權利及授權需求請與本公司聯繫。
未經書面許可，不得複製、發行。

定　　　價：420元
發行日期：2024年11月第一版
◎本書以POD印製

國家圖書館出版品預行編目資料

溯源中華，史前文化的斷裂與重構：銅石並用異議 ✕ 中原中心形成 ✕ 原始歷史分界 ✕ 夏文化遺存推定……從仰韶到青銅時期，中國早期文明的重構 / 許宏 著 . -- 第一版 . -- 臺北市：崧燁文化事業有限公司，2024.11
面；　公分
POD版
ISBN 978-626-416-084-1(平裝)
1.CST: 史前文化 2.CST: 文明史 3.CST: 史前史 4.CST: 中國
799.8　　　　113016777

電子書購買

爽讀 APP　　臉書